SPAIN AND PORTUGAL
★ Capital Cities
0 100 200
Scale of Miles
10°W
5°W
0°
BAY OF BISCAY
ATLANTIC OCEAN
MEDITERRANEAN SEA
SPAIN
PORTUGAL
Pyrenees
Cantabrian Mts.
Sierra de Guadarrama
Sierra da Estrella
Sierra Nevada
Douro R.
Tagus R.
Guadiana R.
Guadalquivir R.
Ebro R.
Júcar R.
La Coruña
Avilés
Gijón
Oviedo
Santander
San Sebastián
Bilbao
Pamplona
ANDORRA
Pontevedra
Vigo
León
Burgos
Braga
Porto
Palencia
Valladolid
Zamora
Salamanca
Segovia
Avila
Madrid
Zaragoza
Lérida
Sabadell
Badalona
Barcelona
Tarragona
Coimbra
Castellón de la Pláña
BALEARIC ISLANDS
MINORCA
MAJORCA
Palma
IVIZA
FORMENTERA
Toledo
Valencia
Cáceres
Lisbon
Mérida
Setúbal
Badajoz
Almadén
Ciudad Real
Albacete
Alicante
Linares
Córdoba
Jaén
Murcia
Lorca
Cartagena
MERIDIAN OF GREENWICH
Huelva
Sevilla
Granada
Jérez de la Frontera
Cádiz
Málaga
Almería
Algeciras
GIBRALTAR (Br.)
Strait of Gibraltar
Tangier
Ceuta
CANARY ISLANDS
15°
ATLANTIC OCEAN
LA PALMA
Santa Cruz de la Palma
TENERIFE
Santa Cruz
LANZEROTE
Arrecife
Puerto del Rosario
FUERTEVENTURA
GOMERA
Las Palmas
28°N
GRAN CANARIA
HIERRO
MOROCCO
SPANISH SAHARA
AFRICA
0 50 100 150
Scale of Miles
NORMAN C. ADAMS

C0-BHY-891

Español a lo vivo

dulce
sueños

te quiero mucho
atúa

pg. 63

Español
a lo vivo

Level I

Second Edition

Terrence L. Hansen
Ernest J. Wilkins
Brigham Young University

XEROX COLLEGE PUBLISHING

Lexington, Massachusetts • Toronto

CONSULTING EDITORS

Charles N. Staubach, University of Arizona
Joseph Schraibman, Washington University, St. Louis

Frontispiece by Henle from Monkmeyer.

Second Edition copyright © 1970 by Ginn and Company.
Previous edition copyright © 1964 by Xerox Corporation.
Previous edition copyright © 1962 by Terrence L. Hansen and Ernest J. Wilkins.

All rights reserved. Permission in writing must be obtained
from the publisher before any part of this publication may
be reproduced or transmitted in any form or by any means,
electronic or mechanical, including photocopy, recording,
or any information storage or retrieval system.

ISB Number: 0-536-00229-0

Library of Congress Catalog Card Number: 79-99800

Printed in the United States of America.

This second edition of *Español a lo vivo, Level I*, has been revised and expanded to include various changes and important, new features. Among the changes are: (1) a revision of drills and exercises to present minimal-step procedures when deemed desirable; (2) a revision of certain dialogs to provide a more logical setting and development; and (3) a complete change in the art work, and, where appropriate, the inclusion of pictures that present a glimpse of modern-day Spanish people.

Several new features help to make *Español a lo vivo, Level I*, a fully integrated program of language learning. These new features include:

1. *A lo vivo **Testing***. This is an integrated testing program for *Español a lo vivo, Level I*. It includes oral and written tests for use after each unit and after each series of four units. There are exams for both classroom and laboratory use. These testing materials provide for an objective evaluation of progress in the acquisition of the skills of listening, speaking, reading, and writing.

2. *A lo vivo **Workbook***. This is a workbook that fills the need for writing practice and for reinforcement of basic concepts, the mastery of which has already been achieved by means of the other skills of language learning. It also offers the beginning student ample opportunity for creative self-expression.

3. *The **Review Unit***. A Review Unit follows each series of four units and includes:
   a. Review drills which summarize the vocabulary and grammatical patterns of the four preceding units.
   b. Culture capsules. These are short reading passages presented in Spanish. They include a glossary and thought-provoking questions. The latter are intended to stimulate interest and conversation about such distinctive features of Latin American culture as the *paseo* and the *serenata*.

4. *Extemporization Exercises*. These new exercises are designed to give the student increased ease and accuracy in the skill of speaking. In order to progress from manipulation to communication the beginning student uses in a meaningful situation the language items he has already learned. These exercises provide the topics, the vocabulary, and the questions which lead to free conversation.

5. *A lo vivo Diversion*. This section offers selected activities that include games and songs, each one distinctive. They are intended to build vocabulary and develop speaking facility. At the same time, they give the student the opportunity to participate in the kinds of diversion which are enjoyed by the youth of Spanish-speaking countries. This section is included in the *Instructor's Manual*.

This revised second edition with its additions, deletions, and new features comes as a consequence of our own teaching experience and the helpful commentary of both colleagues and critics. We are especially indebted to Professor Charles N. Staubach, whose perceptive insights have always been useful and greatly appreciated. We trust that this new revised edition will achieve the success of its predecessor.

T.L.H.
E.J.W.

Fluency in a new language requires mastery of four basic skills: understanding, speaking, reading, and writing. The acquisition of these skills is the goal of *Español a lo vivo*, a two-year course designed to give continuity through the second year.

This first-year text is based on an entirely "live" approach, emphasizing practical and realistic everyday situations which are immediately meaningful to beginning students. Vocabulary, structural patterns, pronunciation, and intonation are all presented in a "live" context. Pattern drills stress "live" communication. From the beginning each student asks and answers questions and participates in conversational patterns not only with the teacher but also with his classmates.

Original dialogs provide natural and meaningful practice in the audio-lingual skills. Each sentence contains basic patterns of communication useful in and outside of the classroom. Many of the grammatical structures to be studied in a unit are first introduced in dialog form.

Grammatical explanations are kept to a minimum. The student learns primarily through pattern practice by means of varied types of exercises, suitable for both choral and individual response. Verbs and patterns are first thoroughly drilled in complete sentences and then tested with appropriate questions. Great emphasis is placed on "personalized" questions which are intended to involve the student personally—the possibility of several correct answers helps to develop spontaneity.

During the first semester and the beginning of the second semester the student concentrates on acquiring the understanding and speaking skills. Later in the second semester he is introduced to readings of literary value which are supplemented with pertinent questions. He is also required to make use of his knowledge of patterns and grammar to write compositions.

The materials are a culmination of study, foreign residence, and teaching experience during the past several years. In addition, the Department of Languages at Brigham Young University has used them as the text for all beginning Spanish courses for three years.

The authors gratefully acknowledge assistance from many sources. First of all, for their inspiration, we thank the countless students who have attended our classes. We express appreciation to Brigham Young University for research grants which have facilitated the preparation of the materials. We especially thank our colleagues on the Spanish staff for their helpful comments. In addition, we are deeply indebted to natives from different Latin American countries who have read all the materials and have made timely suggestions. It is a pleasure for us to express our gratitude to the editors, especially Sylvia K. Udris for her suggestions and for her excellent attention to details in connection with the composition and format of the book. Finally, a special word of appreciation is due our families and in particular our wives, Glenna and Maurine.

T.L.H.
E.J.W.

CONTENTS

Appendix C

Appendix D

Spanish-English Vocabulary 379

As the unending conquest of time and space draws our world closer together, it seems imperative that we gain proficiency in languages other than our own. Not only are we then better able to understand and appreciate our foreign neighbors, but, in addition, we supplement our own culture with those priceless items which have enriched and given prominence to our neighboring cultures.

During the past decade, developments in both linguistics and pedagogy have given us greater insight into the systematic structure of language and have brought into sharper focus the basic features which require stress in teaching. No longer are isolated items of vocabulary and verb conjugation emphasized. Instead, great stress is placed on overall structures and patterns which permit meaningful communication and encourage spontaneous and practical application outside of the classroom.

Learning a new language involves the acquisition of a new skill, and proficiency in it is attained in much the same way as one attains skill in playing a musical instrument. That is, a regular amount of practice is a primary requirement, and proficiency is in direct proportion to that amount. Imitation of the teacher and memorization of complete structures and patterns enable the student to acquire more easily a new set of speech habits. As responses to the basic Spanish patterns become automatic, the student is gradually freed from the patterns of his native tongue. Under the proper guidance, and with immediate correction and constant practice, his use of Spanish becomes more and more spontaneous.

As the first level of a two-level sequence, *Español a lo vivo* is designed for the first year of college Spanish. The materials are divided into twenty-four units. Initial emphasis is placed on the audio-lingual skills in order that the student may gain mastery in understanding and speaking before he attempts to practice reading and writing.

The first section, "A Guide to Pronunciation and Spelling," introduces and explains the sound system of the Spanish language. Appropriate exercises give preliminary insight into the problems of pronunciation and enable the student to imitate with greater precision the speech habits of his teacher. As the program proceeds, this section will be useful not only for reference but also for the solution of problems encountered by individual students.

The format of Units 1 through 20 is essentially the same. In each unit there is 1) a situation dialog, with an English translation on the following page, which is the basis of the unit, 2) a series of structural drills, supplemented with grammar, which are designed first to teach and then to test, 3) a "Controlled Conversation" which draws the entire class into meaningful communication, and 4) a section of "Personalized Questions" where the student may use freely and in a personal context the patterns he has learned.

Units 21 through 24 include, in addition to the above features, 1) an assignment to write an original composition on a given topic in order to develop the skill of writing, and 2) a reading selection especially adapted for the second semester student. Each of the short stories is a favorite in Latin American literature. Since the student is now equipped to handle the more difficult patterns, original reading selections have purposely been chosen to present the challenge of literature. Only the very complex constructions and certain unusual words have been altered to encourage the student to read, not to translate.

Suggestions for Classroom Procedure

1. At the first meeting of the class, assign to each student his equivalent Spanish name. If there is no equivalent, let him choose his new name from a previously prepared list. Always use the Spanish name when speaking to or about individual students. All drills become more personal if the names of the students are substituted for those in the text.

2. If at all possible, seat the students in a half circle when conducting the "Controlled Conversations" and "Personalized Questions." It would even be desirable to keep this seating arrangement for all the drills, as it facilitates student communication.

3. At the outset students are well advised to allow sufficient time for individual practice and memorization. For the average student each hour in the classroom should be supplemented with at least two hours of practice outside the classroom. Where laboratory facilities are available, it is recommended that for every hour in class, students spend one hour in the laboratory listening to the tapes especially prepared for each unit. In this way they are able to practice with native speakers the structures and patterns they have studied in class. In addition, students should allow an hour each day to memorize the assigned structures.

4. Mastery of the materials is never complete until students are able to give immediate and complete responses whenever they are called upon to

participate. When students stop *to think* about the response, they are generally translating from English into Spanish.

5. Whenever a mistake is made, correct it at once, then repeat the correct pattern or question for the benefit of the entire class.

6. Since the dialogs and pattern drills on the *Tapes to accompany Español a lo vivo* are recorded at normal conversational speed, it will be necessary for the teacher to present these materials in the classroom at the same speed. Otherwise, the students will find it very difficult to follow and benefit from the laboratory tapes. The students should maintain this same speed in all of their responses.

7. All drills should be done with choral response first, to make the entire class participate. They should be practiced until the students are able to respond correctly with their books closed. When all the pattern changes are mastered, the teacher may elect to ask individual students to respond.

Suggestions for Presentation of Materials

Dialog Patterns. Basic to each unit is a realistic situation dialog. Natives from different Latin American countries have verified the authenticity of the speech patterns presented.

On the first day of Units 1 through 12, read the first half of each dialog twice while the students listen. Then read one sentence at a time at a normal speed, with the appropriate intonation, and ask the students to repeat. If a sentence is long, first divide it into meaningful breath groups and have the students repeat each group; then present the sentence in its entirety. Care should be taken to model everything immediately before the students are allowed to repeat. In this way they are able to imitate a good model and fit the smaller groups into a meaningful sentence.

The day's assignment should include memorization of the patterns as well as of the English equivalents for the dialog's first half.

On the second day of Units 1 through 12, present the second half of the dialog in the same manner as the first half.

After the classroom presentation, students should practice the same materials in the laboratory.

In Units 13 through 24, teachers may not wish to require memorization of the complete dialog. Nevertheless, students must acquire an active knowledge of and be responsible for all new structures and idioms.

Verb Structure Drills. Mastery of verbs is required for fluency. In these drills all the necessary verbs and tenses are first presented " on the cross" for easy memorization. The *vosotros* form, appearing in brackets, need not be memorized because it is not generally used in Latin America. For example:

estar

(yo)	estoy	(nosotros)	estamos
(tú)	estás	[(vosotros)	estáis]
(él)	está	(ellos)	están
(ella)	está	(ellas)	están
(Ud.)	está	(Uds.)	están

The teacher pronounces both the subject pronoun and the corresponding verb form shown on the cross, and the students repeat. He then gives only the pronoun, and the students give the appropriate verb form. The order of the pronouns may be varied in accordance with the needs of the class.

After this study of a verb the different forms are drilled further in complete sentences ("Subject-Substitution" and "Question-Answer" exercises).

Subject Substitution Drills. These drills are designed to practice new verb forms in a meaningful context. They include appropriate changes in person, number, and gender. Each drill consists of a pattern, a response, and a cue. For example:

Teacher		*Student*
Yo estoy muy bien.	*Repitan.*	Yo estoy muy bien.
Ud. _____.		Ud. está muy bien.
Tú _____.		Tú estás muy bien.
Nosotros _____.		Nosotros estamos muy bien.
Ellos _____.		Ellos están muy bien.
El y yo _____.		El y yo estamos muy bien.

The first time the drill is presented, the teacher says the pattern sentence and the students repeat. Then, as indicated by subsequent cues, the teacher says each complete sentence and the students repeat. After presenting the entire drill in this manner, the teacher says only the cue, and the students give the complete response. As the drill is mastered, the teacher may desire to call on individual students to respond to particular cues.

Question-Answer Drills. These drills consist of series of questions which test particular structural items. For example:

¿Lo veía Ud. todos los días? *Contesten.*
¿Quién lo veía todos los días?
¿No lo veían ellos todos los días?
¿Cuándo lo veían ellos?
¿Lo veía en la escuela Juan?

The teacher asks a question from the drill, and the student is allowed to give any correct answer. Errors should be corrected immediately. The question should be asked again, if necessary, in order that the student may profit from hearing and participating in a complete question-answer pattern. After the individual has given a correct response, the teacher may direct the same question to the entire class and ask for the same correct response. These drills appear in a variety of forms. However, the patterns of each are essentially the same, and the manner of implementing them is obvious.

Item Substitution Drills. This type of drill consists of replacing one item (noun, adjective, verb, etc.) in any given pattern. The cue, or substituted item, usually calls for a change in the gender, number, or verb form of the other elements in the sentence. The pattern thus changes from one line to the next. For example:

Teacher	*Student*
Carlos es simpático. *Repitan.*	Carlos es simpático.
Luisa _____.	Luisa es simpática.
_____ inteligente.	Luisa es inteligente.
Carlos y Luisa ___.	Carlos y Luisa son inteligentes.
_____ americanos.	Carlos y Luisa son americanos.
Juan _____.	Juan es americano.
Elisa _____.	Elisa es americana.
_____ hermosa.	Elisa es hermosa.
La muchacha ___.	La muchacha es hermosa.
Ellas _____.	Ellas son hermosas.
_____ chilenas.	Ellas son chilenas.
Ellos _____.	Ellos son chilenos.

The teacher should first give complete sentences, one at a time, and have the students repeat. Then, the teacher may give only the cue, and the students should give the complete response.

Choice-Question Answer Drills. In choice questions there are two possible answers. For example:

En el desayuno, ¿tomó Ud. jugo de naranja o jugo de manzana?
En el desayuno, ¿comió Ud. huevos o jamón?
En el almuerzo, ¿comió Ud. una ensalada o un sandwich?
En el almuerzo, ¿comió Ud. pastel o torta?
En la comida, ¿comió Ud. rosbif o chuletas de cerdo?
En la comida, ¿comió Ud. pescado o verduras?

The teacher asks a question involving choice. The student chooses one of two items and gives the answer, being careful to make the necessary structural changes.

Tense Substitution Drills. This exercise is designed to drill verb forms and tenses. It may consist of changing a pattern in the present tense to a pattern in the preterit, as in the following example:

Teacher: Hoy Ud. aprende la lección. ¿Qué hizo Ud. ayer?
Student: Ayer aprendí la lección.

trabaja mucho	trabajé mucho
va el centro	fue al centro
escribe una carta	escribí una carta
se despierta temprano	me desperté temprano
come mucho	comí mucho
se acuesta a las seis	me acosté a las seis
se lava la cara	me lavé la cara

The teacher presents the pattern sentence and then asks a question which must be answered in terms of the pattern and with the appropriate change in the verb, called for in the question.

The "Tense Substitution Drill" may vary as follows:

Teacher: El estaba enfermo.
Student: El estaba enfermo.
       Ojalá no estuviera enfermo.

       Ellos sabían la verdad.
       Ellos salían a la calle.
       Ellos se levantaban tarde.
       Llovía esta mañana.
       Entendían lo de Juan.

Here the teacher says the sentence. The student repeats it and then changes it, substituting the imperfect subjunctive for the imperfect indicative. After the correct change has been made, the teacher proceeds to the next pattern.

Structure Substitution Drills. This type of exercise consists of replacing one grammatical construction with another, such as substituting nouns with the appropriate pronouns, changing affirmative words to their negative counterparts, and so forth. For example:

Teacher: Alguien llama a la puerta.
Student: Alguien llama a la puerta.
       No llama nadie a la puerta.

       Ud. va al parque algún día. (nunca)
       El tiene un coche también. (tampoco)

El es o loco o estúpido. (ni . . . ni)
Es alguna mala noticia. (ninguna)
Tengo algo para Ud. (nada)

In this example, the teacher says the pattern sentence. The student repeats it and then changes it by replacing the affirmative with its negative counterpart.

Patterned Response Drills. This drill is designed to elicit specific responses using the grammatical structures which have been studied in a given lesson. For example:

Teacher: ¿Sabe Ud. si va a llover?
Student: No sé. Tal vez llueva mañana.

vienen sus amigos
está abierto el restorán
sale Juan del país
vuelve Carlos
lo vende

Here the teacher asks the question, and the student gives the appropriate pattern answer. The teacher then substitutes part of the question, and the student changes the pattern answer to include the new item.

Controlled Conversation. A "Controlled Conversation" question is designed to give the students an opportunity to manipulate the patterns already studied. It also provides practice in a meaningful person-to-person context. For example:

Teacher: Roberto, pregúntele a Juan cómo está.
Roberto: Juan, ¿cómo estás?
Juan: Estoy bien, gracias.

Teacher: Roberto, ¿qué dice Juan?
Roberto: Juan dice que está bien.

Teacher: Clase, ¿qué dice Juan?
Class: Juan dice que está bien.

Pregúntele a _____ cómo se llama.
cómo se llama el profesor.
cómo se llama ese joven.
si está bien.
si Ricardo está aquí.
si el profesor está aquí.
si se llama Roberto o José.

dónde están los estudiantes.

dónde está Pepe.

The teacher asks the student a question containing a pattern, being careful to use the polite form of address. The student then asks another student the same question, but using the familiar form of address. The second student answers the question according to his own particular situation. The teacher now asks the first student what the second student says (said). The first student makes the necessary structural changes as he responds to the teacher's question. The teacher then asks the class what the second student says (said), and the class repeats the same answer in chorus. In this drill the teacher may elicit spontaneity by encouraging the second student who responds to do so freely and without restrictions. The teacher may also wish to depart from the given patterns and substitute some which seem more appropriate to individual class situations.

Personalized Questions. An important feature of the text is the emphasis on personal questions and answers. In this exercise the student is given the opportunity to draw upon his personal experiences and to react in an individual manner. His answer is often spontaneous, and the teacher may wish to capitalize on it and pursue the conversation with questions other than the suggested ones. For example:

¿Por qué tendrá sueño el profesor?

¿Se lavó Ud. la cara o las manos esta mañana?

¿Por qué durmió Ud. en la clase ayer?

El padre de ella es viejo, ¿y el suyo?

¿Es verdad que Ud. no estudia mucho?

¿Cuántos años tendrá Elena?

¿Conoce Ud. a alguien que estudie mucho?

¿Cree Ud. que haya hombres en la luna?

The teacher asks a question, and the student answers it in terms of his own personal information or situation. Any correct and meaningful answer is acceptable. Any errors in the answer should be corrected immediately, and the question should be repeated. After the student gives a correct answer, the teacher asks the entire class the same question. Everyone repeats in chorus the individual student's answer.

Extemporization. Students generally have a more profitable learning experience with a foreign language if they are given the opportunity to use in meaningful conversation the structural items presented to them in a lesson. Actually, they have not really learned these items until they are able to use them in free conversation. The objective of "extemporization" is to provide the student with this opportunity.

Basically, this exercise involves allowing each student to speak extemporaneously for two or three minutes to a group of four or five students or, if desirable, to the entire class. After the student has spoken, the members of his group or of the class ask him questions to carry on the conversation or to challenge his views.

In order that "extemporization" not be completely unstructured, each student is to choose one of the suggested topics and thoroughly prepare his presentation. He should have well in mind what he intends to say but it should not be memorized. He should include his own personal feelings or his own point of view. Vocabulary items and questions are given merely as suggestions, and it is expected that the student will use his own imagination and ingenuity.

The conversation groups are formed by dividing the class into groups of four or five students. Each student makes his presentation to his group and, in turn, is questioned by members of this same group. It may be desirable to include in each group at least one of the more advanced students in order to stimulate the conversation and to permit the instructor to move from group to group as the need warrants.

The alternative procedure is to have the student make his presentation to the entire class. He then answers the questions of the instructor and the class members, and everyone has an opportunity to participate in the conversation.

The Review Unit. The Review Unit is scheduled after each series of four units. Each Review Unit consists of two basic features: (1) grammar review exercises, and (2) a culture capsule. A suggested review schedule is outlined and presented in the Introduction to the *A lo vivo* Testing materials (see *Instructor's Manual*).

A systematic and thorough review is always beneficial in language learning. The Review Unit is designed to aid the student in his grasp of grammatical patterns and vocabulary items. At the same time it is intended to increase his desire for further study by creating an awareness of cultural differences and activities unique to the Spanish people.

Español a lo vivo

A GUIDE TO PRONUNCIATION AND SPELLING

To acquire proficiency in pronunciation the student must imitate carefully the model presented by his instructor and the native speakers heard on the tapes. The following exercises are designed to help him do this. They include: 1) a description of the sounds, 2) the place of articulation, and 3) the manner of articulation. Emphasis is placed on *how* to pronounce the sounds rather than on *how not* to pronounce them.

A. Vowels

The Spanish sound system has five vowels: /a/, /e/, /i/, /o/, /u/.

1. /a/. To pronounce the Spanish /a/, open the mouth rather wide, pull the corners of the mouth back slightly, and leave the tongue flat in the bottom of the mouth. Listen and repeat after the instructor.

   a   a   a   a   a

   Once the correct vowel sound is made, the position of the lips, tongue, and the jaw remains constant for the duration of the sound. Listen and repeat.

   fa   fa   fa   fa   fa
   ma   ma   ma   ma   ma
   sa   sa   sa   sa   sa
   na   na   na   na   na

   Care must be taken to resist the English speech pattern which reduces weakly stressed syllables to a "neutral" sound we sometimes represent as *uh*. Listen and repeat precisely what you hear.

   fama   fama   fama   fama   fama
   masa   masa   masa   masa   masa
   sana   sana   sana   sana   sana

   In the expression, *a la muchacha* ("to the girl"), the same vowel sound occurs four times. Make sure you pronounce it the same way each time.

   a la muchacha   a la muchacha   a la muchacha

In the following words avoid the /æ/ sound of English cognates "camp" and "class." Listen and repeat.

campo campo campo campo
clase clase clase clase

2. /e/. To pronounce the Spanish /e/, arch the tongue slightly forward and keep it rather tense. After this position is taken, do not move the tongue, jaw, or lips. Watch the instructor carefully, then imitate.

e e e e e

Listen and repeat.

fe fe fe fe fe
me me me me me
se se se se se

English speakers have the tendency to make a diphthong of the vowel /e/, especially in strongly stressed syllables or at the end of a word. The word "day" in English becomes "day-ee." To avoid this glide in Spanish, be careful not to move the tongue or jaw after you have taken the position for the vowel. Listen and repeat.

café café café café café
mesa mesa mesa mesa mesa

In the weakly stressed syllables, be careful not to reduce Spanish /e/ to *uh*. Listen and repeat.

comen comen comen comen
hacen hacen hacen hacen

Depending on its position, Spanish /e/ may undergo certain variations. At the end of a syllable it may resemble the vowel in English "mate," but without the glide. Listen and repeat.

peso peso peso peso
pera pera pera pera
café café café café

When followed by a consonant in the same syllable it may resemble the vowel of English "met." Listen and repeat.

papel papel papel papel
venta venta venta venta
viven viven viven viven

3. /i/. To pronounce the Spanish /i/, arch the tongue high in the mouth and spread the lips wide. Listen and repeat.

    i i i i i

In the following examples, /i/ occurs in a strongly stressed syllable. Be careful to avoid the glide characteristic of the English "sea" and "we." Listen and repeat.

    sí sí sí sí sí
    mi mi mi mi mi
    misa misa misa misa misa
    lima lima lima lima lima

In a weakly stressed syllable, English speakers tend to reduce /i/ to *ih* as in English "bit." Listen and repeat.

    impotente impotente impotente impotente
    Ignacio Ignacio Ignacio Ignacio Ignacio
    Italia Italia Italia Italia Italia

Listen and repeat, making sure both /i/ vowel sounds are alike.

    imposible imposible imposible imposible

4. /o/. To pronounce the Spanish /o/, round the lips and arch the back of the tongue toward the rear palate. The tongue is raised slightly higher and held tenser than for English /o/. Be sure that the sound does not drift to /u/. Listen and repeat.

    o o o o o

English speakers tend to glide from the /o/ sound to a *u* sound, especially if the /o/ occurs in a strongly stressed or a final syllable (example: "no-uu"). You can avoid this by not moving the jaw and tongue after the position for this sound is taken. Listen and repeat.

    no no no no no
    ganó ganó ganó ganó ganó

A Spanish speaker rounds his lips before beginning the consonant which precedes /o/. In the following words, watch your instructor and repeat.

    como como como como como
    no como no como no como no como

The Spanish /o/ does not vary as much as its English counterpart. The English /a/ sound in the word "doctor" does not exist in Spanish. This is a problem especially with words which have common English cognates. Listen and repeat.

oficina   oficina   oficina   oficina
costo   costo   costo   costo   costo
doctor   doctor   doctor   doctor

In the weakly stressed syllables, English speakers tend to reduce /o/ to *uh* as in the first syllable of the Spanish word *conozco*. Round the lips before you articulate for the preceding consonant and maintain that position until you have pronounced the entire word. Listen and repeat.

conozco   conozco   conozco   conzco
monopolio   monopolio   monopolio   monopolio

5. /u/. To pronounce the Spanish /u/, round the lips and arch the back of the tongue toward the hard palate. The tongue is raised slightly higher and tenser than it is for the English counterpart. Watch your instructor and imitate.

u   u   u   u   u

English speakers sometimes carry over the sound /yu/, given to certain words spelled with *u* such as "music" and "fumes." Spanish /u/ does not have this sound. Round the lips before you articulate the initial consonant and maintain the same position for the duration of the vowel sound. Listen and repeat.

fu   fu   fu   fu   fu
fuma   fuma   fuma   fuma   fuma
mu   mu   mu   mu   mu
mucho   mucho   mucho   mucho   mucho

B. Consonants

1. /d/. To articulate the Spanish /d/, a voiced stop, place the tongue flat against the back side of the upper front teeth. The principal difference between Spanish /d/ and English /d/ is in the point of articulation. The English /d/ is alveolar; that is, it touches the upper alveolar ridge

as in the word "day," while the Spanish /d/ is dental. Listen and repeat.

da da da da da
dame dame dame dame dame
cuando cuando cuando cuando cuando
aldea aldea aldea aldea aldea

Notice that Spanish /d/ is a voiced stop that occurs at the beginning of an utterance and after /n/ or /l/.

2. /đ/. To articulate Spanish /đ/, a voiced dental fricative, place the tip of the tongue between the teeth. Watch your instructor and repeat.

nada nada nada nada nada
cada cada cada cada cada
modo modo modo modo modo
medida medida medida medida medida

Notice that in the above words, the Spanish /đ/ occurs between two vowels. It also occurs after /r/ as in *guardar*, after /s/ as in *los días*, and as the final consonant as in *ciudad*.

Frequently in Spanish a single word may include both /d/ and /đ/. Listen and repeat.

dedo dedo dedo dedo dedo
dado dado dado dado dado
adónde adónde adónde adónde

3. /t/. Spanish /t/ is an unvoiced dental stop. To articulate it, place the end of the tongue flat against the back side of the upper front teeth. Unlike its English counterpart, Spanish /t/ is not aspirated, that is, not accompanied by a puff of air as in English "two." Listen and repeat.

ti ti ti ti ti
tú tú tú tú tú
ten ten ten ten ten
tanto tanto tanto tanto tanto

4. /p/. The point of articulation for Spanish /p/, an unvoiced bilabial stop, is the same as for English /p/; however, the manner of articulation differs. Spanish /p/ is not aspirated. Listen and repeat.

papa papa papa papa papa
Pepe Pepe Pepe Pepe Pepe

5. /k/. Spanish /k/ is articulated like English /k/, that is, by placing the back of the tongue against the soft palate. The manner of articulation is different in that Spanish /k/ is not aspirated. Listen and repeat.

```
caso   caso   caso   caso   caso
coco   coco   coco   coco   coco
cuna   cuna   cuna   cuna   cuna
kilo   kilo   kilo   kilo   kilo
que    que    que    que    que
```

Notice that Spanish /k/ may be written in several ways.

6. /r/. Spanish /r/ is articulated by making a single tap of the tongue against the alveolar ridge. The sound most nearly identical with Spanish /r/ in English is /d/ in the word "caddy." Listen and repeat.

```
pero   pero   pero   pero   pero
para   para   para   para   para
```

Spanish /r/ gives considerable difficulty when it is adjacent to a consonant. When it comes before a consonant, it is generally a single tap, although occasionally a native speaker may use a trill, depending on the style of speech. Listen and repeat.

```
carta   carta   carta   carta   carta
tardes  tardes  tardes  tardes  tardes
árbol   árbol   árbol   árbol   árbol
```

Spanish /r/ after a consonant is always a single tap. Listen and repeat.

```
brisa   brisa   brisa   brisa   brisa
pronto  pronto  pronto  pronto  pronto
tres    tres    tres    tres    tres
libro   libro   libro   libro   libro
```

7. /rr/. The trilled Spanish /rr/ is articulated by placing the tip of the tongue against the alveolar ridge and holding it there tensely enough so that it offers some resistance to the passage of air. By increasing the pressure of breath, force the tongue away from the alveolar ridge and produce a flutter or trill. Listen and repeat.

```
corremos   corremos   corremos   corremos
perro   perro   perro   perro   perro
carro   carro   carro   carro   carro
```

Notice that orthographic initial *r* is also pronounced /rr/. This is also generally true even when the word is used with an article. Listen and repeat.

> rico   rico   rico   rico   rico
> rápido   rápido   rápido   rápido   rápido
> el rey   el rey   el rey   el rey
> al rato   al rato   al rato   al rato

When Spanish /r/ is final in an utterance, it is generally a single tap, but it may be a trill depending on the emphasis given and the style of speech. In either case it is quickly devoiced—that is, the vocal chords stop vibrating before the tongue has stopped trilling. Listen and repeat.

> hablar   hablar   hablar   hablar
> vamos a ver   vamos a ver   vamos a ver

8. /b/. Spanish /b/, a voiced bilabial stop, is pronounced by placing the two lips together, building up the pressure, and allowing the air to escape suddenly. It is similar to English /b/. Listen and repeat.

> beso   beso   beso   beso   beso
> vaca   vaca   vaca   vaca   vaca
> vamos   vamos   vamos   vamos   vamos
> también   también   también   también
> tumba   tumba   tumba   tumba   tumba
> enviar   enviar   enviar   enviar   enviar

The /b/ sound occurs at the beginning of an utterance and after the letters *m* and *n* (which are both pronounced /m/). For example, *enviar* is pronounced [embyar]. Notice that the sound is written *b* in some words and *v* in others, but that either spelling represents the same *bilabial* stop (not English /v/) in these positions.

9. /b̶/. Spanish /b̶/, a voiced bilabial fricative, a sound which does not exist in English, is articulated by lightly touching the lower lip to the upper *lip*, thus restricting the passage of air but not stopping it. Watch and listen, then repeat.

> labio   labio   labio   labio   labio
> lava   lava   lava   lava   lava
> lobo   lobo   lobo   lobo   lobo
> no vino   no vino   no vino   no vino   no vino

Notice that this sound occurs between vowels and that it is spelled *b* in some words and *v* in others. English /v/, a labio-dental fricative, made by pressing the lower lip against the upper teeth, exists in Spanish only in certain isolated regions. Listen and be sure you use only the voiced bilabial fricative in the following utterances.

la vaca   la vaca   la vaca   la vaca
se la vi   se la vi   se la vi   se la vi

10. /g/. The point of articulation for Spanish /g/, a voiced velar stop, is the same as for English /g/ in the word "go." /g/ occurs at the beginning of an utterance (*gana, gran, grueso*, etc). Listen and repeat.

goma   goma   goma   goma   goma
gusto   gusto   gusto   gusto   gusto
gana   gana   gana   gana   gana
Gloria   Gloria   Gloria   Gloria   Gloria

11. /g̶/. The point of articulation for Spanish /g̶/, a voiced velar spirant, is the same as for the Spanish /g/. To make the sound, raise the back of the tongue as for /g/ and merely restrict the passage of air rather than stopping it against the velum (the soft arch at the back of the mouth). /g̶/ occurs between vowels (*haga, lago*) and in the cluster *agr* (*agrada, sagrado*, etc). Listen and repeat.

agua   agua   agua   agua   agua
lago   lago   lago   lago   lago
siga   siga   siga   siga   siga
agrada   agrada   agrada   agrada

12. /h/. Spanish /h/ is an unvoiced velar fricative made by raising the back of the tongue toward the velum as the breath is expelled. The result is a sound considerably more fricative than the English /h/. Listen and repeat.

jota   jota   jota   jota   jota
julio   julio   julio   julio   julio
giro   giro   giro   giro   giro
gente   gente   gente   gente   gente
caja   caja   caja   caja   caja
Méjico   Méjico   Méjico   Méjico

Notice in the examples above that this sound is spelled *j* before any vowel or *g* before *e* or *i*. In Mexico, this sound is written *x* in traditional place names, including the name of the country *México*.

The letter *h*, except in combination with *c* (*ch*), has no phonetic value. Listen and repeat.

hoy   hoy   hoy   hoy   hoy

13. /ch/ is pronounced as English *ch* in "church" or "challenge." Listen and repeat.

> muchacho   muchacho   muchacho   muchacho

14. /f/. Spanish /f/ is similar to English /f/.

15. /s/. Spanish /s/, a voiceless fricative, does not differ greatly from its English counterpart when it is an initial letter or between vowels. The point of articulation is the same as for English /s/. Listen and repeat.

> saco   saco   saco   saco   saco
> caso   caso   caso   caso   caso

When final, Spanish /s/ is less fricative than in other positions and in some areas it becomes hardly more than an aspiration. Listen and repeat.

> hablas   hablas   hablas   hablas   hablas
> casta   casta   casta   casta   casta

In Latin America (and in parts of Spain) the sound /s/ may be represented by letters other than "s." Listen and repeat.

> Venezuela   Venezuela   Venezuela   Venezuela
> taza   taza   taza   taza   taza
> ciudad   ciudad   ciudad   ciudad   ciudad
> cena   cena   cena   cena   cena

The letter *z*, wherever it occurs, and the letter *c*, before *e* or *i*, have the sound of /s/ in those areas. In Castilian Spanish, *z* and *c* in these positions have a sound equivalent to English *th*.

English speakers tend to carry over the voiced sound of /z/, which occurs in such words as "president," "visit," "rose," and to give the same sound to Spanish words in which the spelling *z* occurs. Spanish /s/ is not voiced when between vowels or when spelled *z*. Listen and repeat.

> presidente   presidente   presidente   presidente
> visitar   visitar   visitar   visitar   visitar
> Rosa   Rosa   Rosa   Rosa   Rosa
> zapato   zapato   zapato   zapato   zapato

When /s/ is followed by the diphthongs /yo/, /ya/ (*io*, *ia*), English speakers tend to carry over the palatalization sound (often spelled *sh* in English) of corresponding English words. Keep the Spanish /s/ as you listen and repeat.

    confesión   confesión   confesión   confesión
    nación   nación   nación   nación   nación
    oficial   oficial   oficial   oficial   oficial
    visión   visión   visión   visión   visión

The sound of English /z/, as in "razor" or "rose," occurs in Spanish only before voiced consonants, where it is written *s*. Listen and repeat.

    desde   desde   desde   desde   desde
    rasgo   rasgo   rasgo   rasgo   rasgo
    Buenos días   Buenos días   Buenos días

16. The Spanish /l/, a voiced alveolar lateral, is articulated by placing the tip of the tongue against the alveolar ridge and arching the *back* of the tongue high in the mouth. Force the air out, allowing it to escape around the sides of the tongue. Spread the corners of your mouth slightly. Listen and repeat.

    lado   lado   lado   lado   lado
    lima   lima   lima   lima   lima

Spanish /l/ between vowels is a more prolonged sound and has a greater restriction of the air than English /l/. Listen and repeat.

    malo   malo   malo   malo   malo
    hola   hola   hola   hola   hola

Notice that final Spanish /l/ is articulated with the back of the tongue much higher than for English /l/. Listen and repeat.

    tal   tal   tal   tal   tal
    sol   sol   sol   sol   sol

17. Spanish /m/, a voiced bilabial continuant, in most cases is very similar to English /m/. Listen and repeat.

    cama   cama   cama   cama   cama
    tomo   tomo   tomo   tomo   tomo
    suma   suma   suma   suma   suma

18. Spanish /n/, a voiced palatal continuant, in most cases is similar to English /n/. Listen and repeat.

    sano   sano   sano   sano   sano
    lana   lana   lana   lana   lana

The /n/ sound is often modified by a neighboring sound. For example, when *n* occurs before *b*, *v*, or *p*, it is pronounced /m/. Listen and repeat.

un beso   un beso   un beso   un beso
enviar   enviar   enviar   enviar   enviar
un parque   un parque   un parque   un parque
un pelo   un pelo   un pelo   un pelo   un pelo

Before /k/, /g/, and /ʜ/, Spanish /ŋ/ is a velar nasal, very similar to English /ŋ/, as in *sink* and *sing*. Listen and repeat.

mango   mango   mango   mango   mango
finca   finca   finca   finca   finca
un kilo   un kilo   un kilo   un kilo   un kilo
un gato   un gato   un gato   un gato   un gato
naranja   naranja   naranja   naranja   naranja

19. Spanish /ñ/ is pronounced by arching the middle of the tongue until it touches the hard palate. A short /y/ sound is produced as the tongue breaks contact with the palate. The tip of the tongue touches the *lower* front teeth. Listen and repeat.

año   año   año   año   año
piña   piña   piña   piña   piña   piña
España   España   España   España   España

There is also a sequence of /n/ and /y/ in Spanish produced with the tip of the tongue touching the alveolar ridge. Many speakers differentiate clearly between this /ny/ and the /ñ/ described above. Listen and repeat.

demonio   demonio   demonio   demonio   demonio
opinión   opinión   opinión   opinión   opinión

20. Spanish /y/, a voiced palatal continuant, is more strongly articulated than English /y/, especially at the beginning of a word and also between vowels. Spanish /y/ is regarded as a consonant, when it occurs at the beginning of a syllable, as in *ya*, and as a vowel, when it occurs at the end of a syllable, as in *soy*, *ley*. Most Spanish speakers pronounce the consonant /y/ with the tip of the tongue closer to the alveolar ridge than is the case in English /y/, as in "yes." In addition, there is a greater restriction of air. There is considerable variation between speakers in the fricative quality of this consonant. Listen and repeat.

ya   ya   ya   ya   ya
se cayó   se cayó   se cayó   se cayó

21. In many regions, Spanish /ly/, usually spelled *ll*, is pronounced like /y/. This sound is widely used in Spanish America, although there are dialectical and regional differences. Listen and repeat.

calle calle calle calle calle
llamo llamo llamo llamo llamo
mayo mayo mayo mayo mayo

C. Division of words into syllables

The ability to divide words into syllables helps to develop an awareness of the syllabic rhythm of the language. In Spanish most syllables end in a vowel.

1. Spanish vowels rank in strength or audibility as follows: *a, o, e, i, u*. They are characteristically described as *strong* or *weak*,

a. The strong vowels are *a, o*, and *e*, and each one is strong enough to make a separate syllable. Thus, if two occur together in a word, two syllables are formed.

pa-*se*-o pa-*se*-o pa-*se*-o pa-*se*-o pa-*se*-o
le-*al* le-*al* le-*al* le-*al* le-*al*
le-*ón* le-*ón* le-*ón* le-*ón* le-*ón*
ma-*es*-tro ma-*es*-tro ma-*es*-tro ma-*es*-tro

b. The weak vowels are *i* and *u*. When a strong vowel is followed or preceded by an unstressed weak vowel, they form together one syllable. This combination is called a diphthong.

go-*bier*-no go-*bier*-no go-*bier*-no
na-*ción* na-*ción* na-*ción* na-*ción*
cau-sa *cau*-sa *cau*-sa *cau*-sa *cau*-sa
fui-mos *fui*-mos *fui*-mos *fui*-mos *fui*-mos
ciu-dad *ciu*-dad *ciu*-dad *ciu*-dad *ciu*-dad

c. A stressed weak vowel forms a separate syllable regardless of an adjacent strong vowel. An accent mark is used in writing to indicate such stressed weak vowels.

pa-*ís* pa-*ís* pa-*ís* pa-*ís* pa-*ís*
ba-*úl* ba-*úl* ba-*úl* ba-*úl* ba-*úl*
le-*í*-a le-*í*-a le-*í*-a le-*í*-a le-*í*-a
mí-o *mí*-o *mí*-o *mí*-o *mí*-o

d. A combination of a strong vowel between two weak vowels is called a triphthong.

U-ru-*guay*   U-ru-*guay*   U-ru-*guay*   U-ru-*guay*

2. A word contains as many syllables as it has vowels or diphthongs. Syllable boundaries can be recognized as follows:

a. Adjacent strong vowels, or stressed weak vowels adjacent to strong vowels, form separate syllables as noted above:

o-í-a   o-í-a   o-í-a   o-í-a
mí-o   mí-o   mí-o   mí-o
pú-a   pú-a   pú-a   pú-a
ca-í   ca-í   ca-í   ca-í

b. When between vowels, single consonants and most groups of a consonant plus *l* or *r* go with the following vowel:

ca-ma   ca-ma   ca-ma   ca-ma
ca-pi-tal   ca-pi-tal   ca-pi-tal   ca-pi-tal
Amé-ri-ca   Amé-ri-ca   Amé-ri-ca   Amé-ri-ca
pa-dre   pa-dre   pa-dre   pa-dre
ha-blar   ha-blar   ha-blar   ha-blar
a-pli-car   a-pli-car   a-pli-car   a-pli-car

c. *Ch*, *ll* and *rr* are considered single consonants:

le-che   le-che   le-che   le-che
pe-rro   pe-rro   pe-rro   pe-rro
ca-lle   ca-lle   ca-lle   ca-lle

d. Groups beginning with *s*, and combinations such as *rl*, *lr*, *tl* and *dl* (which do not begin utterances in English or in Spanish), are divided as follows:

es-la-bón   es-la-bón   es-la-bón   es-la-bón
es-ta-do   es-ta-do   cs-ta-do   es-ta-do
per-la   per-la   per-la   per-la
al-re-de-dor   al-re-de-dor   al-re-de-dor   al-re-de-dor
at-las   at-las   at-las   at-las

e. All other groups of two consonants are also divided. Note that these combinations cannot begin an utterance in English or in Spanish:

cin-co   cin-co   cin-co   cin-co
con-ti-nen-te   con-ti-nen-te   con-ti-nen-te   con-ti-nen-te
cul-tu-ra   cul-tu-ra   cul-tu-ra   cul-tu-ra

f. When more than two consonants occur between vowels, the division is usually after the first consonant; note that the other two will be one of the pronounceable groups ending in *l* or *r*:

san-gre   san-gre   san-gre   san-gre
cen-tral   cen-tral   cen-tral   cen-tral
mez-cla   mez-cla   mez-cla   mez-cla
sor-pre-sa   sor-pre-sa   sor-pre-sa   sor-pre-sa

D. Stress

1. Most words ending in a vowel or *n* or *s* are stressed on the next to the last syllable (the penult).

a-*mi*-go   a-*mi*-go   a-*mi*-go   a-*mi*-go   a-*mi*-go
par-te   *par*-te   *par*-te   *par*-te   *par*-te
ha-blan   *ha*-blan   *ha*-blan   *ha*-blan   *ha*-blan
ha-bi-*tan*-tes   ha-bi-*tan*-tes   ha-bi-*tan*-tes

2. Most words which end in a consonant other than *n* or *s* stress the last syllable.

us-*ted*   us-*ted*   us-*ted*   us-*ted*   us-*ted*
fa-*vor*   fa-*vor*   fa-*vor*   fa-*vor*   fa-*vor*
es-pa-*ñol*   es-pa-*ñol*   es-pa-*ñol*   es-pa-*ñol*
es-cri-*bir*   es-cri-*bir*   es-cri-*bir*   es-cri-*bir*

3. In many words the position of the stress differs from the above common patterns. It is conventional to indicate such "irregular" stresses with an accent mark in written Spanish.

mé-di-co   *mé*-di-co   *mé*-di-co   *mé*-di-co
a-de-*más*   a-de-*más*   a-de-*más*   a-de-*más*
tam-*bién*   tam-*bién*   tam-*bién*   tam-*bién*
ha-bla-*ré*   ha-bla-*ré*   ha-bla-*ré*   ha-bla-*ré*
fá-cil   *fá*-cil   *fá*-cil   *fá*-cil

E. Linking

In spoken Spanish, as in spoken English, phrases and sentences are divided into breath groups of closely related words. Within these groups the individual words are linked together for continuity and pronounced as though they were one long word. Since the student will *hear* Spanish spoken without unnatural word boundaries, it is most important that, from the beginning, he practice pronouncing complete utterances without pauses.

1. A final consonant is linked with an initial vowel.

> es‿un‿amigo — e su na mi go
> con‿el‿hombre — co ne lom bre
> los‿osos — lo so sos
> son‿elegantes — so ne le gan tes

2. Two identical vowels are pronounced as one.

> de‿español   de‿español   de‿español
> habla‿a Juan   habla‿a Juan   habla‿a Juan
> lo‿oído   lo‿oído   lo‿oído

3. Two identical consonants are pronounced as one.

> el‿lobo   el‿lobo   el‿lobo
> al‿lado   al‿lado   al‿lado

4. The final vowel of one word is linked with the initial vowel of the following word to form one syllable.

> todo‿el día   todo‿el día   todo‿el día
> su‿amigo   su‿amigo   su‿amigo
> Norte‿América   Norte‿América
> no‿es la‿una   no‿es la‿una
> volví‿al centro   volví‿al centro

F. Punctuation

Spanish punctuation is generally the same as English punctuation, but with these differences:

1. An inverted question mark or exclamation point is used at the beginning of a question or exclamation, in addition to the end mark.

> ¿Cómo está usted?   ¿Cómo está usted?
> ¡Viva México!   ¡Viva México!   ¡Viva México!

2. A dash is used instead of quotation marks to separate speakers' parts in written dialog. It always appears at the beginning of an utterance and also precedes any narrative words that follow.

> — No, señor Profesor.
> — Tome su sombrero — dijo Alberto.

G. Capitalization

Spanish uses fewer capitals than English.

1. Nouns and adjectives indicating nationality are written with small letters.

   una ciudad mexicana   una ciudad mexicana
   los españoles   los españoles

2. Names of languages are written with small letters.

   hablan francés   hablan francés

3. The days of the week and the names of the months are written with small letters.

   martes, el cinco de mayo   martes, el cinco de mayo

Mexico City: El Paseo de la Reforma. (Marilu Pease from Monkmeyer)

Mexico City: Alameda Central. (Marilu Pease from Monkmeyer)

Dialog Patterns

Saludos

SEÑOR LÓPEZ — Buenos días, señora Sánchez. ¿Cómo está usted?
SEÑORA SÁNCHEZ — Muy bien, gracias, ¿y usted?

MANUEL — ¡Hola, Pepe! ¿Qué tal?
PEPE — Bien, gracias, ¿y tú?

MARÍA — Buenas tardes, Luisa. ¿Cómo estás?
LUISA — Yo, bien. ¿Y tú?

EL PROFESOR — Buenas noches. ¿Cómo están ustedes?
LOS ESTUDIANTES — Estamos muy bien, gracias.

JUAN — ¿Dónde está Carlos?
PEDRO — Está en la clase.

CARLOS — Ana, te presento a Pablo.
ANA — Encantada.
PABLO — Mucho gusto en conocerte.

ELISA — ¿Cómo te llamas?
FRANCISCO — Me llamo Francisco.

ANA — Adiós. Hasta luego.
JUANITA — Hasta mañana. Recuerdos a la familia.

Dialog Patterns

Greetings

Señor López — Good morning, Mrs. Sánchez. How are you?
Señora Sánchez — Very well, thank you. And you?

Manuel — Hi, Pepe. How are you?
Pepe — Fine, thank you. And you?

María — Good afternoon, Luisa. How are you?
Luisa — I'm fine. And you?

The teacher — Good evening. How are you?
The students — We are very well, thank you.

Juan — Where is Carlos?
Pedro — He is in class.

Carlos — Ana, this is Pablo.
Ana — It's a pleasure (I'm charmed).
Pablo — I'm pleased to meet you.

Elisa — What is your name?
Francisco — My name is Francisco.

Ana — Good-bye. See you later.
Juanita — See you tomorrow. Give my regards to your family.

Subject pronouns

yo I
tú you (*familiar*)
Singular   **él** he
ella she
usted (*abbreviated* **Ud.**) you (*formal*)

nosotros, nosotras (*feminine*) we
vosotros, vosotras* (*feminine*) you (*familiar*)
Plural   **ellos** they
ellas they (*feminine*)
ustedes (*abbreviated* **Uds.**) you (*formal & familiar*)

VERB STRUCTURE DRILLS

A. The present indicative of **estar** (*to be*).

(yo)	estoy	(nosotros)	estamos	*I am*	*we are*
(tú)	estás	(vosotros)	[estáis]	*you are*	*you are*
(él)	está	(ellos)	están	*he is*	*they are*
(ella)	está	(ellas)	están	*she is*	*they are*
(Ud.)	está	(Uds.)	están	*you are*	*you are*

Teacher	*Student*
1. Yo estoy muy bien. *Repitan.*	Yo estoy muy bien.
Ud. ——————.	Ud. está muy bien.
Tú ——————.	Tú estás muy bien.
Nosotros ————.	Nosotros estamos muy bien.
Ellos ————.	Ellos están muy bien.
El y yo ————.	El y yo estamos muy bien.
2. ¿Cómo está Ud.? *Contesten.*	Estoy muy bien, gracias.
¿Cómo están Uds.?	Estamos muy bien, gracias.
¿Cómo está Pepe?	Pepe está muy bien.
¿Cómo están María y Luisa?	Están muy bien, gracias.
¿Cómo estás?†	Estoy muy bien, gracias.

SUBJECT SUBSTITUTION

Teacher	*Student*
1. Ella no está aquí. *Repitan.*	Ella no está aquí.
Pablo y María —.	Pablo y María no están aquí.
El ————.	El no está aquí.
Ellas ————.	Ellas no están aquí.
Elena ————.	Elena no está aquí.
El profesor ——.	El profesor no está aquí.

Note that in a negative sentence in Spanish **no** precedes the verb.

---

* The **vosotros** form is not ordinarily used in Spanish America; it is replaced by **ustedes** which then
has both a formal and a familiar plural meaning. Since **vosotros** is seldom used, the corresponding verb form will appear in brackets.
† Note that in a question the subject follows the verb. However, the subject pronoun **tú** is generally
omitted after the verb. Examples in this lesson: **¿ Cómo estás? ¿ Cómo te llamas?**

2. ¿Cómo está Ud.? *Repitan.*   ¿Cómo está Ud.?
  ¿——————— él?   ¿Cómo está él?
  ¿——————— Uds.?   ¿Cómo están Uds.?
  ¿——————— Pepe?   ¿Cómo está Pepe?
  ¿——————— tú?   ¿Cómo estás?
  ¿——————— María y Luisa?   ¿Cómo están María y Luisa?

3. ¿Dónde está la universidad? *Repitan.*   ¿Dónde está la universidad?
  ¿——————— Pepe?   ¿Dónde está Pepe?
  ¿——————— el profesor?   ¿Dónde está el profesor?
  ¿——————— los estudiantes?   ¿Dónde están los estudiantes?
  ¿——————— Ana y Luisa?   ¿Dónde están Ana y Luisa?

QUESTION–ANSWER

Teacher   *Student*

1. ¿Dónde está la universidad? *Contesten.*   La universidad está en Nueva York.

  ¿Dónde están los estudiantes?   Los estudiantes están en la universidad.

  ¿Dónde está Pepe?   Pepe está en la clase.
  ¿Dónde está el profesor?   El profesor está aquí.
  ¿Dónde están Ana y Luisa?   Ana y Luisa están aquí.

2. ¿Cómo están Uds.? *Contesten.*   Estamos muy bien, gracias.
  ¿Cómo está la señora López?   La señora López está muy bien.
  ¿Cómo está María?   María está muy bien, gracias.
  ¿Cómo están los estudiantes?   Los estudiantes están muy bien.
  ¿Está aquí el profesor?   El profesor está aquí.
  ¿Está aquí Pepe?   Pepe está aquí.
  ¿Están aquí Francisco y Elisa?   Francisco y Elisa no están aquí.
  ¿Está aquí Luisa?   Luisa no está aquí.
  ¿Dónde está la universidad?   La universidad está en México.
  ¿Dónde está el profesor?   El profesor está en la clase.

VERB STRUCTURE DRILLS

B. The present indicative of **llamarse** (*to be called, be named*).

me llamo	nos llamamos
te llamas	[os llamáis]
se llama	se llaman

Reflexive ~~verbs~~

Teacher	Student
1. ¿Cómo se llama Ud.? *Repitan.*	¿Cómo se llama Ud.?
¿——————— él?	¿Cómo se llama él?
¿——————— ellos?	¿Cómo se llaman ellos?
¿——————— tú?	¿Cómo te llamas?
¿——————— yo?	¿Cómo me llamo?
¿——————— ella?	¿Cómo se llama ella?
¿——————— Uds.?	¿Cómo se llaman Uds.?
¿——————— el profesor?	¿Cómo se llama el profesor?
¿——————— ellas?	¿Cómo se llaman ellas?
2. ¿Cómo se llama Ud.? *Contesten.*	Me llamo ————.
¿Cómo te llamas?	Me llamo ————.
¿Cómo se llama él?	El se llama ————.
¿Cómo se llama ella?	Ella se llama ————.
¿Cómo me llamo yo?	Ud. se llama ————.

CHOICE-QUESTION ANSWER

Teacher	Student
¿Se llama Ud. Elena o Margarita? *Contesten.*	Me llamo Elena.
¿Se llama Ud. Pedro o Roberto?	Me llamo Pedro.
¿Se llama Ud. Luisa o María?	No me llamo ni Luisa ni María. Me llamo ————.
¿Se llama él Pepe o Manuel?	El no se llama ni Pepe ni Manuel. Se llama ————.
¿Se llama ella Juanita o Raquel?	Ella no se llama ni Juanita in Raquel. Se llama ————.

PATTERNED RESPONSE

1. *First Student*	*Second Student*
¿Cómo te llamas?	Me llamo ————.
Mucho gusto en conocerte.	El gusto es mío.

All the members of the class should participate and use these patterns.

2. *First Student*	*Second Student* (Ana)	*Third Student* (Juan)
Ana, te presento a Juan.	Encantada.	Mucho gusto en conocerte.

Each member of the class may introduce someone and be introduced to someone. Note that the girl only says **encantada**, and the boy says **mucho gusto**.

3. *Teacher:*   Perdone Ud., ¿cómo se llama ese joven?
   Student: Ese joven se llama Ricardo.

> esa señorita — Anita
> esa señora — Lupe
> ese señor — Fernando
> ese muchacho — Pancho
> esa muchacha — María
> esa joven — Juanita
> ese chico — Juanito
> esa chica — Sarita

Gender and plural of nouns

		Masculine		*Feminine*
Singular	el	muchacho chico profesor	la	muchacha chica profesora
Plural	los	muchachos chicos profesores	las	muchachas chicas profesoras

Spanish nouns are either masculine or feminine. Nouns ending in **-o** are usually masculine, and nouns ending in **-a** are usually feminine.

All nouns are either singular or plural. Nouns are made plural by adding **-s** to words ending in a vowel and **-es** to words ending in a consonant. Nouns ending in **-z** change the **-z** to **-c** and add **-es**.

Note that the plural of the definite article **el** is **los**.

Certain nouns have a special meaning in the plural. For example, **los hermanos** may mean *brothers* or *brother(s) and sister(s)*, **los tíos** *uncles* or *uncle(s) and aunt(s)*, **los padres** *fathers* or *parents*, **los señores** *men* or *man and wife* or *men and women*.

ITEM SUBSTITUTION

1. *Teacher:*   El chico. *Repitan.*
   Student: El chico.

| Teacher: | Cambien. |
| Student: | Los chicos. |

la clase	las clases
el chico	los chicos
la muchacha	las muchachas
el joven	los jóvenes
el profesor	los profesores
el lápiz	los lápices
el padre	los padres

| *Teacher* | *Student* |

2. El profesor está aquí. *Repitan.* | El profesor está aquí.
— chica _____. | La chica está aquí.
— muchachos _____. | Los muchachos están aquí.
— chico _____. | El chico está aquí.
— señoras _____. | Las señoras están aquí.
— tíos _____. | Los tíos están aquí.

Controlled Conversation

Teacher:	Roberto, pregúntele a Juan cómo está.
Roberto:	Juan, ¿cómo estás?
Juan:	Estoy bien, gracias.

| Teacher: | Roberto, ¿qué dice Juan? |
| Roberto: | Juan dice que está bien. |

| Teacher: | Clase, ¿qué dice Juan? |
| Class: | Juan dice que está bien. |

Pregúntele a _____ cómo se llama.
　　　　　　　　cómo se llama el profesor.
　　　　　　　　cómo se llama ese joven.
　　　　　　　　si está bien.
　　　　　　　　si Ricardo está aquí.
　　　　　　　　si el profesor está aquí.
　　　　　　　　si se llama Roberto o José.
　　　　　　　　si la familia está bien.
　　　　　　　　dónde están los estudiantes.
　　　　　　　　dónde está Pepe.

Personalized Questions

1. ¿Cómo está Ud.?
2. ¿Cómo se llama Ud.?
3. ¿Cómo se llama el profesor?
4. ¿Está aquí el profesor?
5. ¿Se llama Ud. Antonio o María?
6. ¿Están aquí los estudiantes?
7. ¿Cómo está la familia?
8. ¿Está aquí Roberto?
9. ¿Está aquí Gloria?
10. ¿Cómo está el profesor?
11. ¿Dónde está la universidad?
12. ¿Dónde está el profesor?
13. ¿Dónde están Ana y Luisa?
14. ¿Dónde están los estudiantes?
15. El se llama Ricardo. ¿Y Ud.?
16. Ella se llama Juana. ¿Y Ud.?

Extemporization*

1. SALUDOS

Vocabulary: buenas, tardes, noches, buenos días, mucho gusto, estar, aquí, adiós, recuerdos, te presento.

Topic Ideas: 1. Te presento a Juan.
2. Hola — Adiós.
3. El (ella).

Questions: 1. ¿Cómo se llama él?
2. ¡Hola Roberto! ¿Cómo estás?
3. ¿Cómo está la familia?
4. ¿Está aquí ella?

2. LOS ESTUDIANTES

Vocabulary: clase, universidad, aquí, dónde, se llama, profesor, cómo.

---

* See pp. xxii–xxiii of Introduction for procedural suggestions.

Topic Ideas: 1. Las señoritas.
                  2. Los muchachos.
                  3. Roberto (or any student in the class).

Questions: 1. ¿Dónde están los estudiantes?
                  2. ¿Está en la clase Roberto?
                  3. ¿Cómo se llama ella?
                  4. ¿Cómo se llama ese joven?

Dialog Patterns

Las Nacionalidades

PABLO — ¿Habla Ud. español?
LINDA — Sí, un poco.
PABLO — ¿Es Ud. chilena?
LINDA — No, yo soy americana.
PABLO — ¿Hablan español en los Estados Unidos?
LINDA — Sí, en las universidades hablan español.
PABLO — ¿Es Ud. estudiante?
LINDA — Sí, soy estudiante.
PABLO — ¿Qué idioma aprenden Uds. en la clase?
LINDA — En la clase aprendemos español.
PABLO — ¿Dónde vive Ud.?
LINDA — Vivo con mi amiga, Luisa.
PABLO — ¡Oh! ¿Son amigas Uds.?
LINDA — Sí, somos muy amigas.
PABLO — ¿De dónde es ella?
LINDA — Es de México, pero ahora vive aquí.

Segovia: La Catedral. (Josip Ciganovic, Ministerio de Información y Turismo)

Dialog Patterns

Nationalities

PABLO — Do you speak Spanish?

LINDA — Yes, a little.

PABLO — Are you a Chilean?

LINDA — No, I am an American.

PABLO — Do they speak Spanish in the United States?

LINDA — Yes, in the universities they speak Spanish.

PABLO — Are you a student?

LINDA — Yes, I am a student.

PABLO — What language are you learning in class?

LINDA — In class we are learning Spanish.

PABLO — Where do you live?

LINDA — I live with my friend, Luisa.

PABLO — Oh, are you friends?

LINDA — Yes, we are good friends.

PABLO — Where is she from?

LINDA — She is from Mexico, but now she lives here.

The present indicative of regular verbs

The conjugation of all regular verbs ending in **-ar**, **-er**, and **-ir** follows the models of **hablar** (*to speak*), **aprender** (*to learn*), and **vivir** (*to live*) respectively. To form the present indicative the following sets of endings are added to the stem of the verb:

	habl-			**aprend-**			**viv-**	
-o	**-amos**		**-o**	**-emos**		**-o**	**imos**	
-as	**[-áis]**		**-es**	**[-éis]**		**-es**	**[-ís]**	
-a	**-an**		**-e**	**-en**		**-e**	**-en**	

VERB STRUCTURE DRILLS

A. The present indicative of **hablar** (*to speak*).

hablo	**hablamos**
hablas	**[habláis]**
habla	**hablan**

1. Yo hablo español en la clase.   *Repitan.*
   Nosotros _____.
   Uds. _____.
   Tú _____.
   Carlos y Antonio _____.

2. Yo no hablo francés.   *Repitan.*
   Ellos _____.
   Carlos _____.
   Luisa_____.
   El _____.

3. ¿Habla Ud. español?   *Contesten.*
   ¿Habla francés ella?
   ¿Hablan Uds. español?
   ¿Habla español Carlos?
   ¿Hablan español Carlos y Antonio?
   ¿Tú hablas español?*

B. The present indicative of **aprender** (*to learn*).

aprendo	aprendemos
aprendes	[aprendéis]
aprende	aprenden

1. Carlos aprende la lección.   *Repitan.*
   Ellos _____.
   Nosotros _____.
   Yo _____ .
   Tú _____.
   El _____.

2. ¿Aprende Ud. la lección?   *Contesten.*
   ¿Aprenden la lección ellos?
   ¿Aprende la lección Carlos?
   ¿Aprende la lección María?
   ¿Tú aprendes la lección?
   ¿Aprendemos la lección?
   ¿Aprende la lección él?

---

* Note that this question may be asked in two ways: (1) **¿Tú hablas español?** or (2) **¿Hablas español?**

C. The present indicative of **vivir** (*to live*).

vivo	**vivimos**
vives	**[vivís]**
vive	**viven**

1. Nosotros vivimos en los Estados Unidos. *Repitan.*
Carlos _____.
Ellos _____.
Yo _____.
Tú _____.

2. ¿Vive Ud. en los Estados Unidos? *Contesten.*
¿Tú vives en los Estados Unidos?
¿Viven Uds. en los Estados Unidos?
¿Vive en los Estados Unidos Carlos?
¿Vivimos en los Estados Unidos nosotros?

Agreement of predicate adjectives

After the verb **ser**, the predicate adjective agrees with the subject in number and gender.

El es americano.   **Ellos son americanos.**
Ella es americana.   **Ellas son americanas.**

D. The present indicative of **ser** (*to be*).

soy	**somos**
eres	**[sois]**
es	**son**

1. Yo soy americano (-a). *Repitan.*
Nosotros _____.
Ud _____.
Ellas _____.
Carlos _____.

2. Yo no soy chileno (-a). *Repitan.*
Nosotros _____.
Ud. _____.
Ellas _____.
Carlos _____.
El estudiante _____.

3. ¿Es usted americano? *Contesten.*
   ¿Tú eres chileno?
   ¿Tú eres americano?
   ¿Son americanos ellos?
   ¿Es americana Luisa?
   ¿Es mexicano Carlos?

SUBJECT SUBSTITUTION

1. Yo soy de México. *Repitan.*
   El_____.
   Nosotros_____.
   Ud. _____.
   Ellos_____.
   Linda _____.
   Pablo _____.

2. ¿De dónde es Ud.? *Repitan.*
   ¿_____él?
   ¿_____tú?
   ¿_____Pablo?
   ¿_____Linda?
   ¿_____Uds.?

Note that the verb **ser** plus the preposition **de** are used to express origin.

QUESTION–ANSWER

¿De dónde es usted? *Contesten.*
¿De dónde es Pablo?
¿De dónde es el profesor?
¿De dónde es Linda?
¿De dónde son Uds.?

PATTERNED RESPONSE

Teacher: ¿Es Ud. de los Estados Unidos?
Student: Sí, soy de los Estados Unidos.

de Chile	de California
de la Argentina	de Nueva York

The definite article

el americano	**los** americanos
la americana	**las** americanas

ITEM SUBSTITUTION

1. El americano aprende español. *Repitan.*
   — mexicano —————————.
   — mexicana —————————.
   — amigo —————————.
   — señora —————————.
   — señor —————————.
   — estudiante —————————.
2. Los americanos aprenden francés. *Repitan.*
   — americanas —————————.
   — chilenos —————————.
   — estudiantes —————————.
   — amigas —————————.
   — mexicanos —————————.
   — señoritas —————————.

QUESTION–ANSWER

¿Aprenden español los estudiantes? *Contesten.*
¿Aprenden español los chilenos?
¿Aprenden español los americanos?
¿Habla español el profesor?
¿Habla español la señorita?

ITEM SUBSTITUTION

1. Yo no hablo español en casa. *Repitan.*
   Nosotros —————————.
   ————————— en la clase.
   Carlos —————————.
   ————————— en la oficina.
   Ellos —————————.
   ————————— en la iglesia.
   Carlos y Antonio —————————.
   Tú —————————.
   ————————— en el teatro.
   Los estudiantes —————————.
   ————————— en las universidades.

2. Yo no hablo francés.   *Repitan.*
   Carlos _____.
   _____ alemán.
   Nosotros _____.
   Los mexicanos _____.
   Los americanos _____.
   Tú _____.
   _____ inglés.

3. Yo no aprendo a hablar portugués.   *Repitan.*
   Tú _____.
   _____ alemán.
   El _____.
   _____ francés.
   Ellos _____.

Use of the definite article

The definite article is used to speak *about* a person: *definite article + title + proper name.*

> **El profesor Gómez** no está aquí.
> ¿Dónde vive **el doctor Suárez?**

The definite article is omitted when you speak *directly* to a person: *title + proper name.*

> Buenos días, **profesor Gómez.**
> **Doctor Suárez,** ¿cómo está Ud.?

Agreement of adjectives

When an adjective is used to modify a noun, it agrees in gender and number with that noun.

el muchacho simpático	los muchachos simpáticos
la muchacha simpática	las muchachas simpáticas

The plural of adjectives is formed in the same manner as the plural of nouns.

When adjectives are used to differentiate, classify, or contrast, they generally follow the noun in Spanish.

ITEM SUBSTITUTION

1. El muchacho es simpático. *Repitan.*
   Los muchachos _____.
   La muchacha _____.
   Las señoras _____.

2. Carlos es simpático. *Repitan.*
   Luisa _____.
   _____ inteligente.
   Carlos y Luisa ____.
   _____ americanos.
   Carlos _____.
   Luisa _____.
   _____hermosa.
   La muchacha ____.
   Ellas _____.
   _____ inteligentes.

The indefinite article

un amigo	**unos** amigos
una amiga	**unas** amigas

ITEM SUBSTITUTION

Es un muchacho simpático. *Repitan.*
____ muchacha _____.
____ estudiante _____.
____ profesor _____.
____ señorita _____.
____ chico _____.
____ señora _____.
____ chica _____.
____ profesoras _____.
____ amigos _____.

Use of the indefinite article

When the intent is to single out a person, the indefinite article is used with the unmodified predicate noun. It is also used when the predicate noun is modified.

Carlos es **un mexicano.** (*not an American.*)
Ella es **una secretaria vieja.**
Es **un estudiante muy bueno.**

A. ITEM SUBSTITUTION

El es un médico muy bueno.   *Repitan.*
————— profesor —————.
————— secretaria—————.
————— estudiante ————.
————— chica —————.

The indefinite article is not used after the verb **ser** when the intent is merely
to indicate what a person is.

El **es americano.**
Anita **es mexicana.**
Yo **soy estudiante.**

Note that the predicate noun is unmodified. It has the same gender and
number as the subject noun or pronoun.

B. ITEM SUBSTITUTION

El es americano.   *Repitan.*
——— secretaria.
——— médico.
——— profesor
——— mexicana.
——— estudiante.

PATTERNED RESPONSE

1. *Teacher:*   ¿Es simpático Carlos?
   Student: Sí, señor, Carlos es simpático.

   bueno   inteligente
   guapo   americano

2. *Teacher:*   ¿Es simpática Luisa?
   Student: Sí, señor, Luisa es simpática.

   buena   inteligente
   hermosa   americana

3. *Teacher:*   ¿Son simpáticos los muchachos de la clase?
   Student: Sí, señor, los muchachos de la clase son simpáticos.

buenos	inteligentes
guapos	americanos

4. *Teacher:*   ¿Son amigos Carlos y Antonio?
   Student: Sí, señor, Carlos y Antonio son amigos.

alumnos	simpáticos
muchachos	inteligentes
buenos muchachos	

5. *Teacher:*   ¿Son amigas Linda y Luisa?
   Student: Sí, señor, Linda y Luisa son amigas.

alumnas	inteligentes
buenas muchachas	simpáticas
hermosas	

6. *Teacher:*   ¿Es Ud. americano?
   Student: Sí, señor, soy americano.

republicano	protestante
demócrata	católico
mormón	judío

Summary of the uses of *ser* and *estar*

Both **ser** and **estar** mean "to be."

Up to this point **ser** has been used to tell:
a) what persons or things are.

> **El es americano.**
> **Es un muchacho simpático.**
> **El es un médico muy bueno.**

b) where someone or something is from.

> **Yo soy de México.**
> **Ella es de los Estados Unidos.**

Up to this point **estar** has been used to tell:
a) where persons or things are located.

> **¿Dónde está Carlos?**
> **Carlos está aquí.**

b) what condition persons or things are in.

   ¿Cómo está usted?
   Estoy muy bien, gracias.

ITEM SUBSTITUTION

Carlos está enfermo.   *Repitan.*
_____ americano.
_____ en casa.
_____ estudiante.
_____ aquí.
_____ un médico muy bueno.
_____ en la iglesia.
_____ inteligente.
_____ simpático.
_____ muy bien.
_____ muy bueno.

Controlled Conversation

Pregúntele a _____ si hablamos español en la clase.
                      si es americano.
                      si es chilena.
                      si vive en Chile.
                      si habla francés.
                      si habla español.
                      si aprende la lección.
                      si vive en los Estados Unidos.
                      qué hablan en México.
                      qué idioma aprendemos en la clase.
                      si es estudiante.
                      si los muchachos son simpáticos.

Personalized Questions

1. ¿Aprende Ud. español?
2. ¿Hablamos alemán en la clase?
3. ¿Es Ud. mexicano (-a)?
4. ¿Qué aprende Ud. en la clase?
5. ¿Habla Ud. francés?
6. ¿Es Ud. estudiante?

7. ¿Habla Ud. inglés?
8. ¿Habla Ud. español un poco?
9. ¿Es México un país grande?
10. ¿Es Ud. americano (-a)?
11. ¿Tú vives en los Estados Unidos?
12. ¿Está Ud. enfermo (-a)?
13. ¿Dónde viven los argentinos?
14. ¿Hablan español los chilenos?
15. ¿Cómo está Ud.?
16. ¿Son simpáticos los muchachos de la clase?
17. ¿De dónde es Ud.?
18. ¿De dónde es Pablo?
19. ¿De dónde es Linda?
20. El es de California. ¿Y Ud.?

Extemporization

1. LAS AMIGAS

Vocabulary: vivir, buena, simpática, enferma, mexicana, hablar, ser.

Topic Ideas: 1. ¿De dónde son ellas?
2. Ella habla bien el español.
3. María y Linda son amigas.

Questions: 1. ¿Tú vives con Gloria?
2. ¿Es ella mexicana o chilena?
3. ¿Qué idioma habla ella?
4. ¿Es simpática?

2. LA CLASE

Vocabulary: profesor, estudiantes, aprender, idioma, hablar, inteligente, francés, español.

Topic Ideas: 1. Las muchachas son simpáticas.
2. Los muchachos son inteligentes.
3. El profesor.

Questions: 1. ¿Qué aprenden Uds. en la clase?
2. ¿Son inteligentes los estudiantes?
3. ¿Hablan francés en la universidad?
4. ¿Es de México el profesor?

Madrid: Real Academia Española. (Ministerio de Información y Turismo)

Dialog Patterns

La Familia

CARLOS — ¡Hola, Luisa! ¿Cómo te va?
LUISA — Perfectamente, Carlos. ¿Cómo estás?
CARLOS — Regular. ¿A dónde vas?
LUISA — Voy al centro. ¿Quieres venir también?
CARLOS — Sí, pero ¿qué vas a hacer?
LUISA — Voy de compras.
CARLOS — ¿Qué vas a comprar?
LUISA — Un regalo para mamá. Es el Día de la Madre.
CARLOS — ¡Ah! es cierto. Voy a comprar algo también.
LUISA — ¡Pobre mamá! ¡Tiene que trabajar tanto!
CARLOS — Sí, por supuesto. ¿Cuántos hermanos tienes?
LUISA — Tengo seis, un hermano y cinco hermanas.
CARLOS — ¡Ah! ¡Qué familia más grande!
LUISA — Por eso trabaja tanto mi mamá.
CARLOS — Bueno, vamos al centro que ya es tarde.
LUISA — ¿Sabes qué hora es?
CARLOS — Sí, ya son las tres.
LUISA — Pues, ¿vamos a tomar el autobús?
CARLOS — Sí, vamos.

43

Madrid: Avenida de José Antonio. (Ministerio de Información y Turismo)

Dialog Patterns

The Family

CARLOS — Hello, Luisa. How are you (how goes it with you)?
LUISA — Just fine, Carlos. How are you?
CARLOS — Fair. Where are you going?
LUISA — I'm going downtown. Do you want to come too?
CARLOS — Yes, but what are you going to do?
LUISA — I'm going shopping.
CARLOS — What are you going to buy?
LUISA — A gift for mother. It's Mother's Day.
CARLOS — Oh! that's right. I'm going to buy something too.
LUISA — Poor mother! She has to work so hard!
CARLOS — Yes, of course. How many brothers and sisters do you have?
LUISA — I have six, one brother and five sisters.
CARLOS — Oh! What a large family.
LUISA — That's why my mother works so hard.
CARLOS — Well, let's go downtown because it's already late.
LUISA — Do you know what time it is?
CARLOS — Yes, it's three o'clock already.
LUISA — Well, shall we take the bus?
CARLOS — Yes, let's go.

The present indicative—continued

VERB STRUCTURE DRILLS

A. The present indicative of **tener** (*to have*).

tengo	tenemos
tienes	[tenéis]
tiene	tienen

Note that **tener** changes the stem vowel **e** to **ie** in the second person singular and the third person singular and plural; in addition, it has an irregular first person singular form. See Appendix C, page 372.

1. Yo tengo un hermano. *Repitan.*
   Ud. _____.
   Nosotros _____.
   Uds. _____.
   Tú _____.
   Ellos _____.

2. Yo no tengo hermanas. *Repitan.*
   Carlos _____.
   El _____.
   Ella _____.
   Ud. _____.
   Ellos _____.

3. ¿Tiene Ud. hermanos? *Contesten.*
   ¿Tienen Uds. un hermano?
   ¿Tienen un hermano ellos?
   ¿Tiene un hermano Carlos?
   ¿Tiene el profesor un hermano?

B. The present indicative of **venir** (*to come*).

vengo	**venimos**
vienes	**[venís]**
viene	**vienen**

Note that **venir** changes the stem vowel **e** to **ie** in the second person singular and the third person singular and plural; in addition, it has an irregular first person singular form. See Appendix C, page 374.

1. El viene mañana. *Repitan.*
   Ellos _____.
   Nosotros _____.
   Ella _____.

2. Yo no vengo mañana. *Repitan.*
   El _____.
   Tú _____.
   Eduardo _____.
   Nosotros _____.

3. ¿Viene el profesor mañana? *Contesten.*
   ¿Vienen los estudiantes mañana?
   ¿Viene Ud. mañana?
   ¿Vienes mañana?

¿Vienen Carlos y Luis amañana?
¿Vienen Uds. mañana?
¿Vienen ellas mañana?

C. The present indicative of **querer** (*to wish, want, love*).

quiero	queremos
quieres	[queréis]
quiere	quieren

Note that **querer** is like other stem-changing verbs which change the stem vowel **e** to **ie** in all persons except the first and second person plural. See Appendix C, page 369.

1. Yo quiero mucho a mamá. *Repitan.*
   Tú _____.
   Mi hermana _____.
   Nosotros _____.
   Mi hermano _____.
   Papá _____.

Note that the preposition **a** is used before persons that are direct objects of the verb.

2. Yo no quiero trabajar. *Repitan.*
   Mi hermana _____.
   El _____.
   Tú _____.
   Ellos_____.
   Ellas_____.

3. ¿Quiere Ud. aprender la lección? *Contesten.*
   ¿Tu papá quiere vivir en México?
   ¿Tu hermano quiere ser médico?
   ¿Tú quieres trabajar?
   ¿Quiere ser profesor?
   ¿Quiere venir mañana?
   ¿Quiere ser secretaria?

D. The present indicative of **ir** (*to go*).

voy	vamos
vas	[vais]
va	van

Compare the irregularity of the first person singular of this verb with **dar** — **doy**, with **ser** — **soy**, and with **estar** — **estoy**.

1. Luisa va al centro. *Repitan.*
   Carlos _____.
   Ellos _____.
   Tú _____.
   Nosotros _____.
   Ella _____.

2. Yo no voy al centro. *Repitan.*
   El _____.
   Ella _____.
   Ud. _____.
   Ellos _____.
   Nosotros _____.

3. ¿Va Ud. al centro? *Contesten.*
   ¿Va Luisa al centro?
   ¿Van ellos al centro?
   ¿Va Carlos al centro?
   ¿Vamos nosotros al centro?
   ¿Va ella al centro?
   ¿Va el estudiante al centro?

E. The present indicative of **saber** (*to know*).

sé	sabemos
sabes	[sabéis]
sabe	saben

1. ¿Sabe Ud. la lección hoy? *Repitan.*

   ¿____ (tú) _____?
   ¿____ él _____?
   ¿____ ellos _____?
   ¿____ Uds. _____?
   ¿____ ella _____?
   ¿____ nosotros _____?

2. ¿Sabes la lección hoy? *Contesten.*
   ¿Sabe Ricardo la lección hoy?
   ¿Saben ellos la lección hoy?
   ¿Saben Uds. la lección hoy?
   ¿Sabe ella la lección hoy?

F. The present indicative of **comprar** (*to buy*).

compro	compramos
compras	[compráis]
compra	compran

1. Luisa compra un regalo.   *Repitan.*
   Carlos —————————.
   Nosotros —————————.
   El —————————.
   Tú —————————.
   Yo —————————.

2. ¿Compra Ud. un regalo?   *Contesten.*
   ¿Compra Carlos un regalo?
   ¿Compramos nosotros un regalo?
   ¿Qué compra Luisa?
   ¿Qué compra Ud.?
   ¿Cuándo compra Ud. un regalo?
   ¿Quién compra un regalo?

G. The present indicative of **trabajar** (*to work*).

trabajo ·	trabajamos
trabajas	[trabajáis]
trabaja	trabajan

1. Mi mamá trabaja mucho.   *Repitan.*
   Papá —————————.
   Yo —————————.
   El —————————.
   Nosotros —————————.

2. ¿Trabaja Ud. mucho?   *Contesten.*
   ¿Tú trabajas mucho?
   ¿Trabaja él mucho?
   ¿Trabaja mucho papá?
   ¿Trabajan mucho Uds.?
   ¿Trabaja mucho el profesor?
   ¿Trabajan mucho los estudiantes?
   ¿Quién trabaja mucho?

Contraction of *a* plus *el* → *al*

When **a** and **el** occur together they contract to **al**.

Voy **al** centro.

The other combinations of **a** plus the definite article do not contract.

Voy **a la** iglesia.
Voy **a los** teatros.
Voy **a las** clases.

ITEM SUBSTITUTION

1. Vamos al cine. *Repitan.*
   _____ clase.
   _____ oficina.
   _____ centro.
   _____ biblioteca.
   _____ banco.

2. ¿Va Ud. al centro? *Repitan.*
   ¿ _____ clases?
   ¿ _____ iglesia?
   ¿ _____ biblioteca?
   ¿ _____ universidad?
   ¿ _____ banco?

QUESTION–ANSWER

¿Van Uds. a la iglesia? *Contesten.*
¿Van al cine los estudiantes?
¿Va a la universidad el profesor?
¿Va Ud. al centro?
¿Van a las clases los amigos?

Contraction of *de* plus *el* → *del*

When **de** and **el** occur together they contract to **del**.

Es hermano **del** profesor.

Other combinations of **de** plus the definite article do not contract.

Es hermano **de la** muchacha.
Es hermano **de los** muchachos.
Es hermano **de las** muchachas.

ITEM SUBSTITUTION

1. Somos amigos del muchacho.   *Repitan.*
   _____ de la muchacha.
   _____ del profesor.
   _____ de los estudiantes.
   _____ del chileno.
   _____ del señor.
   _____ de las hermanas.

2. ¿Viene Ud. de la iglesia?   *Repitan.*
   ¿ _____ del cine?
   ¿ _____ de la universidad?
   ¿ _____ de la clase?
   ¿ _____ de la oficina?
   ¿ _____ del centro?

QUESTION–ANSWER

¿Es Ud. amigo del chileno?   *Contesten.*
¿Dónde está la oficina del profesor?
¿Vienes de la clase?
¿Es amiga de los mexicanos ella?
¿Dónde está la mamá del estudiante?
¿Va Ud. al centro?

The possessive adjectives

The possessive adjectives precede the noun they modify. They agree in number and gender (if gender is expressed) with the thing possessed and not with the possessor.

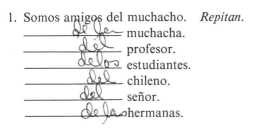

mi amigo	**nuestro** amigo	**mis** amigos	**nuestros** amigos
mi amiga	**nuestra** amiga	**mis** amigas	**nuestras** amigas
tu amigo	**vuestro** amigo	**tus** amigos	**vuestros** amigos
tu amiga	**vuestra** amiga	**tus** amigas	**vuestras** amigas
su amigo	**su** amigo	**sus** amigos	**sus** amigos
su amiga	**su** amiga	**sus** amigas	**sus** amigas

ITEM SUBSTITUTION

1. ¿Dónde está su hermano? *Repitan.*
   ¿——————— amigas?
   ¿——————— primo?
   ¿——————— hijas?
   ¿——————— nuestro libro?
   ¿——————— casa?
   ¿——————— abuelo?
   ¿——————— abuela?
   ¿——————— amiga?
   ¿——————— hermanos?

2. Mi tío está allí. *Repitan.*
   —— tía ———.
   —— tíos ———.
   —— hermanas —.
   —— hermanos —.
   Tus ———.
   —— amigos —.
   ——————— aquí.
   —— primo —.
   —— primas —.
   —— hijo ———.
   —— hijas ———.

QUESTION–ANSWER

¿Dónde está su hermano? *Contesten.*
¿Están aquí sus amigos?
¿Está en casa su mamá?
¿Van al cine sus amigos?
¿Habla español su abuelo?
¿Quiere Ud. mucho a su papá?
¿Quieren estudiar sus amigos?
¿Quieren trabajar sus hermanas?

The personal *a*

The personal **a** is used before a noun which is a direct object of the verb and refers to a specific person: *verb* + **a** + *direct object person.*

> Los padres quieren **a su hijo.**
> Quiero **a María.**

PATTERNED RESPONSE

Teacher: ¿Quiere Ud. mucho a su mamá?
Student: Sí, quiero mucho a mi mamá.

a su hermano
a su hermana
a su papá
a su abuela
a su abuelo
a su tía
a su tío

a su hijo
a su novio
a sus hijos
a su primo
a su prima
a su novia
a su hija

Cardinal numbers: 1 to 100

1	uno	16	diez y seis (dieciséis)
2	dos	17	diez y siete (diecisiete)
3	tres	18	diez y ocho (dieciocho)
4	cuatro	19	diez y nueve (diecinueve)
5	cinco	20	veinte
6	seis	21	veinte y uno (veintiuno)
7	siete	30	treinta
8	ocho	40	cuarenta
9	nueve	50	cincuenta
10	diez	60	sesenta
11	once	70	setenta
12	doce	80	ochenta
13	trece	90	noventa
14	catorce	100	cien
15	quince		

Telling time

¿Qué hora es?

Es la una.

¿Qué hora es?

Son las dos.

¿Qué hora es?

Son las tres y veinte.

¿Qué hora es?

Son las tres y cinco.

¿Qué hora es?

**Son las cinco menos
veinticinco.**

¿Qué hora es?

**Son las nueve menos
cinco.**

¿Qué hora es?

**Son las siete menos
cuarto.**
(*It's a quarter or fifteen
minutes to seven.*)

¿Qué hora es?

**Son las cuatro y
media** (*half*).
(*It's four thirty.*)

¿Qué hora es?

Son las once en punto.
(*It's eleven sharp.*)

¿Qué hora es?

**Son las cinco y
veinticinco.**

¿Qué hora es? ¿Qué hora es?

Es la una y cuarto. **Son las doce y media.**

ITEM SUBSTITUTION

Es la una. *Repitan.*
Son las dos.
_____ tres.
_____ una y media.
_____ dos y cuarto.
_____ doce y veinte.
_____ una.
_____ tres menos cuarto.
_____ cinco menos viente y cinco.

The period of the day is introduced by **de** when the hour is indicated; otherwise **por** is used.

> Son las diez **de la mañana.**
> (*It's ten o'clock in the morning.*)

> Son las cuatro **de la tarde.**
> (*It's four o'clock in the afternoon.*)

> Son las once **de la noche.**
> (*It's eleven o'clock in the evening.*)

> Estamos en casa **por la mañana.**
> (*We are at home in the morning.*—Note that there is no specific hour indicated.)

PATTERNED RESPONSE

1. *The teacher asks the questions and then gives one of the numbers. The student gives the time indicated by the number.*

   Teacher: ¿Qué hora es? (1)

Student: Son las seis menos cuarto de la tarde.

1. 5:45 P.M.	6. 1:10 P.M.
2. 6:20 A.M.	7. 8:34 A.M.
3. 3:05 P.M.	8. 10:50 P.M.
4. 6:15 P.M.	9. 10:10 A.M.
5. 11:18 A.M.	10. 2:28 P.M.

2. *The teacher asks the questions, and the student responds, using the time suggested in the parenthesis.*

Teacher: ¿A qué hora va Ud. a casa? (10:00 P.M.)
Student: Voy a casa a las diez de la noche.

      ¿A qué hora va Ud. a casa? (8:00 P.M.)
      ¿A qué hora va él a casa? (4:30 P.M.)
      ¿A qué hora vamos a casa? (9:20 P.M.)
      ¿A qué hora van ellos a casa? (12:00 P.M.)
      ¿A qué hora vas a casa? (1:25 A.M.)
      ¿A qué hora va Ud. a casa? (3:18 P.M.)

3. *Teacher:*   ¿Va Ud. a la iglesia?
  Student: Sí, voy a la iglesia.

a la tienda	a la oficina
al centro	a la clase
al cine	a la escuela

4. *Teacher:*   ¿Quiere Ud. ir a Chile?
  Student: No, yo no quiero ir a Chile.

al Perú	a Guatemala
a México	a España
a la Argentina	a Europa

5. *Teacher:*   ¿Quiere Ud. hablar español?
  Student: Sí, vamos a hablar español ahora.

comer	comprar un regalo
tomar el desayuno	tomar el autobús
cenar	trabajar

6. *Teacher:*   ¿Cuántos hermanos tiene Ud.?
  Student: Tengo cuatro hermanos.

      ¿Cuántas hermanas tiene Ud.?
      ¿Cuántas novias tiene Ud.?
      ¿Cuántos abuelos tiene Ud.?
      ¿Cuántos primos tiene Ud.?
      ¿Cuántas tías tiene Ud.?

Controlled Conversation

Pregúntele a Luisa dónde está su abuela.
a la muchacha dónde está nuestro tío.
a él dónde están sus hermanos.
a ella dónde está su abuelo.
a Carlos dónde están sus primos.
al profesor cómo está su hija.
a Ricardo cómo está su primo.
al muchacho cómo está su madre.
a María cómo están sus amigas.
a Luisa cómo está su amiga.
a Juan cómo está su tío.
a Roberto qué hora es.

Personalized Questions

1. ¿Va Ud. de compras mañana?
2. ¿Qué va Ud. a hacer mañana?
3. ¿Tiene Ud. una familia grande?
4. ¿Quiere Ud. ir al centro?
5. ¿Qué hora es?
6. ¿Vamos a hablar español?
7. ¿Va Ud. al centro mañana?
8. ¿Come Ud. en casa el día de la madre?
9. ¿Cuántos amigos tiene Ud.?
10. ¿Cómo se llama su novio?
11. ¿Cuántos novios tiene Ud.?
12. ¿Cóme se llama Ud.?
13. ¿Va Ud. a la iglesia con su amigo?
14. ¿Quiere Ud. mucho a su mamá?
15. ¿Sabe Ud. la lección?
16. ¿Sabe Ud. qué hora es?
17. Nosotros vamos a la iglesia a las ocho. ¿Y usted?
18. María tiene muchos amigos. ¿Y usted?
19. ¿Trabaja Ud. mucho?
20. ¿Cuándo compra Ud. un regalo?

Extemporization

LA FAMILIA

Vocabulary: madre, padre, hermanos, abuelos, tíos, primos, querer, trabajar, oficina, banco, tener.

Topic Ideas: 1. Mi familia no es grande.
2. Nuestra mamá trabaja mucho.
3. Quiero mucho a mi abuelo.

Questions: 1. ¿Tienes una familia grande?
2. ¿Cuántas hermanas tienes?
3. ¿Quieres mucho a tu familia?
4. ¿Dónde trabaja tu papá?

DE COMPRAS

Vocabulary: centro, autobús, la hora, comprar, regalo, venir, saber, mañana, tarde.

Topic Ideas: 1. Voy a comprar un regalo.
2. Mi mamá compra mucho en el centro.
3. Mañana voy al centro.

Questions: 1. ¿A qué hora vas al centro?
2. ¿Qué compras en el centro?
3. ¿Sabes a qué hora viene el autobús?
4. ¿Cuándo vas de compras?

Lima, Peru: Patio of San Marcos University. (Philip Gendreau)

Dialog Patterns

Las Clases

FELIPE — ¿Qué tal tu programa de clases, Ricardo?
RICARDO — Bastante bueno. No tengo clases los jueves.
FELIPE — ¿Y los martes?
RICARDO — Sí, y también los lunes, miércoles y viernes.
FELIPE — ¿A qué hora comienza la clase de español?
RICARDO — Creo que a eso de las ocho.
FELIPE — Yo no puedo llegar tan temprano.
RICARDO — No, porque siempre duermes hasta las nueve.
FELIPE — La clase de español es muy divertida, ¿verdad?
RICARDO — Sí, bastante, pero el profesor es muy exigente.
FELIPE — ¿Ya tienes tu libro de español?
RICARDO — Sí, señor, ya lo tengo.
FELIPE — ¿Estudias la lección todas las noches?
RICARDO — Claro, la estudio día y noche.
FELIPE — ¿Cuántas clases tienes este semestre?
RICARDO — Tengo cinco: español, matemáticas, inglés, historia y química.
FELIPE — ¿Por qué estudias clases tan difíciles?
RICARDO — Las estudio porque son interesantes.
FELIPE — ¿Qué se aprende en una clase de idiomas?
RICARDO — Se aprende algo de otra cultura y de otra gente.
FELIPE — Juan dice que es muy interesante.
RICARDO — ¡Ya lo creo!

59

Dialog Patterns

Classes

FELIPE — How's your class schedule, Ricardo?
RICARDO — Fairly good. I don't have any classes on Thursdays.
FELIPE — And on Tuesdays?
RICARDO — Yes, and also on Mondays, Wednesdays, and Fridays.
FELIPE — What time does the Spanish class begin?
RICARDO — At about eight, I think.
FELIPE — I can't get there that early.
RICARDO — No, because you always sleep until nine.
FELIPE — The Spanish class is lots of fun, isn't it?
RICARDO — Yes, rather, but the professor is very demanding.
FELIPE — Do you already have your Spanish book?
RICARDO — Yes, sir, I already have it.
FELIPE — Do you study your lesson every night?
RICARDO — Of course, I study it day and night.
FELIPE — How many subjects do you have this semester?
RICARDO — I have five: Spanish, mathematics, English, history, and chemistry.
FELIPE — Why do you study such difficult subjects?
RICARDO — I study them because they are interesting.
FELIPE — What do you learn in a language class?
RICARDO — You learn something about another culture and another people.
FELIPE — Juan says it's very interesting.
RICARDO — I should say so!

The present indicative—continued

VERB STRUCTURE DRILLS

A. The present indicative of **comenzar** (*to begin*).

comienzo	comenzamos
comienzas	[comenzáis]
comienza	comienzan

Note that the stem vowel **e** of **comenzar** becomes **ie** in all persons of the present indicative except the first and second person plural. For other stem-changing verbs like **comenzar**, see Appendix D, page 376.

1. Yo comienzo todos los días a la una. *Repitan.*
   Nosotros ——————————.
   Ellos ——————————.
   Ud. ——————————.
   Uds. ——————————.
   Tú ——————————.
   Ella ——————————.

2. ¿A qué hora comienza Ud.? *Contesten.*
   ¿Cuándo comienzan ellos?
   ¿Comienzan Uds. a la una?
   ¿Quién comienza a la una?
   Y tú, ¿cuándo comienzas?

B. The present indicative of **dormir** (*to sleep*).

duermo	**dormimos**
duermes	**[dormís]**
duerme	**duermen**

Note that the stem vowel **o** of **dormir** becomes **ue** in all persons of the present indicative except the first and second person plural. For other stem-changing verbs like **dormir**, see Appendix D, page 377.

1. Yo siempre duermo hasta las nueve. *Repitan.*
   Nosotros ——————————.
   Ellos ——————————.
   Ud. ——————————.
   Felipe y Ricardo ——————————.
   Tú ——————————.

2. ¿Siempre duerme Ud. hasta las nueve? *Contesten.*
   ¿Quién duerme hasta las nueve?
   ¿Por qué duerme Felipe hasta las nueve?
   ¿Cuándo duerme Ud. hasta las nueve?
   ¿Tú duermes hasta las neuve?

C. The present indicative of **pedir** (*to ask for*).

pido	**pedimos**
pides	**[pedís]**
pide	**piden**

The stem vowel **e** of **pedir** changes to **i** in all persons except the first and second person plural. For other verbs conjugated like **pedir**, see Appendix D, page 378.

1. Yo no pido clases fáciles. *Repitan.*
   Ella _____.
   Nosotros _____.
   Ellos _____.
   Ricardo _____.
   Uds. _____.

2. ¿Pide Ud. clases fáciles? *Contesten.*
   ¿Por qué pide ella clases fáciles?
   ¿Quién pide clases fáciles?
   ¿Siempre piden Uds. clases fáciles?
   ¿Pide Ricardo clases fáciles?

D. The present indicative of **oír** (*to hear*).

oigo	**oímos**
oyes	**[oís]**
oye	**oyen**

1. Yo no oigo la música. *Repitan.*
   Ellos _____.
   Nosotros _____.
   Ella _____.
   Felipe _____.
   Tú _____.
   Uds. _____.

2. ¿Oye Ud. la música? *Contesten.*
   ¿Oyen ellos la música?
   ¿Oyen Uds. la música?
   ¿Oye ella la música?
   ¿Quién oye la música?
   ¿Quién no oye la música?

The direct object pronouns

The direct object pronoun takes the place of a noun used as a direct object and must agree in number and gender with the noun it replaces. It always precedes the verb except after an infinitive, a present participle, or an affirmative command; in these cases it follows and is attached to the verb form. The exception involving the infinitive is treated in this lesson.

me (*me*)	**nos** (*us*)
te (*you*)	~~**os** (*you*)~~
lo (*it, you, him*)	**los** (*them, you*)
la (*it, you, her*)	**las** (*them, you*)

¿Estudia Ud. **la lección?**

Sí, yo **la** estudio.

¿Escribe ella **las cartas?**

No, ella no **las** escribe.

¿Vas a leer **el periódico** ahora?

Sí, voy a leer**lo** ahora.

STRUCTURE SUBSTITUTION

Teacher	*Student*
1. ¿Estudia Ud. la lección? *Contesten.*	Sí, yo la estudio.
¿Estudian Uds. la lección?	
¿Estudian la lección ellos?	
¿Estudia la lección Roberto?	
¿Tú estudias la lección?	
¿Estudia la lección ella?	
2. ¿Escribe muchas cartas ella? *Contesten.*	Sí, las escribe.
¿Escriben muchas cartas Uds.?	
¿Escribe muchas cartas su mamá?	
¿Escriben muchas cartas ellos?	
¿Escribe muchas cartas nuestro tío?	
¿Tú escribes muchas cartas?	

3. ¿Lees el periódico? *Contesten.*   Sí, lo leo.
   ¿Lee Ud. el periódico?
   ¿Leen Uds. el periódico?   *Sí, lo leemos*
   ¿Lee el periódico él?
   ¿Leen el periódico sus padres?
   ¿Lee el periódico el profesor?   *Sí, lo lee*
   ¿Lee el periódico tu hermana?

4. ¿No escucha los programas ella? *Contesten.* No, ella no los escucha.
   ¿No escuchas los programas?
   ¿No escuchan Uds. los programas?
   ¿No escucha los programas el profesor?
   ¿No escuchan los programas ellas?
   ¿No escucha los programas Renaldo?

5. ¿Vas a leer el periódico ahora? *Contesten.* Sí, voy a leerlo ahora.
   ¿Vas a estudiar la lección ahora?
   ¿Vas a escribir la carta ahora?
   ¿Vas a comprar el regalo ahora?
   ¿Vas escuchar el programa ahora?
   ¿Vas a aprender español ahora?
   ¿Vas a comenzar el trabajo ahora?

6. ¿Lee Ud. el periódico? *Cambien.* ¿Lo lee Ud.?
   ¿Estudia Ud. la lección?
   ¿Compra Ud. el regalo?
   ¿Escribe Ud. las cartas?
   ¿Escucha Ud. los programas?
   ¿Quiere Ud. a su mamá?
   ¿Comienza Ud. el trabajo?

Irregular forms in the present indicative

The following verbs are regular in all forms of the present indicative except the first person singular.

     poner (*to put*) — **pongo**
     salir (*to leave, depart*) — **salgo**
     hacer (*to do, make*) — **hago**
     traer (*to bring*) — **traigo**
     caer (*to fall*) — **caigo**
     conocer (*to know*) — **conozco**
     parecer (*to seem*) — **parezco**
     ver (*to see*) — **veo**
     saber (*to know*) — **sé**
     dar (*to give*) — **doy**
     estar (*to be*) — **estoy**

QUESTION–ANSWER

¿Trae Ud. el dinero?
¿Haces los ejercicios?
¿Sale Ud. todas las noches?
¿Pone Ud. el libro aquí?
¿Sabes la lección?
¿Estás contento?
¿Ve Ud. a Carlos?
¿Conoce Ud. a Juan?

Use of *hay*

ITEM SUBSTITUTION

Hay cuatro paredes en la sala de clase.   *Repitan.*

—— una puerta ——————————.
—— dos ventanas ——————————.
—— una mesa ——————————.
—— veintiocho sillas ——————————.
—— una pizarra ——————————.
—— muchos libros ——————————.
—— una luz ——————————.
—— dos mapas ——————————.

PATTERNED RESPONSE

Teacher: ¿Cuántas paredes hay en la sala de clase?
Student: Hay cuatro paredes en la sala de clase.

puertas — 2
ventanas — 4
mesas — 1
sillas — 50
pizarras — 2
libros — 50
luces — 3
estudiantes — 45
profesores — 1
señoritas — 18
mapas — 2

ITEM SUBSTITUTION

Los alumnos hablan español todos los días. *Repitan.*
Uds. —————————————————————.
El ———————————————————————.
———————————————————— todas las noches.
——————— estudia ————————————.
Nosotros ——————————————————.
——————————————————— en la clase.
Elena —————————————————.
Tú ———————————————————.
——————— aprendes ———————————.
——————————————————— en casa.
Yo ——————————————————.
El profesor ————————————————.
María y Manuel ————————————.

PATTERNED RESPONSE

1. *Teacher:*   ¿Tienes una clase de biología?
   Student: Sí, tengo una clase de biología.
                (No, no tengo clase de biología).

música	botánica
sociología	zoología
física	ingeniería
filosofía	francés

2. *Teacher:*   ¿A qué hora vas a la clase?
   Student: Voy a la clase a las diez en punto.

   estudias la lección — 10:30
   lees el periódico — 11:00
   escuchas el programa de radio — 11:30
   trabajas en la tienda — 12:00
   vas a la iglesia — 12:30
   vas a casa — 1:00

3. *Teacher:*   ¿Se aprende mucho en la clase de español?
   Student: Sí, señor, se aprende mucho en la clase de español.

se estudia	se trabaja
se habla	se escribe

The days of the week

domingo	**jueves**
lunes	**viernes**
martes	**sábado**
miércoles	

PATTERNED RESPONSE

1. *Teacher:* Hoy es lunes, ¿verdad?
   Student: Sí, señor, hoy es lunes.
   (No, señor, hoy no es lunes. Hoy es _____.)

martes	viernes
miércoles	sábado
jueves	domingo

2. *Teacher:* ¿Vas a la iglesia los domingos?
   Student: Sí, voy a la iglesia los domingos.

   al centro los lunes
   a la tienda los martes
   a la clase los miércoles
   a la escuela los jueves
   a casa los viernes
   al cine los sábados

   ¿Qué día es hoy?

3. *Teacher:* ¿Va Ud. a la iglesia el domingo?
   Student: No, no voy a la iglesia el domingo.

   al centro el lunes
   a la tienda el martes
   a la clase el miércoles
   a la escuela el jueves
   a casa el viernes
   al cine el sábado

Controlled Conversation

Pregúntele a _____
si va a la iglesia el miércoles o el domingo.
si comienza la clase de español a las diez o a las doce.

si es malo o bueno su programa de clases.
si es interesante o no la clase de español.
si es fácil o difícil la lección de español.
si tiene cinco o cuatro clases.
si habla mucho o poco el profesor.
si estudia clases fáciles o difíciles.
si hay quince o veinte estudiantes en la clase.
si estudia francés o español.

Personalized Questions

1. ¿Son exigentes todos los profesores de la universidad?
2. ¿Por qué estudia Ud. tanto?
3. Hoy es domingo, ¿verdad?
4. ¿Va Ud. al cine con su novio (-a)?
5. ¿Qué se aprende en la clase de español?
6. ¿Por qué no trabaja Ud. los domingos?
7. ¿Hay clases fáciles en la universidad?
8. ¿Cuántas personas en su familia hablan español?
9. ¿A qué hora termina la clase de español?
10. Ricardo estudia día y noche, ¿no?
11. El quiere mucho a su novia. ¿Y Ud.?
12. ¿A qué hora comienza la clase de español?
13. ¿Cuándo duerme Ud. hasta las nueve?
14. ¿Por qué pide Ud. clases fáciles?
15. ¿Dice Ud. que la clase es muy interesante?
16. ¿Cuándo oye Ud. la música?
17. ¿Lee Ud. el periódico todos los días?
18. ¿Va Ud. a estudiar la lección ahora?
19. ¿Escucha Ud. los programas de radio todas las noches?
20. ¿Estudia Ud. la historia de los Estados Unidos?

Extemporization

1. EL PROGRAMA PARA EL DÍA

Vocabulary: clases, comenzar, dormir, estudiar, leer, periódico, lección, trabajar, física, matemáticas, francés.

Topic Ideas: 1. Mis clases son fáciles.
2. El sábado trabajo en el centro.
3. Mi clase de español.

Questions: 1. ¿Hasta qué hora duermes?
2. ¿Cuándo comienzas las clases?
3. ¿Lees el periódico por la mañana o por la noche?
4. ¿A qué hora trabajas en la oficina?

2. LA SEMANA

Vocabulary: días de la semana, centro, tienda, clases, iglesia, casa, cine.

Topic Ideas: 1. Los domingos.
2. El sábado voy al cine con mi novio (-a).
3. Estudio todos los días.

Questions: 1. ¿Qué día vas a la iglesia?
2. ¿Por qué no trabajas los domingos?
3. ¿Cuándo vas a casa?
4. ¿Qué día vas al centro?

El Greco, *View of Toledo*. (Metropolitan Museum of Art: Bequest of Mrs. H. O. Havemeyer, 1929; the H. O. Havemeyer Collection)

A. Write the answers as in the example.

Example: ¿Habla Ud. español? **No, no hablo español.**

americano
1. ¿Es Ud. chileno? Pablo
2. ¿Está en la clase Carlos?
3. ¿Es Ud. de México?
4. ¿Hablan francés Carlos y Antonio?
5. ¿Va Ud. a la iglesia el domingo?

B. Write the corresponding questions for these answers.

Example: Sí, son muy simpáticos. **¿Son simpáticos los muchachos?**

1. Sí, voy a estudiar el lunes.
2. Sí, leemos el periódico todas las noches. *Leen Ud.*
3. Sí, los profesores son exigentes. *Son*
4. Sí, quiero ir a España.
5. Sí, tengo cuatro hermanos.

C. Give the day that precedes and the one that follows as in the example.

	Day of the week	Precedes	Follows
Example:	lunes	domingo	martes
	miércoles	_____	_____
	viernes	_____	_____
	domingo	_____	_____
	jueves	_____	_____
	martes	_____	_____
	sábado	_____	_____

D. Write out in Spanish the time as indicated.

3:25	9:50	2:40
_____	_____	_____
10:30	1:00	4:45
_____	_____	_____

E. Write a sentence using the possessive adjective to indicate the possessor as in the example.

Example: Luisa tiene un regalo. **Es su regalo.**

1. Tenemos una casa. *Es nuestra casa*
2. Ellos tienen amigos. *Son sus amigos*
3. El profesor tiene muchos libros. *Son sus libros*
4. Uds. tienen dos mapas. *Son sus mapas*
5. Tú tienes una carta. *Es tu carta*

F. Write answers to the questions as in the example.

Example: ¿Oye Ud. la música? **Sí, la oigo.**

1. ¿Lee Ud. el periódico? *Sí, lo leo.*
2. ¿Trae Ud. las cartas? *Sí, las cartas.*
3. ¿Hace Ud. el trabajo? *Sí, lo hago.*
4. ¿Ve Ud. la pizarra? *Sí, la veo.*
5. ¿Estudia Ud. la lección? *Sí, la estudio.*

G. Use the correct form of **ser** or **estar**.

María __es__ simpática.

__está__ aquí.

_____ una muchacha inteligente.

_____ chilena.

__está__ bien.

__es__ secretaria.

__está__ en México.

__está__ enferma.

__es__ de California.

H. Use the correct form of **de** plus the article.

Yo soy amigo del chileno.

_____ mexicanos.

_____ muchacha.

_____ estudiante.

_____ muchachas.

I. Use the correct form of **a** plus the article.

Voy al centro.

_____ universidad. *iglesia*

_____ clases.

_____ oficina.

_____ banco.

Culture Capsule

El Paseo

En Latinoamérica el paseo[1] es una costumbre muy común. Por la tarde, despúes de las seis o siete, los jóvenes van a la plaza o a la calle principal. Los muchachos hablan en grupos en una esquina[2] o en la calle. Las chicas, también en grupos, caminan lentamente[3] por la plaza. Al pasar las chicas,[4] los muchachos les dicen piropos[5] y comienzan a conversar con ellas.

Algunos piropos son muy ingeniosos y románticos. Por ejemplo: "¡Quién fuera estrella para vivir en el cielo de sus ojos!"[6] Algunos son muy prosaicos: "¡Qué lindo budín para Navidad!"[7] Otros piropos comunes son: "¡Una muñeca que camina!"[8] y "¡Qué monumento!"[9]

Los jóvenes se conocen[10] en los clubes, bailes, colegios,[11] etc., pero el paseo es generalmente el lugar preferido por la gente joven.

---

[1] el paseo *the promenade*
[2] una esquina *a street corner*
[3] caminan lentamente *walk slowly*
[4] al pasar las chicas *as the girls pass by*
[5] les dicen piropos *pay them compliments*
[6] ¡Quién fuera estrella para vivir en el cielo de sus ojos! *If only I were a star so that I could live in the heaven of your eyes!*

[7] ¡Qué lindo budín para Navidad! *What a beautiful fruit cake (dish) for Christmas.*
[8] ¡Una muñeca que camina! *A walking doll!*
[9] ¡Qué monumento! *What a monument!*
[10] se conocen *meet each other*
[11] colegios *high schools*

QUESTION–ANSWER

1. ¿A qué hora es el paseo?
2. ¿Dónde es el paseo?
3. ¿Dónde están los muchachos?
4. ¿Quiénes caminan lentamente?
5. ¿Qué es un piropo?
6. ¿Son románticos los piropos?
7. ¿Quiere Ud. participar en el paseo?

a mí

Dialog Patterns

El Tiempo

ISABEL — ¿Qué te parece el clima de aquí, Juanita?

JUANITA — Francamente a mí no me gusta.

ISABEL — ¿Por qué no te gusta?

JUANITA — Porque hace mucho frío.

ISABEL — Pues, en el invierno me gusta el frío.

JUANITA — Me gusta más la primavera.

ISABEL — En la primavera llueve mucho.

JUANITA — Pero generalmente hace buen tiempo.

ISABEL — ¿Tienes frío ahora?

JUANITA — Sí, y además estoy resfriada.

ISABEL — ¡Qué lástima! Lo siento mucho.

JUANITA — ¡Qué variable está el tiempo!

ISABEL — Ahora hace un viento glacial.

JUANITA — Parece que va a nevar.

ISABEL — Y te hace falta el abrigo, ¿verdad?

JUANITA — Sí, me hace falta.

ISABEL — Ven y te presto uno.

JUANITA — Bueno, voy contigo. ¿En qué mes hace calor aquí?

ISABEL — En agosto hace un calor sofocante.

75

Grand Canary: Las Canteras Beach at Las Palmas. (J. Allan Cash from Rapho Guillumette)

Dialog Patterns

The Weather

ISABEL — What do you think of the climate around here, Juanita?

JUANITA — Frankly, I don't like it.

ISABEL — Why don't you like it?

JUANITA — Because it's very cold.

ISABEL — Well, in the winter I like the cold.

JUANITA — I like spring better.

ISABEL — In the spring it rains a lot.

JUANITA — But generally the weather is good.

ISABEL — Are you cold now?

JUANITA — Yes, and besides I have a cold.

ISABEL — That's too bad! I'm very sorry.

JUANITA — How changeable the weather is!

ISABEL — An icy wind is blowing now.

JUANITA — It looks like it's going to snow.

ISABEL — And you need your coat, don't you?

JUANITA — Yes, I need it.

ISABEL — Come, and I'll lend you one.

JUANITA — All right, I'll go with you. During what month is it warm here?

ISABEL — In August it's suffocating.

The present indicative—continued

VERB STRUCTURE DRILLS

A. The present indicative of **sentir** (*to be sorry, regret*).

siento	sentimos
sientes	[sentís]
siente	sienten

For other verbs conjugated like **sentir**, see Appendix D, page 377.

1. *Yo* lo siento mucho. *Repitan.*

   ellos, Ud., nosotros, él, Ricardo, tú

2. ¿No lo siente Ud. mucho? *Contesten.*
¿Lo sient**en** ellos mucho?
¿Lo sientes mucho?
Yo lo siento mucho. ¿Y él?
¿Y no lo sentimos mucho nosotros?

B. The present indicative of **hacer** (*to do, make*).

hago	hacemos
haces	[hacéis]
hace	hacen

1. ¿Qué hacen *Uds.*? *Repitan.*

ellos, tú, nosotros, él, Roberto, la muchacha, el muchacho, Ud., yo

2. ¿Qué hacen Uds.? *Contesten.*
¿Qué hacen ellos?
¿Qué haces tú?
¿Qué hace él?
¿Qué hace Roberto?
¿Qué hace la muchacha?

PATTERNED RESPONSE

1. *Teacher:* ¿Qué haces los lunes? Voy a las clases
   Student: De costumbre voy a las clases.

   los domingos — voy a la iglesia
   los sábados — voy al cine
   de noche — estudio el español
   por la mañana — voy a las clases
   por la tarde — trabajo
   los martes — voy a la universidad
   los miércoles — tengo que trabajar

2. *Teacher:* ¿Hace buen tiempo hoy?
   Student: Sí, hoy hace buen tiempo.
   (No, no hace buen tiempo hoy.)

   hace mal tiempo   hace mucho viento
   hace mucho sol   hace frío
   hace calor

3. *Teacher:*   ¿En qué estación hace frío?
   Student: Hace mucho frío en el invierno.

   hace mucho sol — el verano
   hace mucho viento — la primavera
   hace mucho polvo — el verano
   hace buen tiempo — el otoño

4. *Teacher:*   ¿En qué mes llueve mucho?
   Student: Llueve mucho en mayo.

   nieva mucho — enero
   llovizna mucho — febrero
   relampaguea mucho — septiembre

5. *Teacher:*   ¿En qué mes hace mucho sol?
   Student: Hace mucho sol en junio.

   hace mal tiempo — diciembre
   hace mucho viento — abril
   hace mucho polvo — agosto
   hace buen tiempo — octubre

6. *Teacher:*   Está nublado el día, ¿no?
   Student: Sí, está muy nublado.

   está lluvioso   está fresco
   está caluroso   está tórrido
   está asoleado   está bonito
   está templado

The indirect object pronouns

The indirect object pronoun differs from the direct object pronoun only in the third person singular and plural. It always precedes the verb with the following exceptions: after an infinitive, a present participle and an affirmative command, in which cases it follows and is attached to the verb form.

me (*me*)	**nos** (*us*)
te (*you*)	**os** (*you*)
le (*him, her, you*)	**les** (*them, you*)

¿Tú **me** prestas un abrigo?
Sí, **te** presto un abrigo.

¿Ud. **les** presta un abrigo a los estudiantes?
Sí, **les** presto un abrigo.

¿Qué quiere prestar**le** Isabel?
Quiere prestar**le** un abrigo.

ITEM SUBSTITUTION

1. El me presta un abrigo. *Repitan.*
   — nos _____.
   — les _____.
   — le _____.
   — te _____.

2. ¿Tú le escribes una carta a Juanita? *Repitan.*
   ¿_____ a él?
   ¿_____ a ellos?
   ¿_____ al profesor?
   ¿_____ a tus hermanas?
   ¿_____ a mi padre?

3. El quiere hablarle a Renaldo, ¿verdad? *Repitan.*
   _____ a ellos _____?
   _____ a Ud. _____?
   _____ a Uds. _____?
   _____ a ella _____?
   _____ a María y a Luisa _____?

QUESTION–ANSWER

1. *Teacher:*   ¿Le presta Isabel un abrigo a Ud.?   *Contesten.*
   Student: Sí, me presta un abrigo.

   ¿Les presta Isabel un abrigo a ellos?
   ¿Le presta Isabel un abrigo a ella?
   ¿Me presta Isabel un abrigo?
   ¿Nos presta Isabel un abrigo?

2. *Teacher:*   ¿Tú le escribes una carta a Juanita?   *Contesten.*
   Student: Sí, le escribo una carta.

   ¿Tú le escribes una carta a él?
   ¿Tú le escribes una carta al profesor?
   ¿Tú les escribes una carta a tus hermanas?
   ¿Tú le escribes una carta a mi padre?

3. *Teacher:* El quiere hablarle a Renaldo, ¿verdad? *Contesten.*
   Student: Sí, quiere hablarle.

   El quiere hablarles a ellos, ¿verdad?
   El quiere hablarle a Ud., ¿verdad?
   El quiere hablarles a Uds., ¿verdad?
   El quiere hablarle a ella, ¿verdad?
   El quiere hablarles a Juanita y a Isabel, ¿verdad?

The prepositional object pronouns

The pronouns used as objects of prepositions are the same as the subject pronouns, except in the first and second persons singular.

a mí *(to me)*	**a nosotros** *(to us)*
a ti *(to you)*	**a vosotros** *(to you)*
a él *(to him)*	**a ellos** *(to them)*
a ella *(to her)*	**a ellas** *(to them)*
a Ud. *(to you)*	**a Uds.** *(to you)*

The forms **mí** and **ti** combine with the preposition **con** *(with)* to form **conmigo** and **contigo**.

El va **conmigo**.
¿Va él **contigo**?

VERB-STRUCTURE DRILLS

A. Special indirect object constructions with **parecer** *(to think of)* and **gustar** *(to like)*.

me parece(n)	**nos parece(n)**	**me gusta(n)**	**nos gusta(n)**
te parece(n)	**[os parece(n)]**	**te gusta(n)**	**[os gusta(n)]**
le parece(n)	**les parece(n)**	**le gusta(n)**	**les gusta(n)**

1. ¿Qué te parece *a ti* el clima? *Repitan.*

   a Ud., a Roberto, a María, a Uds., a ellos, a ellas

2. ¿Qué te parece a ti el clima? *Contesten.*   A mí me gusta.
   ¿Qué le parece a Ud. el clima?
   ¿Qué le parece a Roberto el clima?
   ¿Qué le parece a María el clima?
   ¿Qué les parece a Uds. el clima?
   ¿Qué les parece a ellos el clima?
   ¿Qué les parece a ellas el clima?

PATTERNED RESPONSE

1. *Teacher:* ¿A ti te gustan las lecciones de español?
   Student: Sí, a mí me gustan las lecciones de español.

   a él — los programas de televisión
   a Uds. — las corridas de toros
   a Ud. — los deportes
   a nosotros — los periódicos
   a ellas — los perfumes caros

2. *Teacher:* ¿A ti te gusta estudiar?
   Student: Sí, a mí me gusta estudiar.

   a él — trabajar
   a Ud. — leer
   a ellos — escribir
   a Uds. — aprender
   a nosotros — hablar

VERB-STRUCTURE DRILLS

B. Special indirect object construction with **hacer falta** (*to need*).

me hace(n) falta	nos hace(n) falta
te hace(n) falta	[os hace(n) falta]
le hace(n) falta	les hace(n) falta

Me hace falta un peso. (*I need a peso.*)
Me hacen falta tres pesos. (*I need three pesos.*)

1. *A mí* me hace falta un abrigo. *Repitan.*

   a ti, a nosotros, a ellos, a él, a Ud., a Uds.

2. *A mí* me hacen falta tres pesos. *Repitan.*

   a ti, a nosotros, a ellos, a él, a ellas, a Ud., a Uds.

3. ¿Qué le hace falta a Ud.? *Contesten.*
   ¿A Ud. le hace falta un sombrero?
   ¿A Ud. le hacen falta tres pesos?
   ¿A Ud. le hace falta dinero?
   ¿Qué le hace falta a su hermano?

The seasons of the year

la primavera (*spring*)
el verano (*summer*)
el otoño (*autumn*)
el invierno (*winter*)

PATTERNED RESPONSE

1. *Teacher:*   ¿A Ud. le gusta la primavera?
   Student: Sí, señor, a mí me gusta la primavera.
   (No, señor, a mí no me gusta la primavera.)

a él	a nosotros
a ellos	a Vicente
. a ellas	a Uds.

2. *Teacher:*   ¿A ti te parece bonito el otoño?
   Student: Sí, el otoño me parece bonito.

a Uds.	a él
a los chicos	al joven
a la maestra	a los muchachos

3. *Teacher:*   ¿A Ud. le gusta más el verano que el invierno?
   Student: No, a mí me gusta más el invierno.

a ellos	a los estudiantes
a su amiga	a tu abuelo
al profesor	a las muchachas

The months of the year

enero	**julio**
febrero	**agosto**
marzo	**septiembre**
abril	**octubre**
mayo	**noviembre**
junio	**diciembre**

PATTERNED RESPONSE

Teacher: ¿En qué mes es su cumpleaños?
Student: Mi cumpleaños es en el mes de mayo.

el Día Panamericano
la Navidad

all American people

el Día de la Raza
el Día de la Madre
el Día de los Enamorados   St Valentines
el Día del Trabajo   Labor
el Día de la Independencia
Sept.

Idioms with *tener*

PATTERNED RESPONSE

1. *Teacher:*   Tengo mucha hambre. ¿Y Ud.?
   Student: Yo tengo mucha hambre también.

   ¿Y ellos?
   ¿Y Uds.?
   ¿Y él?
   ¿Y el profesor?
   ¿Y tú?

2. *Teacher:*   ¿Tienes frío ahora?
   Student: Sí, tengo mucho frío ahora.
   (No, ahora no tengo frío.)

   (el) calor   (el) sueño sleepy
   (la) sed thirst   (la) prisa in a hurry
   (el) hambre *f.*   (el) miedo
   (la) razón right   afraid

   Feliz   to the Cumpleaños

3. *Teacher:*   ¿Cuántos años tiene el profesor?
   Student: El profesor tiene veintinueve años.

   Efraín — 26   tu hermano — 6
   Gloria — 20   tu tío — 95
   Vicente — 19   tú — ?
   tu padre — 43

ITEM SUBSTITUTION

Todos los días nos gusta hacerlo. *Repitan.*
_____ me _____.
_____ escribir ____.
Ahora _____.
_____ les _____.
_____ las.
_____ estudiar ____.
_____ le _____.

En la clase ———————————.

————————————— leer ————.

————————————————— los.

Al profesor ————————————.

————————————— escuchar ——.

A María ——————————————.

————————————————— lo .

Al estudiante ——————————.

————————————— aprender ——.

————————————————— la .

A Juanita ——————————————.

————————————— comprar ——.

Controlled Conversation

Pregúntele a una señorita si le gusta la primavera.
un muchacho si hace calor ahora.
una joven si hace buen tiempo ahora.
un estudiante si tiene sueño.
al profesor cuántos años tiene.
una muchacha si tiene hambre.
un joven si el día está bonito.
un señor si está resfriado.
un amigo si le parece que va a nevar.
una amiga si le gustan los perfumes caros.

Personalized Questions

1. ¿Qué te parece el otoño?
2. ¿Tienes miedo en la clase de español?
3. ¿Llueve mucho en México?
4. ¿Esta Ud. resfriado?
5. ¿Siempre tiene razón el profesor?
6. ¿En qué estación nieva mucho?
7. ¿Le gusta a Ud. estudiar?
8. ¿Te gustan los deportes?
9. ¿A ti te gustan las corridas de toros?
10. ¿Cuántos años tiene el profesor?
11. ¿En qué mes es el cumpleaños de su novio?
12. ¿En qué mes va Ud. de vacaciones?
13. ¿Cuándo hace buen tiempo?

14. ¿Cuándo hace mal tiempo?
15. ¿Le escribe Ud. muchas cartas a su novio?
16. ¿Quiere Ud. prestarme un abrigo?
17. Voy al centro. ¿Quiere Ud. venir conmigo?
18. Yo lo siento mucho. ¿Y Ud.?

Extemporization

1. EL CLIMA

Vocabulary: verano, invierno, primavera, otoño, frío, calor, abrigo, nevar, llover, tórrido, glacial, gustar, parecer, hacer frío (calor), tener frío (calor).

Topic Ideas: 1. El invierno.
2. Me gusta la primavera.
3. El clima de aquí.

Questions: 1. ¿Qué estación te gusta?
2. ¿Qué te parece la primavera aquí?
3. ¿Nieva mucho en el invierno?
4. ¿Qué te hace falta en el invierno?

2. LOS MESES Y LOS DÍAS

Vocabulary: meses, sol, viento, buen (mal) tiempo, templado, fresco, bonito, años, gustar.

Topic Ideas: 1. La Navidad.
2. Los meses que más me gustan.
3. El mes de mi cumpleaños.

Questions: 1. ¿Hace buen o mal tiempo hoy?
2. ¿Cuántos años tienes ahora?
3. ¿En qué mes es tu cumpleaños?
4. ¿Está templado el día hoy?

antes de - before

¿no es verdad?

Dialog Patterns

Cosas de Todos Los Días

JORGE — Antonio, ya es hora de estar en la clase.
ANTONIO — Un minuto . . . que estoy desayunando.
JORGE — ¿No te despiertas a las siete?
ANTONIO — Sí, pero no me levanto hasta las ocho.
JORGE — ¿Qué haces después de levantarte?
ANTONIO — Pues, me afeito, me baño, y me visto.
JORGE — Y luego te lavas los dientes, ¿verdad?
ANTONIO — No, me lavo los dientes después del desayuno.
JORGE — Y tú, ¿a qué hora sales de casa?
ANTONIO — Salgo a las ocho y media.
JORGE — Tienes una clase a las nueve, ¿no?
ANTONIO — Sí, y tengo miedo de llegar tarde.
JORGE — ¿Qué haces después de las clases?
ANTONIO — Trabajo toda la tarde.
JORGE — ¿No comes al mediodía?
ANTONIO — Ah sí, como casi siempre en el restorán.
JORGE — Así que tienes que estudiar de noche, ¿eh?
ANTONIO — Por lo común estudio dos o tres horas de noche.
JORGE — ¿A qué hora te acuestas?
ANTONIO — A eso de las once o doce.

87

Sevilla: Calle de los Descalzos. (Ministerio de Información y Turismo)

Dialog Patterns

Everyday Things

JORGE — Antonio, it's already time to be in class.
ANTONIO — Just a minute . . . (because) I am having breakfast.
JORGE — Don't you wake up at seven?
ANTONIO — Yes, but I don't get up until eight.
JORGE — What do you do after you get up?
ANTONIO — Well, I shave, I bathe, and I get dressed.
JORGE — And then you brush your teeth, don't you?
ANTONIO — No, I brush my teeth after breakfast.
JORGE — At what time do you leave the house?
ANTONIO — I leave at eight thirty.
JORGE — You have a class at nine, don't you?
ANTONIO — Yes, and I'm afraid of being late.
JORGE — What do you do after classes?
ANTONIO — I work all afternoon.
JORGE — Don't you eat at noon?
ANTONIO — Oh yes, I generally (almost always) eat in the restaurant.
JORGE — So you have to study at night, eh?
ANTONIO — I usually study two or three hours at night.
JORGE — At what time do you go to bed?
ANTONIO — At about eleven or twelve o'clock.

The reflexive construction

The reflexive pronouns correspond to the subject pronouns as follows:

yo — me (*myself*)	nosotros — nos (*ourselves*)
tú — te (*yourself*)	vosotros — os (*yourselves*)
él (*himself*)	ellos (*themselves*)
ella } — se (*herself*)	ellas } — se (*themselves*)
Ud. (*yourself*)	Uds. (*yourselves*)

The English equivalent of the reflexive pronoun is generally the appropriate "-self" word like "myself" or "himself." It always refers back to the subject of the verb with which it is used.

| **Se mira** en el espejo. | (*He looks at himself in the mirror.*) |
| **Se prepara** para el examen. | (*He prepares himself for the exam.*) |

The following verbs are generally used in the reflexive: Note that the English equivalent in these cases does not usually include the reflexive pronoun.

Yo me despierto a las seis.	(*I wake up at six.*)
Me levanto a las seis y media.	(*I get up at six thirty.*)
Se acuesta a las once.	(*He goes to bed at eleven.*)
El se viste rápido.	(*He dresses quickly.*)
Ella se baña temprano.	(*She bathes early.*)
Nos lavamos las manos.	(*We wash our hands.*)
Me siento a descansar.	(*I sit down to rest.*)

The reflexive pronouns, like all other object pronouns, are either placed before the verb (**Yo me levanto**) or attached to the end of an infinitive (**Quiero levantarme**), a present participle (**Estoy levantándome**), and an affirmative command (**Levántese Ud.**).

Some verbs become more emphatic or change their meaning when the reflexive pronoun is added.

ir (*to go*)	**irse** (*to go away*)
comer (*to eat*)	**comerse** (*to eat up, devour*)
dormir (*to sleep*)	**dormirse** (*to fall asleep*)
llevar (*to take*)	**llevarse** (*to carry off*)

El se lo come todo.
(*He eats it all up.*)

Juan **se duerme** en la clase.
(*John falls asleep in class.*)

Note that when used with other object pronouns, the reflexive pronoun always comes first.

VERB STRUCTURE DRILLS

A. The present indicative of **despertarse** (*to wake up*).

me despierto	**nos despertamos**
te despiertas	**[os despertáis]**
se despierta	**se despiertan**

1. *Yo* me despierto a las seis. *Repitan.*

   nosotros, ellos, tú, ella, Uds., él

2. ¿A qué hora se despierta Ud.?   *Contesten.*
   ¿A qué hora nos despertamos?
   ¿A qué hora se despiertan ellos?
   ¿A qué hora te despiertas?
   ¿A qué hora se despiertan Uds.?
   ¿A qué hora se despierta él?

Note that like **comenzar** and other Class I stem-changing verbs, **despertar** changes **e** to **ie.** See Appendix D, p. 376.

B. The present indicative of **levantarse** (*to get up*).

me levanto	nos levantamos
te levantas	[os levantáis]
se levanta	se levantan

1. *Yo* me levanto a las seis y media.   *Repitan.*

   ellos, nosotros, tú, Carlos, ella, Uds., Antonio

2. ¿*Tú* te levantas temprano?   *Repitan.*

   Uds., ellos, Carlos, ella, Ud., Antonio

3. ¿A qué hora se levanta Ud.?   *Contesten.*
   ¿A qué hora se levanta Carlos?
   ¿Se levantan Uds. temprano?
   ¿Se levantan temprano ellos?
   ¿Me levanto temprano yo?

C. The present indicative of **lavarse** (*to wash*).

me lavo	nos lavamos
te lavas	[os laváis]
se lava	se lavan

1. *Yo* me lavo la cara.   *Repitan.*

   él, nosotros, ella, tú, ellos, Uds., María

2. ¿Se lava Ud. la cara?   *Contesten.*   Sí, señor, me lavo la cara.
   ¿Se lava Ud. las manos?
   ¿Se lava Ud. los dientes?
   ¿Se lava Ud. las orejas?
   ¿Se lava Ud. el pelo?
   ¿Se lava Ud. los brazos?

D. The present indicative of **afeitarse** (*to shave*).

me afeito	nos afeitamos
te afeitas	[os afeitáis]
se afeita	se afeitan

1. *Yo* me afeito con la máquina. *Repitan.*

   tú, Uds., ellos, Ud., él, Antonio

2. ¿Ud. se afeita con la máquina? *Contesten.*
   ¿Juan se afeita con la máquina?
   ¿Tú te afeitas con la máquina?
   ¿Ellos se afeitan con la máquina?
   ¿Carlos se afeita con la máquina?

E. The present indicative of **vestirse** (*to get dressed*).

me visto	nos vestimos
te vistes	[os vestís]
se viste	se visten

1. *Yo* me visto rápido. *Repitan.*

   nosotros, él, tú, ellos, Ud., Uds., Antonio, ella

2. ¿Se viste rápido Ud.? *Contesten.* Sí, me visto rápido.
   (No, me visto muy despacio.)
   ¿Se visten rápido ellos?
   ¿Se viste rápido él?
   ¿Se visten rápido las muchachas?
   ¿Se visten rápido Uds.?
   ¿Se visten rápido las señoras?
   ¿Se viste rápido Antonio?
   ¿Se viste rápido su esposa?
   ¿Te vistes rápido?
   ¿Se visten rápido los muchachos?

Like **pedir**, **vestirse** is a stem-changing verb, Class III. See appendix D, p. 378.

F. The present indicative of **acostarse** (*to go to bed*).

me acuesto	nos acostamos
te acuestas	[os acostáis]
se acuesta	se acuestan

1. *Yo* me acuesto a las once. *Repitan.*

   tú, él, ellos, Uds., nosotros, María, Antonio, Jorge

2. ¿Se acuesta temprano Ud.? *Contesten.*
   ¿A qué hora se acuesta Ud.?
   ¿A qué hora se acuesta él?
   ¿A qué hora te acuestas?
   ¿Se acuesta tarde Antonio?

Note that **acostarse** is a Class I, **o > ue**, stem-changing verb. See Appendix D, p. 376.

G. The present indicative of **salir** (*to leave*).

salgo	salimos
sales	[salís]
sale	salen

1. *Yo* salgo de casa temprano. *Repitan.*

   ella, él, tú, nosotros, ellos, Uds.

2. ¿A qué hora salimos de casa? *Contesten.*
   ¿A qué hora sales de casa?
   ¿A qué hora sale ella de casa?
   ¿A qué hora salen ellos de casa?
   ¿A qué hora sale Carlos de casa?
   ¿A qué hora salen Uds. de casa?

The present progressive

The present progressive utilizes the present tense of the verb **estar** and the present participle, or the **-ndo** form of the verb.

Present Participle of Regular Verbs

habl-ar	**habl-ando**
aprend-er	**aprend-iendo**
viv-ir	**viv-iendo**

A. Note that to form the present participle, **-ando** is added to the stem of **-ar** verbs, and **-iendo** to the stem of **-er** and **-ir** verbs.

Estoy estudiando la lección.	(*I am studying the lesson.*)
El **está escribiendo** una carta.	(*He is writing a letter.*)

B. When the stem of **-er** and **-ir** verbs ends in a vowel, the present participle ending becomes **-yendo**.

tr**aer** — trayendo	leer — leyendo
c**aer** — cayendo	oír — oyendo
cre**er** — creyendo	

C. Some of the **-ndo** forms are irregular in the vowel of the stem.

venir — viniendo	poder — pudiendo
decir — diciendo	vestir — vistiendo

All **-ir** stem-changing verbs make analogous changes. See Appendix D, p. 377.

D. The object and reflexive pronouns are attached to the end of the present participle and become part of the verb.

Estoy lavándome.
Estamos aprendiéndolo.
Está lavándose.

Note that when a pronoun is attached to the participle, an accent must be added to the participle in order to maintain the stress on the correct syllable. For example, the participle **lavando** is stressed on the next to the last syllable. When a pronoun is added, an accent must be placed on that syllable: **lavándolo.**

The object pronouns may also come before the present progressive tense.

Me estoy lavando.
Lo estamos aprendiendo.
Se está lavando.

SUBJECT SUBSTITUTION

1. Estoy leyendo el libro. *Repitan.*

   nosotros, tú, ella, Uds., Ud.

2. Estamos estudiando español. *Repitan.*

   él, ellos, yo, tú, Uds.

TENSE SUBSTITUTION

Teacher: Leo el libro.
Student: Leo el libro.
        Estoy leyendo el libro.

Ellos estudian español.   Me lavo las manos.
¿Qué busca Ud.?   ¿Qué dices?
El trabaja ahora.   Se visten rápido.
Desayuno en casa.   ¿Por qué lo hace Ud.?
Aprendemos a hablar bien.

PATTERNED RESPONSE

1. *Teacher:*   ¿Está comiendo?
   Student: Sí, estoy comiendo.

   estudiando   escuchando
   cenando   almorzando
   hablando

2. *Teacher:*   ¿Está Ud. aprendiendo la lección?
   Student: Sí, la estoy aprendiendo.

   escribiendo la carta   tomando un refresco
   haciéndolo

3. *Teacher:*   ¿Está Ud. levantándose?
   Student: No, no me estoy levantando.

   vistiéndose   afeitándose
   acostándose

Use of *hay que* and *tengo que*

ITEM SUBSTITUTION

1. Hay que acostarse temprano. *Repitan.*
   _____ levantarse _____.
   _____ despertarse _____.
   _____ llegar _____.
   _____ salir _____.
   _____ desayunar _____.

2. Hay que estudiar mucho. *Repitan.*
   _____ aprender _____.
   _____ trabajar _____.
   _____ hablar _____.

3. Tengo que comer ahora.   *Repitan.*
   _____ bañarme ___.
   _____ comprarlo ___.
   _____ afeitarme ___.
   _____ escribirlo ___.
   _____ estudiar ___.

4. Tengo que trabajar mucho.   *Repitan.*
   _____ estudiar _____.
   _____ leer _____.
   _____ practicar _____.
   _____ aprender _____.

PATTERNED RESPONSE

Teacher: Ud. cena en el restorán, ¿verdad?
Student: No, no ceno nunca en el restorán.

Ud. desayuna en el restorán, ¿no?
Ud. almuerza (almorzar) en el restorán, ¿no?
Ud. come en el restorán, ¿no?
Creo que Ud. come en el restorán, ¿no es verdad?

ITEM SUBSTITUTION

1. Yo descansa todos los días.   *Repitan.*
   El se baña _____.
   Juan _____.
   ___ come _____.
   El _____.
   _____ toda la tarde.
   ___ trabaja _____.
   Ellos _____.
   ___ descansan _____.

2. Carlos va a la iglesia de noche.   *Repitan.*
   _____ practica _____.
   _____ todo el día.
   _____ estudia _____.
   _____ por la mañana.
   _____ va a las clases _____.
   _____ por la tarde.
   _____ trabaja _____.

PATTERNED RESPONSE

Teacher: ¿Qué haces después de despertarte?
Student: Después de despertarme, me levanto.

Teacher: ¿Qué haces después de levantarte?
Student: Después de levantarme, me baño.

Teacher: ¿Qué haces después de bañarte?
Student: Después de bañarme, me visto.

Teacher: ¿Que haces después de vestirte?
Student: Después de vestirme, desayuno.

Teacher: ¿Qué haces después de desayunar?
Student: Después de desayunar, me lavo los dientes.

Teacher: ¿Qué haces después de lavarte los dientes?
Student: Después de lavarme los dientes, salgo de casa.

Teacher: ¿Qué haces después de llegar a la universidad?
Student: Después de llegar a la universidad, voy a las clases.

Teacher: ¿Qué haces después de ir a las clases?
Student: Después de ir a las clases, almuerzo.

Teacher: ¿Qué haces después de almorzar?
Student: Después de almorzar, voy al trabajo.

Teacher: ¿Qué haces después de trabajar?
Student: Después de trabajar, voy a casa.

Teacher: ¿Qué haces después de volver a casa?
Student: Después de volver a casa, ceno con la familia.

Teacher: ¿Qué haces después de cenar con la familia?
Student: Después de cenar con la familia, estudio.

Teacher: ¿Qué haces después de estudiar?
Student: Después de estudiar, me acuesto.

Controlled Conversation

Pregúntele a ———— a qué hora se despierta.
a qué hora se levanta.
a qué hora desayuna.
si se lava los dientes después del desayuno.
si sale de casa después de cenar.

si llega temprano a la universidad.
si almuerza en el restorán.
a qué hora se acuesta.

Personalized Questions

1. ¿A qué hora se levanta Ud.?
2. ¿Qué hace Ud. después de levantarse?
3. ¿A qué hora tiene Ud. que estar en la clase?
4. ¿Tiene Ud. miedo de llegar tarde a la clase? ¿Por qué?
5. ¿Se lava Ud. los dientes todas las mañanas?
6. ¿Tiene Ud. que trabajar por la tarde?
7. ¿Come Ud. siempre en el restorán?
8. ¿Qué hace Ud. después de las clases?
9. ¿A qué hora se acuesta Ud.?
10. ¿Se visten rápido las muchachas?
11. ¿Está Ud. aprendiendo la lección?
12. ¿Está Ud. escribiendo una carta ahora?
13. ¿Qué hace Ud. después de cenar?
14. ¿Llega Ud. siempre temprano a la universidad?
15. ¿Descansa Ud. por la tarde?
16. ¿Hay que acostarse temprano?
17. ¿Por qué tiene Ud. que trabajar?
18. ¿Tiene Ud. que estudiar mucho?
19. ¿Hay que practicar mucho?
20. ¿Tiene Ud. que despertarse temprano?

Extemporization

1. LO QUE HAGO TODOS LOS DÍAS

Vocabulary: levantarse, desayunar, lavarse, vestirse, trabajar, bañarse, afeitarse, comer, siempre, por lo común, después, acostarse.

Topic Ideas: 1. Después de levantarme.
2. Después de la clase.
3. Tengo que trabajar mucho.

Questions: 1. ¿A qué hora te levantas todos los días?
2. ¿Qué haces después de levantarte?
3. ¿Cuándo vas a trabajar?
4. ¿Qué haces al mediodía?

2. LO QUE ESTOY HACIENDO AHORA

Vocabulary: viviendo, hablando, aprendiendo, estudiando, escribiendo, carta, rápido, español.

Topic Ideas: 1. Estoy estudiando español.
2. Estamos aprendiendo la lección.
3. Está escribiendo una carta.

Questions: 1. ¿Qué estás estudiando en la universidad?
2. ¿A quién estás escribiendo una carta?
3. ¿Estás aprendiendo español rápido?
4. ¿Con quién estás hablando?

Sevilla: Plaza de Alfaro. (Ministerio de Información y Turismo)

Madrid: Sidewalk café on Avenida José Antonio. Last building on the left is the thirty-four-story Torre de Madrid. (Louis Goldman from Rapho Guillumette)

Dialog Patterns

La Ropa

ELENA — ¡Hola, Luisa! ¿No es nuevo ese vestido que llevas?
LUISA — Sí, es nuevo. ¿Te gusta?
ELENA — Sí. Y los zapatos, ¿no son nuevos también?
LUISA — Bueno, como hoy es mi cumpleaños. . .
ELENA — ¡Felicidades! ¡Qué hermosa estás!
LUISA — Gracias, pero tú, ¿qué tienes? Dime.
ELENA — Estoy muy triste hoy.
LUISA — ¿Qué te pasa?
ELENA — Hay fiesta esta noche y no tengo nada que ponerme.
LUISA — Puedes ponerte el vestido negro. Es precioso.
ELENA — Me lo están limpiando.
LUISA — Pues, ponte el vestido azul. Te queda muy bien.
ELENA — Si llevo el vestido azul me hace falta un sombrero.
LUISA — Yo tengo un sombrero azul.
ELENA — ¿Quieres prestármelo?
LUISA — Sí, te lo presto.
ELENA — Préstamelo esta noche.
LUISA — Con mucho gusto.
ELENA — Muchísimas gracias.
LUISA — No hay de qué.

Dialog Patterns

Clothing

ELENA — Hi, Luisa! Isn't that a new dress you are wearing?
LUISA — Yes, it's new. Do you like it?
ELENA — Yes. And your shoes? Aren't they new, too?
LUISA — Well . . . since today is my birthday . . .
ELENA — Best wishes! How pretty you look!
LUISA — Thanks. But what is wrong with you? Tell me.
ELENA — I am very sad today.
LUISA — What's the matter with you?
ELENA — There is a party tonight, and I don't have a thing to put on.
LUISA — You can put on the black dress. It's beautiful.
ELENA — They are cleaning it for me.
LUISA — Well, put on the blue dress. It looks very nice on you.
ELENA — If I wear the blue dress, I need a hat.
LUISA — I have a blue hat.
ELENA — Will you lend it to me?
LUISA — Yes, I'll lend it to you.
ELENA — Lend it to me tonight.
LUISA — Gladly.
ELENA — Thank you so much.
LUISA — You're welcome.

Summary of direct and indirect object pronouns

Indirect		*Direct*	
me	nos	me	nos
te	os	te	os
le	les	lo, la	los, las

Luisa me presta **el vestido**.

Luisa me **lo** presta.

Note that the indirect object pronoun always precedes the direct object pronoun.

The direct and indirect object pronouns generally follow and are attached to the infinitive, the present participle, and the affirmative command forms of the verb.

>Luisa quiere prestár**melo**.   (*infinitive*)
>Luisa está prestándo**melo**.   (*present participle*)
>Préstamelo, Luisa.   (*affirmative command*)

In all other cases the object pronouns precede the verb.

>Luisa **me lo** presta.   (*verb conjugated in indicative mood*)
>No **me lo** prestes.   (*negative command*)

The substitute form **se** occurs instead of **le** or **les** before the direct objects **lo**, **la**, **los**, or **las**.

>María l**e** presta **el dinero a Carlos**.
>
>María s**e** l**o** presta.

Indirect	*(before)*	*Direct*
me		**me**
te		**te**
le > se		**lo, la**
nos		**nos**
les > se		**los, las**

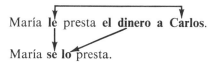

STRUCTURE SUBSTITUTION

1. Juan me presta la corbata.   *Cambien.*   Juan me la presta.
   Juan te presta la corbata.   Juan te la presta.
   Juan le presta la corbata.   Juan se la presta.
   Juan nos presta la corbata.   Juan nos la presta.
   Juan les presta la corbata.   Juan se la presta.
   Juan me presta las camisas.   Juan me las presta.
   Juan te presta las camisas.   Juan te las presta.
   Juan le presta las camisas.   Juan se las presta.
   Juan nos presta las camisas.   Juan nos las presta.
   Juan les presta las camisas.   Juan se las presta.

2. Luisa me presta el vestido.   *Cambien.*   Luisa me lo presta.
   Luisa te presta el vestido.   Luisa te lo presta.
   Luisa le presta el vestido.   Luisa se lo presta.
   Luisa nos presta el vestido.   Luisa nos lo presta.
   Luisa les presta el vestido.   Luisa se lo presta.
   Luisa me presta los sombreros.   Luisa me los presta.

Luisa te presta los sombreros.   Luisa te los presta.
Luisa le presta los sombreros.   Luisa se los presta.
Luisa nos presta los sombreros.   Luisa nos los presta.
Luisa les presta los sombreros.   Luisa se los presta.

ITEM SUBSTITUTION

Luisa se la presta *a ellos.*   *Repitan.*

  a nosotros, a mí, a él, a ella, a ti, a Uds., a Ud.

PATTERNED RESPONSE

1. *Teacher:*   ¿Me prestas los libros?
   Student: Sí, te los presto.

la corbata	el libro
las camisas	el sombrero
el vestido	la blusa

2. *Teacher:*   ¿Me presta Ud. el libro?
   Student: Sí, se lo presto.

la corbata	el sombrero
las camisas	la blusa
el vestido	la máquina de afeitar.

Affirmative commands for *Ud.* and *Uds.*

hablar	**aprender**	**escribir**
hable (Ud.)	**aprenda (Ud.)**	**escriba (Ud.)**
hablen (Uds.)	**aprendan (Uds.)**	**escriban (Uds.)**

Note that the polite command forms of regular **-ar** verbs end in **-e** and **-en** and those of regular **-er** and **-ir** verbs in **-a** and **-an**.

STRUCTURE SUBSTITUTION

1. Yo quiero hablar.   *Contesten.*   Pues, hable Ud.
   Yo quiero estudiar.
   Yo quiero comer.
   Yo quiero aprender.
   Yo quiero leer.
   Yo quiero escuchar.
   Yo quiero escribir.
   Yo quiero mirar.

2. ¿Puedo limpiarlo? *Contesten.*　　　　Sí, límpielo.
　¿Puedo escribirlo?　　　　　　　　　　Sí, escríbalo.
　¿Puedo leerlo?　　　　　　　　　　　　Sí, léalo.
　¿Puedo escucharlo?　　　　　　　　　　Sí, escúchelo.
　¿Puedo estudiarlo?　　　　　　　　　　Sí, estúdielo.
　¿Puedo comprarlo?　　　　　　　　　　Sí, cómprelo.
　¿Puedo tomarlo?　　　　　　　　　　　Sí, tómelo.
　¿Puedo comerlo?　　　　　　　　　　　Sí, cómalo.
　¿Puedo aprenderlo?　　　　　　　　　　Sí, apréndalo.
　¿Puedo llamarlo?　　　　　　　　　　　Sí, llámelo.

Note that the direct object pronoun is attached to the verb in an affirmative command.

Negative commands for *Ud.* and *Uds.*

hablar	**aprender**	**escribir**
no hable (Ud.)	**no aprenda (Ud.)**	**no escriba (Ud.)**
no hablen (Uds.)	**no aprendan (Uds.)**	**no escriban (Uds.)**

STRUCTURE SUBSTITUTION

¿Puedo limpiarlo? *Contesten.*　　　　No, no lo limpie.
¿Puedo escribirlo?　　　　　　　　　　No, no lo escriba.
¿Puedo leerlo?　　　　　　　　　　　　No, no lo lea.
¿Puedo escucharlo?　　　　　　　　　　No, no lo escuche.
¿Puedo estudiarlo?　　　　　　　　　　No, no lo estudie.
¿Puedo comprarlo?　　　　　　　　　　No, no lo compre.
¿Puedo tomarlo?　　　　　　　　　　　No, no lo tome.
¿Puedo comerlo?　　　　　　　　　　　No, no lo coma.
¿Puedo aprenderlo?　　　　　　　　　　No, no lo aprenda.
¿Puedo llamarlo? *call*　　　　　　　　No, no lo llame.

Note that the direct object pronoun precedes the verb in a negative command.

Affirmative commands for *tú*

hablar	**aprender**	**escribir**
habla	**aprende**	**escribe**

Note that the affirmative command for **tú** of all regular verbs is the same as the third person singular of the present indicative.

STRUCTURE SUBSTITUTION

¿Puedo limpiarlo?	*Contesten.*	Sí, límpialo.
¿Puedo escribirlo?		Sí, escríbelo.
¿Puedo leerlo?		Sí, léelo.
¿Puedo escucharlo?		Sí, escúchalo.
¿Puedo estudiarlo?		Sí, estúdialo.
¿Puedo comprarlo?		Sí, cómpralo.
¿Puedo tomarlo?		Sí, tómalo.
¿Puedo comerlo?		Sí, cómelo.
¿Puedo aprenderlo?		Sí, apréndelo.
¿Puedo llamarlo?		Sí, llámalo.

Negative commands for *tú*

hablar	aprender	escribir
no hables	no aprendas	no escribas

Note that the negative command for **tú** is the same as the **Ud.** command form with the addition of an **-s**.

STRUCTURE SUBSTITUTION

¿Puedo limpiarlo?	*Contesten.*	No, no lo limpies.
¿Puedo escribirlo?		No, no lo escribas.
¿Puedo leerlo?		No, no lo leas.
¿Puedo escucharlo?		No, no lo escuches.
¿Puedo estudiarlo?		No, no lo estudies.
¿Puedo comprarlo?		No, no lo compres.
¿Puedo tomarlo?		No, no lo tomes.
¿Puedo comerlo?		No, no lo comas.
¿Puedo aprenderlo?		No, no lo aprendas.
¿Puedo llamarlo?		No, no lo llames.

Summary of command forms of regular verbs

		Affirmative	*Negative*
	(tú)	habla	no hables
hablar	(Ud.)	hable	no hable
	(Uds.)	hablen	no hablen

		Affirmative	*Negative*
	(tú)	<u>aprende</u>	no aprendas
aprender	(Ud.)	aprenda	no aprenda
	(Uds.)	aprendan	no aprendan

		Affirmative	*Negative*
	(tú)	<u>escribe</u>	no escribas
escribir	(Ud.)	escriba	no escriba
	(Uds.)	escriban	no escriban

Command forms of irregular verbs

The following verbs are irregular in the **tú** and **Ud.** forms of the affirmative and negative command:

Infinitive	*Affirmative Command*		*Negative Command*	
	Ud.	**tú**	**Ud.**	**tú**
decir	diga	di	no diga	no digas
tener	tenga	ten	no tenga	no tengas
venir	venga	ven	no venga	no vengas
irse	váyase	vete	no se vaya	no te vayas
ser	sea	sé	no sea	no seas
poner	ponga	pon	no ponga	no pongas
hacer	haga	haz	no haga	no hagas
salir	salga	sal	no salga	no salgas

PATTERNED RESPONSE

1. *Teacher:* El hijo mimado: — Papá, Juan no quiere salir del cuarto.
   Student: Papá: — Juan, sal del cuarto.

   Papá, Luis no quiere venir con nosotros.
   Papá, Anabel no quiere irse.
   Papá, Elena no quiere decir la verdad.
   Papá, Anabel no quiere hacerlo.
   Papá, Elena no quiere ponerlo allí.

2. *Teacher:* No quiero venir esta noche.
   Student: Pues, no vengas.

   salir de aquí   hacerlo
   irme   ponerlo allí
   decirlo

3. *Teacher:*   ¿Le digo la verdad o no?
   Student: Bueno, dígame la verdad.
               (No, no me diga la verdad.)

               ¿Salgo del cuarto o no?
               ¿Vengo esta noche o no?
               ¿Me voy o no?
               ¿Lo pongo allí o no?
               ¿Lo hago o no?

VERB STRUCTURE DRILLS

A. The present indicative of **poner** (*to put, place*).

pongo	ponemos
pones	[ponéis]
pone	ponen

1. *Yo* lo pongo aquí.   *Repitan.*

   nosotros, ellos, él, Felipe, Felipe y Ricardo

2. ¿Lo pone Ud. aquí   *Contesten.*
   ¿Quién lo pone aquí?
   ¿Dónde lo pones?
   ¿Lo ponen aquí Felipe y Ricardo?
   ¿Dónde lo ponen Uds.?

3. *Yo* me pongo el traje azul.   *Repitan.*

   ella, él, tú, Alicia, Luisa

4. ¿Se pone Ud. el traje azul?   *Contesten.*
   ¿Cuándo se pone Ud. el traje azul?
   ¿Qué traje se pone ella?
   ¿Por qué se pone Alicia el traje azul?

B. The present indicative of **dar** (*to give*).

doy	damos
das	[dais]
da	dan

1. *Yo* le doy el dinero.   *Repitan.*

   Carlos, nosotros, él, ella, Ud., Uds., tú.

2. ¿Le da Ud. el dinero?   *Contesten.*   Sí, yo le doy el dinero.
   ¿Le damos el dinero?
   ¿Le dan Uds. el dinero?
   ¿Le da el profesor el dinero?
   ¿Le das el dinero?

STRUCTURE SUBSTITUTION

1. ¿Ud. me da el dinero?   *Contesten.*   Sí, le doy el dinero.
   ¿Me lo da?   Sí, se lo doy.

   ¿Ellos me dan el dinero?   Sí, le dan el dinero.
   ¿Me lo dan?   Sí, se lo dan.

   ¿Tú me das el dinero?   Sí, te doy el dinero.
   ¿Me lo das?   Sí, te lo doy.

   ¿Uds. me dan el dinero?   Sí, le damos el dinero.
   ¿Me lo dan?   Sí, se lo damos.

   ¿Carlos me da el dinero?   Sí, le da el dinero.
   ¿Me lo da?   Sí, se lo da.

2. ¿Le doy la camisa?   *Cambien.*   Sí, démela. (No, no me la dé.)
   ¿Le doy el libro?
   ¿Le doy los calcetines?
   ¿Le doy los pantalones?
   ¿Le doy el traje?

3. *Teacher*   *Half of Class*   *Half of Class*
   El vestido.   ¿Le doy el vestido a Luisa?   Sí, déselo.
   Los vestidos.   _____   _____
   El sombrero.   _____   _____
   El zapato.   _____   _____
   Los zapatos.   _____   _____
   La blusa.   _____   _____
   La camisa.   _____   _____
   Los calcetines.   _____   _____
   La corbata.   _____   _____
   El libro.   _____   _____
   Los sombreros.   _____   _____
   El cinturón.   _____   _____
   El traje.   _____   _____

Supplementary dialogs
(To be memorized for class presentation)

First Student	*Second Student*
1. ¡Qué bonita blusa tienes! ¿Me la prestas?	Sí, te la presto mañana.
No, préstamela esta noche.	No puedo prestártela esta noche.
Por favor, préstamela.	Bueno, te la presto.
2. ¿Tiene Ud. un sombrero?	Sí, tengo un sombrero.
¿Me lo da Ud.?	No, no se lo doy.
¿Por qué no me lo da?	Porque no quiero dárselo.
Por favor, démelo.	Bueno, se lo doy.
3. ¡Qué bonitos aretes! ¿Me los presta?	Sí, se los presto mañana.
No, préstemelos esta noche.	No puedo prestárselos esta noche.
Por favor, préstemelos.	Bueno, se los presto.
4. ¿Tú tienes un sombrero?	Sí, tengo un sombrero.
¿Me lo das?	No, no te lo doy.
¿Por qué no me lo das?	Porque no quiero dártelo.
Por favor, dámelo.	Bueno, te lo doy.

VERB STRUCTURE DRILLS

The present indicative of **decir** (*to say, tell*).

digo	**decimos**
dices	**[decís]**
dice	**dicen**

1. *Yo* le digo la verdad. *Repitan.*

   ellos, nosotros, María, Ud., tú, Uds.

2. ¿Qué me dice Ud.? *Contesten.* Le digo la verdad.
   ¿Qué me dices?
   ¿Qué me dicen ellos?
   ¿Qué me dicen Uds.?
   ¿Qué me dice él?
   ¿Qué me dicen ellas?
   ¿Qué me dice mamá?

Controlled Conversation

1. *Teacher:* Dígale a _____ que ese vestido le queda muy bien.
   Student: Ese vestido te queda muy bien.

ese sombrero	esa camisa
esa blusa	esa corbata
ese traje	ese cinturón
ese abrigo	ese vestido

2. Pregúntele a _____ si es nueva la blusa que lleva.
   si es nueva la camisa que lleva.
   si hoy es su cumpleaños.
   si está triste hoy.
   si quiere prestarle el sombrero.
   si le da a Ud. el dinero.
   si le gustan los zapatos de María.
   si le gusta el clima de aquí.
   si le hace falta dinero.
   si tiene un vestido nuevo.
   si le hacen falta tres pesos.
   si hay fiesta esta noche.
   si le están limpiando el vestido.
   si quiere prestarle a Ud. un lápiz.
   si tiene un vestido azul.

Personalized Questions

1. ¿Tiene Ud. una blusa nueva?
2. ¿Está Ud. triste hoy?
3. ¿Qué le pasa?
4. ¿Hay fiesta esta noche?
5. ¿Le están limpiando el vestido?
6. ¿Están limpiándolo?
7. ¿Qué tiene Ud.?
8. ¿Le hace falta dinero?
9. ¿Tiene Ud. un sombrero azul?
10. ¿Quiere prestarme un libro?
11. ¿Por qué no me lo presta?
12. ¿Quiere Ud. darme ese lápiz?
13. ¿Me lo da ahora?
14. ¿Cuándo me lo da?

15. ¿Qué le hace falta a Ud.?
16. ¿Cómo está Ud. hoy?
17. ¿Qué me dice Ud.?
18. ¿Cuándo se pone Ud. el traje nuevo?
19. ¿Dónde lo pone Ud.?
20. Yo le doy un libro. Y Ud., ¿qué me da?
21. ¿Me lo da ahora?

Extemporization

1. MI CUMPLEAÑOS

Vocabulary: fiesta, nuevo, vestido, zapatos, triste, ponerse, sombrero, prestar, hermoso, felicidades, gracias.

Topic Ideas: 1. Hoy es mi cumpleaños.
2. Me hacen falta muchas cosas.
3. Estoy muy triste.

Questions: 1. ¿Cuántos años tienes?
2. ¿Por qué no tienes nada que ponerte para ir a la fiesta?
3. ¿Qué te hace falta?
4. ¿No son nuevos los zapatos?

2. LA ROPA

Vocabulary: vestido, traje, corbata, camisa, blusa, dinero, sombrero, prestar, hermoso, ponerse.

Topic Ideas: 1. Me hace falta dinero.
2. Mi vestido nuevo.
3. No quiero prestarlo.

Questions: 1. ¿No tienes dinero para comprarte una camisa?
2. ¿Te queda bien el vestido nuevo?
3. ¿Por qué te hace falta dinero?
4. ¿Cuándo te pones el traje nuevo?

Almería, Spain: La Alcazaba. (Spanish National Tourist Office, New York)

Granada: Generalife, Patio de la Acequia. (Ministerio de Información y Turismo)

Dialog Patterns

Otras Cosas de Todos Los Días

EDUARDO — Tengo mucho sueño.

LUIS — ¿Estudiaste hasta muy tarde anoche?

EDUARDO — No, es que me levanté a las cinco.

LUIS — Entiendo. ¿Tuviste que terminar los estudios?

EDUARDO — Sí, pero no pude hacer nada.

LUIS — ¡No me digas!

EDUARDO — Con mis compañeros de cuarto es imposible estudiar.

LUIS — Pues entonces, ¿qué hiciste?

EDUARDO — Desayuné y salí de la casa.

LUIS — No te vi en la clase ayer, ¿qué te pasó?

EDUARDO — Fui a casa de Roberto.

LUIS — ¡Ah! por eso no vinieron Uds. a clase.

EDUARDO — Charlamos un rato y fuimos al cine.

LUIS — ¡Hombre! Uds. se divirtieron bastante.

EDUARDO — Luego nos paseamos por el parque.

LUIS — De modo que volviste a casa muy tarde, ¿no?

EDUARDO — Sí, volví a la hora de comer.

LUIS — ¿No estudiaste la lección de español?

EDUARDO — No, señor, me acosté y me dormí en seguida.

Dialog Patterns

Other Everyday Things

EDUARDO — I am very sleepy.

LUIS — Did you study until very late last night?

EDUARDO — No, it's just that I got up at five.

LUIS — I understand. Did you have to finish your studies?

EDUARDO — Yes, but I couldn't do anything.

LUIS — You don't say!

EDUARDO — With my roommates it's impossible to study.

LUIS — Well then, what did you do?

EDUARDO — I had breakfast and left the house.

LUIS — I didn't see you in class yesterday, what happened to you?

EDUARDO — I went to Roberto's house.

LUIS — Oh! so that's why you didn't come to class.

EDUARDO — We talked a while and went to the movies.

LUIS — Man! You really had a good time.

EDUARDO — Later we took a walk through the park.

LUIS — So you returned home very late, didn't you?

EDUARDO — Yes, I got home at dinner time.

LUIS — Didn't you study the Spanish lesson?

EDUARDO — No, sir, I went to bed and fell asleep immediately.

The preterit indicative of regular verbs

To form the preterit indicative, the following sets of endings are added to the stem of the verb:

habl-		**aprend-**		**viv-**	
-é	-amos	-í	-imos	-í	-imos
-aste	[-asteis]	-iste	[-isteis]	-iste	[-isteis]
-ó	-aron	-ió	-ieron	-ió	-ieron

Use of the preterit

In Spanish the preterit indicative is used to indicate the beginning or the ending of a past action or condition.

Comencé a estudiar.
Me levanté a las cinco.
Salí de la casa.

VERB STRUCTURE DRILLS

A. The preterit indicative of **estudiar** (*to study*).

estudié	estudiamos
estudiaste	[estudiasteis]
estudió	estudiaron

1. *Yo* estudié hasta muy tarde anoche.   *Repitan.*

   nosotros, ellos, Uds., tú, Ud., los estudiantes

2. ¿Estudiaste hasta muy tarde anoche?   *Contesten.*
   ¿Estudió ella hasta muy tarde anoche?
   ¿Estudiaron ellos hasta muy tarde anoche?
   ¿Estudió Eduardo hasta muy tarde anoche?
   ¿Estudiaron Uds. hasta muy tarde anoche?

B. The preterit indicative of **aprender**.

aprendí	aprendimos
aprendiste	[aprendisteis]
aprendió	aprendieron

1. *Ella* no aprendió nada.   *Repitan.*

   Uds., nosotros, ellos, mi amigo, tú, Ud.

2. ¿Aprendió Ud. bien la lección?   *Contesten.*
   ¿Qué aprendieron Uds. en la clase?
   ¿Aprendiste los verbos irregulares?
   ¿Quién aprendió el diálogo?
   ¿Por qué no aprendió Ud. nada?

C. The preterit indicative of **escribir** (*to write*).

escribí	escribimos
escribiste	[escribisteis]
escribió	escribieron

1. Después *nosotros* le escribimos una carta.   *Repitan.*

   ellos, él, Uds., Luis, Luis y Eduardo

2. ¿Quiénes le escribieron una carta?   *Contesten.*
   ¿Le escribió Ud. una carta?
   ¿Cuándo le escribieron Uds. una carta?
   ¿Por qué le escribió él una carta?
   ¿Tú le escribiste una carta después?

Irregular preterit stems

poder	pud-	pude
poner	pus-	puse
saber	sup-	supe
tener	tuv-	tuve
estar	estuv-	estuve
conducir	conduj-	conduje
traducir	traduj-	traduje

Note that the stems for these verbs have the vowel **u** in common. Unlike the endings for regular verbs in the preterit, the e and the o are not stressed. (**Poder** and **saber** are drilled in Unit 11.) Irregular verbs **decir** and **traer** are similar to the **-ucir** verbs in the preterit **decir/dije** and **traer/traje**.

VERB STRUCTURE DRILLS

A. The preterit indicative of **poner**.

puse	pusimos
pusiste	[pusisteis]
puso	pusieron

1. *Carlos* lo puso aquí.   *Repitan.*

   ellos, Ud., nosotros, ella, Ricardo y yo

2. ¿Quién lo puso aquí? *Contesten.*
¿Lo puso Ud. aquí?
¿Cuándo lo pusieron aquí?
¿Lo pusiste aquí?
¿Lo pusieron aquí Uds.?

B. The preterit indicative of **tener.**

tuve	tuvimos
tuviste	[tuvisteis]
tuvo	tuvieron

1. Ayer *Roberto* tuvo que ir a casa. *Repitan.*

nosotros, tus hermanos, yo, ella, ellas, el profesor, ellos

2. ¿Tuvo Ud. que estudiar mucho anoche? *Contesten.*
¿Qué tuviste que hacer anoche?
¿Tuvieron Uds. que ir a la iglesia el domingo?
¿Tuvo Ud. clases ayer?
¿No tuvo Ud. que levantarse temprano?
¿Cuándo tuvieron ellos los exámenes finales?

C. The preterit indicative of **estar.**

estuve	estuvimos
estuviste	[estuvisteis]
estuvo	estuvieron

1. ¿Dónde estuvo *Ud.* ayer por la tarde? *Repitan.*

él, Uds., tú, su amigo, Felipe, el profesor

2. ¿Dónde estuviste anoche? *Contesten.*
¿Estuvo Ud. en casa ayer?
¿Por qué no estuvo Ud. en la clase ayer?
¿Cuándo estuvieron Uds. en la biblioteca?
¿Qué tal estuvo el banquete?

D. The preterit indicative of **decir.**

dije	dijimos
dijiste	[dijisteis]
dijo	dijeron

1. *Ella* se lo dijo ayer. *Repitan.*

   nosotros, mi papá, ellos, Uds., yo.

2. ¿Quién se lo dijo? *Contesten.*
   ¿Cuándo se lo dijo?
   ¿Se lo dijo Juan?
   ¿Por qué no se lo dijo Ud.?
   ¿Se lo dijiste también?

E. The preterit indicative of **traer.**

traje	trajimos
trajiste	[trajisteis]
trajo	trajeron

1. *Ellos* no trajeron nada. *Repitan.*

   yo, tú, papá, Alicia y Juan, nosotros

2. ¿No trajo Ud. nada? *Contesten.*
   ¿Quién trajo el libro?
   ¿Cuándo trajo Ud. el regalo?
   ¿Trajiste mucho dinero?
   ¿Qué trajeron ellos?

F. The preterit indicative of **hacer.**

hice	hicimos
hiciste	[hicisteis]
hizo	hicieron

1. ¿Qué hizo *Ud.* ayer? *Repitan.*

   él, Linda, ellos, yo, nosotros, tú, el profesor, tu hermano, Uds.

2. ¿Qué hizo Ud. anoche? *Contesten.*
   ¿Cuándo hizo Ud. el trabajo?
   ¿Qué hiciste ayer?
   ¿Quién no hizo nada?
   ¿Por qué no hicieron Uds. nada?

Both **venir** and **hacer** are irregular verbs. They change **e** to **i** in the preterit. (See Appendix C, pp. 374, 366).

G. The preterit indicative of **divertirse** *to amuse* (*oneself*).

me divertí	nos divertimos
te divertiste	[os divertisteis]
se divirtió	se divirtieron

1. Anoche me divertí bastante. *Repitan.*

   Ud., nosotros, tú, ella, Uds., Dorotea, ellos, él

2. ¿Se divirtió Ud. en el baile? *Contesten.*
   ¿Se divirtieron Uds. en la fiesta?
   ¿Quién se divirtió ayer?
   ¿Nos divertimos ayer en la clase?
   ¿Te divertiste con tus amigos?

H. The preterit indicative of **dormirse** (*to fall asleep*).

me dormí	nos dormimos
te dormiste	[os dormisteis]
se durmió	se durmieron

For other verbs conjugated like **divertirse** and **dormirse**, see Appendix D, p. 377.

1. *Ricardo* se durmió en la clase. *Repitan.*

   nosotros, tú, ellas, yo, Juanita, mi amigo, Samuel y yo

2. ¿Por qué se durmió Ud. en la clase ayer? *Contesten.*
   ¿Se durmieron Uds. en el cine anoche?
   ¿Quién se durmió en la asamblea?
   ¿Te dormiste pronto anoche?
   ¿Se durmió el profesor en la clase ayer?

I. The preterit indicative of **ir** and **ser**. Note that both verbs have the same preterit forms.

fui	fuimos
fuiste	[fuisteis]
fue	fueron

1. *Bolívar* fue un gran hombre. *Repitan.*

   él, mi papá, mi abuelo, San Martín

2. ¿Fue un gran hombre Bolívar? *Contesten.*
   ¿Fue un gran hombre el presidente?
   ¿Fue un gran hombre San Martín?
   ¿Fue un gran hombre su papá?
   ¿Fue un gran hombre su abuelo?

3. Ayer fuimos al cine. *Repitan.*

   Ana, yo, el joven, las señoritas, Ud., tú, los estudiantes, él

4. ¿Cuándo fue Ud. al cine? *Contesten.*
   ¿Fueron Uds. a la asamblea ayer?
   ¿Fuiste a casa a las doce?
   ¿A dónde fue Ud. anoche?
   ¿Por qué no fue Ud. a la iglesia el domingo?

PATTERNED RESPONSE

Teacher: Me desperté y me levanté.
Student: Me desperté y me levanté.

Teacher: desayuné
Student: Me levanté y desayuné.

        salí de la casa
        fui a la universidad
        tuve clases toda la mañana
        almorcé a las doce
        fui a trabajar
        trabajé hasta las cinco
        paseé por el parque
        volví a casa
        comí en seguida
        miré la televisión
        estudié hasta las once
        me acosté
        me dormí en seguida
        me divertí mucho

(*Repitan con* Ud., tú, él, nosotros, Uds.)

TENSE SUBSTITUTION

Teacher: Hoy Ud. aprende la lección. ¿Qué hizo Ud. ayer?
Student: Ayer aprendí la lección.

        trabaja mucho
        va al centro

va de compras
escribe una carta
compra un regalo
estudia la lección
escucha el programa
desayuna en casa
come mucho
estudia poco
se acuesta a las seis
se lava las manos
se lava la cara
se despierta temprano

STRUCTURE SUBSTITUTION

1. ¿Escribiste la carta? *Contesten.*   Sí, la escribí.
   ¿Compraste los regalos?
   ¿Estudiaste las lecciones?
   ¿Miraste la televisión?
   ¿Vendiste la casa?
   ¿Hiciste el trabajo?
   ¿Escuchaste los programas?

2. Véndale a Roberto el libro. *Contesten.*   Ya se lo vendí.
   Présteme el lápiz.   Ya se lo presté.
   Escríbale una carta a María.   Ya se la escribí.
   Véndale la casa a Juan.   Ya se la vendí.
   Dígame su nombre.   Ya se lo dije.
   Léame el periódico.   Ya se lo leí.
   Póngale el sombrero.   Ya se lo puse.
   Póngase el sombrero.   Ya me lo puse.

ITEM SUBSTITUTION

Yo me levanté y me lavé las manos. *Repitan.*
El ―――――――――――――――――――.
――――――――――――――― la cara.
Nosotros ―――――――――――――.
――――――――― desayunamos.
Ud. ―――――――――――――――.
― charló un rato ―――――――.
――――――――― salió de casa.
Tú ―――――――――――――.
――――――――― fuiste a trabajar.

El profesor _____.
_____ almorzó.
__ fue al centro _____.
Ellos _____.
_____ se pasearon.
Roberto _____.
_____ compró un regalo.
__ estudió la lección _____.
_____ fue al cine.
Uds. _____.
_____ volvieron a casa.
Ella _____.
__ escribió una carta _____.
_____ cenó.
Ellas _____.
_____ se acostaron.

Controlled Conversation

Pregúntele a _____ a qué hora se despertó esta mañana.
a qué hora se levantó esta mañana.
si se lavó la cara esta mañana.
si se lavó las manos esta mañana.
si fue a casa de Roberto ayer.
si fue al cine ayer.
si fue a la iglesia el domingo.
si se paseó por el parque.
si escribió una carta ayer.
si estudió la lección de español.
si le gustó la camisa nueva.
si le gustaron los zapatos nuevos.
si volvió tarde a casa anoche.
si se acostó tarde.
si Bolívar fue un gran hombre.
si tuvo que estudiar anoche.

Personalized Questions

1. ¿Qué hizo Ud. ayer después de la clase?
2. ¿Por qué se durmió Ud. en la clase de español?
3. ¿Por qué fue Ud. al cine ayer?
4. ¿Le gustó el cine?

5. ¿Por qué no vino Ud. a la clase ayer?
6. ¿Dónde estuvo Ud. ayer por la tarde?
7. ¿Se lavó Ud. la cara o las manos esta mañana?
8. ¿Por qué no estudió Ud. anoche?
9. ¿Cuántas horas trabajó Ud. ayer?
10. El profesor se levantó a las seis. ¿Y Ud.?
11. ¿Se durmió Ud. después de acostarse anoche?
12. ¿Se paseó Ud. ayer con su novio?
13. ¿Te divertiste en el baile?
14. ¿Dónde vivió Ud. antes de venir a la universidad?
15. El estudió mucho anoche. ¿Y Ud.?
16. ¿Cuándo lo puso Ud. aquí?
17. ¿Cuándo tiene Ud. que trabajar?
18. ¿No tuvo Ud. que estudiar anoche?
19. ¿Qué hizo Ud. anoche?
20. ¿A qué hora se acostó Ud. anoche?

Extemporization

1. COSAS QUE HICE AYER

Vocabulary: estudiar, levantarse, desayunar, charlar, compañeros, de cuatro, pasearse, fiesta, parque, divertirse, trabajar.

Topic Ideas: 1. Ayer.
                  2. Me paseé por el parque.
                  3. Ayer tuve que estudiar mucho.

Questions: 1. ¿Te paseaste por el parque con tu novia?
                  2. ¿Por qué no viniste a clase ayer?
                  3. ¿Fuiste a la fiesta con tu amigo (a) el martes?
                  4. ¿Te divertiste mucho?

2. EL CINE

Vocabulary: tarde, divertirse, compañero de cuarto, hora, acostarse.

Topic Ideas: 1. Anoche fui al cine.
                  2. Me dormí en el cine.
                  3. Anoche me acosté a las doce menos cuarto.

Questions: 1. ¿A dónde fuiste el sábado?
                  2. ¿Te divertiste en el cine?
                  3. ¿A qué hora fuiste al cine?
                  4. ¿Con quién fuiste?

Goya, *Familia de Carlos IV,* in the Prado Museum. (Anderson—Art Reference Bureau)

A. Write responses to the commands as in the example.

Example: No limpie Ud. el cuarto. **Sí, quiero limpiarlo.**

1. No traiga Ud. la medicina.
2. No coma Ud. los sandwiches.
3. No escuche Ud. el programa.
4. No lea Ud. la noticia.
5. No tome Ud. el refresco.

B. Write answers to the questions as in the example.

Example: ¿Quieres decirme tu nombre? **Ya te lo dije.**

1. ¿Quiere Ud. prestarme el lápiz?
2. ¿Quieres venderles la casa?
3. ¿Quiere Ud. prestarles el libro?
4. ¿Quieres pedirle el cinturón?
5. ¿Quieres decirme la verdad?

C. Rewrite the questions according to the pattern, making the changes required by the cues.

1. ¿Tú le escribes una carta a Luisa?
2. ¿——————————— a Juan y María?
3. ¿——————————— a mí?
4. ¿——————————— a eso muchachos?
5. ¿——————————— a él?
6. ¿——————————— a Paco y a mí?
7. ¿——————————— a ti?
8. ¿——————————— a mi abuela?

D. Write the answer to the questions as in the example.

Example: ¿Quieres lavar la mesa? **Estoy lavándola.**

1. ¿Quieres estudiar la lección?
2. ¿Quieres escribir la carta?
3. ¿Quieres aprender el español?
4. ¿Quieres comer el pan?
5. ¿Quieres escuchar la música?

E. Write affirmative commands for **Ud**. to the questions as in the example.

Example: ¿Puedo limpiar la casa?   **Sí, límpiela.**

1. ¿Puedo tomar el refresco?
2. ¿Puedo comer la ensalada?
3. ¿Puedo leer el libro?
4. ¿Puedo escribir la carta?
5. ¿Puedo salir ahora?
6. ¿Puedo venir esta noche?

F. Write the affirmative and negative command responses for **Ud**. to the questions as in the example.

Example: ¿Le presto el libro?   **Sí, préstemelo.**
                               No, no me lo preste.

1. ¿Le digo la verdad?
2. ¿Le doy el dinero?
3. ¿Le lavo la mesa?
4. ¿Le traigo las camisas?
5. ¿Le leo el periódico?
6. ¿Le limpio los zapatos?

G. Write complete answers to these questions.

1. ¿En qué mes nieva mucho?
2. ¿En qué mes es la Navidad?
3. ¿En qué mes es el Día de la Independencia?
4. ¿En qué mes es el Día de los Enamorados?
5. ¿En qué mes es el Día de la Madre?
6. ¿Qué tiempo hace en otoño?
7. ¿En qué estación hace mucho sol?
8. ¿En qué estación llueve mucho?
9. ¿En qué estación hay mucha nieve?
10. ¿En qué estación va Ud. de vacaciones?

H. Rewrite the sentence giving the preterit form of the verb as in the example.

Example: Estudio las lecciones.   **Estudié las lecciones.**

1. Comienzo a estudiar.
2. Escribo una carta.
3. Carlos la pone aquí.
4. Luisa está en casa.
5. Bolívar es un gran hombre.

6. Me despierto a las seis.
7. Tengo que salir.
8. María no viene.
9. Ella se divierte mucho.

I. Write responses, making the necessary changes as in the example.

Example: Yo me vestí rápido. (Ellos)
   Ellos se vistieron rápido también.

1. El se afeitó temprano. (Yo)
2. Ellos se levantaron tarde. (Ella)
3. Luisa se lavó la cara. (Nosotros)
4. Ud. se acostó a las diez. (Yo)
5. Nosotros nos despertamos a las seis. (Yo)
6. Ellos se sentaron a descansar. (Nosotros)
7. Yo me fui temprano. (Ellos)

Culture Capsule

La Serenata

La serenata es una costumbre muy romántica. A las muchachas les gusta despertarse a medianoche[1] para oír la música. Y a los muchachos les encanta[2] tocar la guitarra y cantar.
   A veces un grupo lleva[3] una serenata a la casa de un amigo para saludarlo. Otras veces lo hacen para dar la bienvenida a uno que está visitando en el pueblo.
   Es siempre muy romántico cuando un joven lleva a sus amigos con su guitarra para hacer una declaración de amor a una señorita.
   Y es más romántico aún[4] cuando la chica sale a la ventana para agradecer[5] la serenata.

[1] a medianoche *at midnight*
[2] les encanta *it thrills them*
[3] lleva *takes*

[4] más romántico aún *even more romantic*
[5] para agradecer *to thank*

QUESTION–ANSWER

1. ¿Qué es una serenata?
2. ¿A qué hora se hace?

3. ¿Por qué hacen la serenata?
4. ¿Quiénes son los músicos?
5. ¿Qué hace la persona que recibe la serenata?
6. ¿A Ud. le gustaría llevar una serenata?
7. ¿Prefiere Ud. despertarse a medianoche para oír la música?

Cádiz, Spain: Outdoor Café. (Halperin from Monkmeyer)

Mexico City: Restaurant in Sanborn's House of Tiles. (Marilu Pease from Monkmeyer)

Dialog Patterns

Las Comidas

ANITA — ¡Hola, Carmen! ¿Qué hay de nuevo?
CARMEN — Nada de particular.
ANITA — ¡Estás tan contenta! ¿Qué desayunaste?
CARMEN — Comí huevos con jamón.
ANITA — ¿Y nada más?
CARMEN — Tomé una taza de chocolate con pan tostado.
ANITA — Te vi entrar en la cafetería a las doce. ¿Qué comiste?
CARMEN — Sólo una enchilada y un par de tacos.
ANITA — ¿Y no te gustaron?
CARMEN — Sí, pero me molestó la espera.
ANITA — ¿Qué te pareció el banquete de anoche?
CARMEN — ¡Estuvo magnífico!
ANITA — ¿Te gustaron los fiambres que sirvieron?
CARMEN — ¡Se me hace agua la boca sólo al pensarlo!
ANITA — Después una sopa deliciosa.
CARMEN — ¡Y qué sabroso el pollo frito!
ANITA — Y el postre que más me gusta.
CARMEN — Ah sí, una capirotada con nueces y pasa de uvas.
ANITA — Y hoy decidí ponerme a dieta.
CARMEN — ¡No me digas! Y tú que eres tan delgada.

Dialog Patterns

Meals

ANITA — Hi, Carmen, what's new?

CARMEN — Nothing in particular.

ANITA — You're so happy. What did you have for breakfast?

CARMEN — I had ham and eggs.

ANITA — And that's all (nothing more)?

CARMEN — I had a cup of chocolate with some toast.

ANITA — I saw you go into the cafeteria at noon. What did you eat?

CARMEN — Only an enchilada and a couple of tacos.

ANITA — Didn't you like them?

CARMEN — Yes, but the waiting annoyed me.

ANITA — What did you think of last night's banquet?

CARMEN — It was wonderful.

ANITA — Did you like the hors d'oeuvres they served?

CARMEN — My mouth is watering at the thought!

ANITA — Then a delicious soup.

CARMEN — And how tasty the fried chicken was!

ANITA — And my favorite dessert.

CARMEN — Oh yes, a pudding with nuts and raisins.

ANITA — And today I decided to go on a diet.

CARMEN — Indeed! And you who are so thin.

The preterit indicative—continued

VERB STRUCTURE DRILLS

A. The preterit indicative of **dar**.

di	dimos
diste	[disteis]
dio	dieron

Note that the irregular verb **dar** takes the same set of endings as the regular verbs ending in **-er** and **-ir**.

1. ¿Por qué no me dio *Ud.* el libro? *Repitan.*

   ellas, ella, tú, Pedro, su abuelo, mi padre

2. ¿Le diste un regalo a tu novio? *Contesten.*
   ¿Qué le dio a Ud. su novia?
   ¿Les dieron Uds. dinero a los pobres?
   ¿Le dio mucho dinero su padre?
   ¿Quién le dio dinero a Ud.?

B. The preterit indicative of **leer** (*to read*).

leí	leímos
leíste	[leísteis]
leyó	leyeron

1. ¿Leyó *Ud.* el periódico anoche? *Repitan.*

   él, los estudiantes, tú, Uds., el joven, ella

2. ¿Leíste el periódico anoche? *Contesten.*
   ¿Cuándo leyó Ud. el periódico?
   ¿Qué libro leyó Ud. anoche?
   ¿Qué hizo Ud. cuando leyó del accidente de su amigo?
   ¿Leyeron Uds. muchos libros el año pasado?

C. The preterit indicative of **servir** (*to serve*).

serví	servimos
serviste	[servisteis]
sirvió	sirvieron

For other verbs conjugated like **servir** see Appendix D, page 378.

1. ¿Sirvió *María* la comida? *Repitan.*

   tú, él, ellas, Uds., Ud., la joven, tu hermano

2. ¿A qué hora sirvieron la comida? *Contesten.*
   ¿Quién la sirvió?
   ¿Qué le sirvieron en el banquete anoche?
   ¿Se sirvió el desayuno esta mañana?
   ¿Te sirvieron chocolate en el banquete?

TENSE SUBSTITUTION

1. *Teacher:* ¿Están Uds. contentos hoy?
   Student: Sí, pero ayer no estuvimos contentos.

   ¿Está Ud. contento hoy?
   ¿Está contenta María hoy?
   ¿Están contentos ellos hoy?
   ¿Estás contento hoy?

2. *Teacher:* ¿Le molesta a Ud. la espera?
   Student: Sí, y me molestó anoche también.

   ¿Les molesta a ellos la espera?
   ¿Les molesta a Uds. la espera?
   ¿Le molesta a él la espera?
   ¿Le molesta a María la espera?

3. *Teacher:* Yo duermo la siesta todos los días.
   Student: No es cierto. Ayer no durmió Ud. la siesta.

   Ella duerme la siesta todos los días.
   Nosotros dormimos la siesta todos los días.
   Ellos duermen la siesta todos los días.
   Uds. duermen la siesta todos los días.

4. *Teacher:* Yo no me divierto nunca.
   Student: No es cierto. Anoche se divirtió bastante.

   El no se divierte nunca.
   Ellas no se divierten nunca.
   Nosotros no nos divertimos nunca.
   Ud. no se divierte nunca.

5. Hoy estamos contentos. *Repitan.*
   Ayer _____.
   Hoy está mi papá en casa.
   Ayer _____.
   El banquete está magnífico.
   Anoche _____.
   Me gustan los fiambres que sirven.
   Anoche _____.
   Ahora no me molesta la espera.
   Ayer _____.
   Hoy tengo dos cartas.
   Ayer _____.

PATTERNED RESPONSE

1. *Teacher:* ¿Lo puso Ud. sobre la mesa?
   Student: Sí, lo puse sobre la mesa.

   ¿Lo pusieron Uds. sobre la mesa?
   ¿Lo pusiste sobre la mesa?
   ¿Lo puso Juan sobre la mesa?
   ¿Lo pusieron ellos sobre la mesa?

2. *Teacher:* ¿Tomaste chocolate en el desayuno?
   Student: Sí, tomé chocolate en el desayuno.

jugo de tomate	jugo de uva	leche
jugo de naranja	jugo de piña	café con leche
jugo de toronja	jugo de manzana	

3. *Teacher:* ¿Comiste una ensalada en el almuerzo?
   Student: Sí, comí una ensalada en el almuerzo.

un sandwich	enchiladas	pastel
una hamburguesa	frijoles	torta
tacos	arroz	tamales

4. *Teacher:* ¿Comiste rosbif en la comida?
   Student: Sí, comí rosbif en la comida.

pescado	biftec	cordero
verduras	cerdo	pollo

5. *Teacher:* ¿Comiste pastel de postre?
   Student: Sí, comí pastel de postre.

torta	helado	dulces
fruta	queso y galletitas	flan

6. *Teacher:* ¿Qué desayunaste?
   Student: No desayuné nada.

   almorzaste — no almorcé nada
   comiste — no comí nada
   cenaste — no cené nada

7. *Teacher:* ¿Te hace falta un cuchillo?
   Student: Sí, me hace falta un cuchillo.

un tenedor	un vaso	una servilleta
una cuchara	un plato	un palillo

8. *Teacher:*   Páseme la sal, por favor.
   Student: Aquí la tiene.

   la pimienta   el agua (*f.*)   la salsa de tomate
   la mantequilla   el pan   el azúcar

ITEM SUBSTITUTION

En el desayuno tomé jugo de uva.   *Repitan.*
———————— Ud. ——————.
———————— jugo de tomate.
———————— nosotros ————.
———————— comimos huevos con jamón.
En el almuerzo ————————.
————————— una ensalada.
—————— él ——————.
————————— una hamburguesa.
————— tú ————————.
————————— pastel.
En la comida ——————.
————————— rosbif.
———— Uds. ————.
————————— verduras.
————————— torta.
De postre ——————.
—————— ella ————.
————————— helado.

CHOICE–QUESTION ANSWER

En el desayuno, ¿tomó Ud. jugo de naranja o jugo de manzana?   *Contesten.*
En el desayuno, ¿comió Ud. huevos o jamón?
En el desayuno, ¿tomó Ud. chocolate o leche?
En el almuerzo, ¿comió Ud. una ensalada o un sandwich?
En el almuerzo, ¿comió Ud. pastel o torta?
En la comida, ¿comió Ud. rosbif o chuletas de cerdo?
En la comida, ¿comió Ud. pescado o verduras?
En la comida, ¿comió Ud. cerdo o cordero?
De postre, ¿comió Ud. torta o fruta?
De postre, ¿comió Ud. dulces o queso?
De postre, ¿tomó Ud. leche malteada o helado?

Controlled Conversation

Pregúntele a un amigo si tomó jugo de manzana de desayuno.
a un joven si comió huevos con jamón de desayuno.
al profesor si comió una ensalada en el almuerzo.
a una señorita si comió tacos en el almuerzo.
a un muchacho si tomó una leche malteada en el almuerzo.
a una muchacha si comió enchiladas en la comida.
a una joven si comió arroz en la cena.
a un estudiante si comió pastel de postre.
a un señor si comió una capirotada de postre.
a una amiga si tomó helado de postre.

Personalized Questions

1. ¿Cuándo se puso Ud. a dieta?
2. ¿Le gustó la comida anoche?
3. ¿Qué hizo cuando leyó del accidente del profesor?
4. ¿Dónde estuvo Ud. ayer por la tarde?
5. ¿Qué comió Ud. en el almuerzo?
6. ¿Cuándo les dio Ud. dinero a los pobres?
7. ¿Por qué no fue Ud. al cine anoche?
8. ¿Qué hizo el profesor cuando Ud. se durmió en la clase?
9. ¿Le sirvieron pollo frito en la cena anoche?
10. ¿Por qué no aprendió Ud. todos verbos irregulares?
11. ¿Estuviste en casa anoche?
12. ¿Por qué no estuvo Ud. en la clase ayer?
13. El leyó muchos libros. ¿Y Ud.?
14. ¿Les dio Ud. dinero a los pobres?
15. ¿A qué hora almorzó Ud. esta mañana?
16. ¿Qué hizo Ud. el domingo?
17. ¿Qué desayunó esta mañana?
18. ¿Qué comiste en la cena anoche?
19. ¿Qué hay de nuevo?
20. ¿Qué le pareció el banquete de anoche?

Extemporization

1. EL BANQUETE

Vocabulary: ensalada, fiambres, magnífico, pollo, frito, arroz, jugo, pastel, postre, manzana, tenedor, vaso, servilleta, delicioso, servir, sabroso.

Topic Ideas: 1. El banquete estuvo magnífico.
2. En la cafetería.
3. Esta mañana me puse a dieta.

Questions: 1. ¿Cómo estuvo el banquete de anoche?
2. ¿Qué comiste de postre?
3. ¿Qué te hace falta para comer?
4. ¿Tomaste jugo de naranja o de piña?

2. LO QUE COMO TODOS LOS DÍAS

Vocabulary: leche, naranja, tomate, jugo, comida, almuerzo, desayuno, cena, vaso, huevos, taza, cafetería.

Topic Ideas: 1. El desayuno de esta mañana.
2. Una cena sabrosa.
3. Mi amigo come mucho.

Questions: 1. ¿Comes en tu casa o en la cafetería?
2. ¿Qué desayunaste esta mañana?
3. ¿Cuándo comiste el postre?
4. ¿A qué hora cenas?

Guatavita, Columbia: A town outside of Bogotá recently rebuilt in the style of Spanish Colonial architecture. (Avianca Airlines)

Buenos Aires: Plaza de Mayo. (Philip Gendreau)

CONGRESO

temporal adverb
repeated action
of time
indication of time

Dialog Patterns

La Ciudad contra el Campo

Spanish

OLIVIA — Flora, ¿de dónde es Ud.?

FLORA — Soy de la Argentina.

OLIVIA — Ah, por eso habla Ud. tan bien el castellano.

FLORA — Yo hablaba castellano cuando tenía cuatro años.

OLIVIA — ¿Vivía Ud. en la Pampa cuando era niña?

FLORA — ¿Yo? ¡Qué esperanza!

OLIVIA — Me parece que no le gusta el campo.

FLORA — Prefiero mil veces la gran ciudad de Buenos Aires.

OLIVIA — Pero, en el campo se puede pescar y montar a caballo.

FLORA — Y en la ciudad se puede ir al teatro y a un concierto.

OLIVIA — Me dicen que de niña era Ud. muy lista.

FLORA — Siempre me gustaba estudiar.

OLIVIA — ¿Tenía Ud. que estudiar tanto como ahora?

FLORA — Sí, leíamos y escribíamos día y noche.

OLIVIA — ¿A qué escuela iba Ud. cuando era niña?

FLORA — Iba a una escuela que se llamaba "Sarmiento".

OLIVIA — ¿Estaba Ud. contenta en esos días?

FLORA — No tan contenta como ahora.

143

Dialog Patterns

The City versus the Country

OLIVIA — Flora, where are you from?

FLORA — I am from Argentina.

OLIVIA — Oh, that's why you speak Spanish so well.

FLORA — I spoke (used to speak) Spanish when I was four years old.

OLIVIA — Did you live (used to live) in the Pampas when you were a girl?

FLORA — Me? Of course not.

OLIVIA — It seems to me that you don't like the country.

FLORA — I prefer the great city of Buenos Aires a thousand times over.

OLIVIA — But in the country one can fish and ride horseback.

FLORA — And in the city you can go to the theater and to a concert.

OLIVIA — They tell me that as a child you were (used to be) very clever.

FLORA — I always liked to study.

OLIVIA — Did you have to study as much as you do now?

FLORA — Yes, we used to read and write night and day.

OLIVIA — What school did you go to when you were a girl?

FLORA — I used to go to a school called "Sarmiento."

OLIVIA — Were you happy in those days?

FLORA — Not as happy as I am now.

The imperfect indicative of regular verbs

To form the imperfect indicative the following sets of endings are added to the stem of the verb:

habl-		aprend-		viv-	
-aba	-ábamos	-ía	-íamos	-ía	-íamos
-abas	[-abais]	-ías	[íais]	-ías	[-íais]
-aba	-aban	-ía	-ían	-ía	-ían

Some uses of the imperfect indicative

In Spanish the imperfect indicative is used for actions which are viewed as being in progress in the past.

Yo pescaba mucho. (*I used to fish a great deal.*)
Yo leía un libro. (*I was reading a book.*)

In English we frequently express the same idea with "used to" plus infinitive or with "was" ("were") plus the present participle.

VERB STRUCTURE DRILLS

A. The imperfect indicative of **hablar**.

hablaba	**hablábamos**
hablabas	**[hablabais]**
hablaba	**hablaban**

1. *Yo* siempre hablaba español de niño (-a). *Repitan.*

    él, tú, ella, Ud., Juan, María

2. ¿Siempre hablaba Ud. inglés de niño? *Contesten.*
    ¿Qué lengua hablaba Ud. en la escuela?
    ¿Hablaban Uds. español?
    ¿Hablaba Ud. inglés o francés?
    ¿Hablaba Ud. castellano cuando tenía cuatro años?

B. The imperfect indicative of **aprender**.

aprendía	**aprendíamos**
aprendías	**[aprendíais]**
aprendía	**aprendían**

1. En la escuela *yo* no aprendía mucho. *Repitan.*

    nosotros, él, ella, Ud., ellos, tú, Flora

2. ¿No aprendía Ud. mucho en la escuela? *Contesten.*
    ¿No aprendía él mucho en casa?
    ¿Aprendía Gloria mucho de niña?
    ¿Qué aprendía Ud. en casa?
    ¿Por qué no aprendía Ud. español?

C. The imperfect indicative of **vivir**.

vivía	**vivíamos**
vivías	**[vivíais]**
vivía	**vivían**

1. *Yo* vivía en la Argentina. *Repitan.*

    tú, él, ella, Ud., nosotros, ellos

2. ¿Antes vivía Ud. en la Argentina? *Contesten.*
¿Antes vivía Ud. en los Estados Unidos?
¿Dónde vivía Ud. antes?
¿Vivía Ud. con sus abuelos?
¿Vivía Ud. con su tío?

The three irregular verbs in the imperfect

With the exception of the verbs **ir** (*to go*), **ser** (*to be*), and **ver** (*to see*), all verbs are regular in the indicative.

VERB STRUCTURE DRILLS

A. The imperfect indicative of **ir**.

iba	íbamos
ibas	[ibais]
iba	iban

1. *Yo* siempre iba a la escuela. *Repitan.*

   tú, él, ella, Ud., nosotros, ellos

2. ¿Iba Ud. al teatro de niño? *Contesten.*
¿Iban Uds. al cine en esos días?
¿Iba él a la escuela de niño?
¿Iban Uds. al campo?
¿A dónde iban Uds.?

B. The imperfect indicative of **ser**.

era	éramos
eras	[erais]
era	eran

1. Antes *yo* era muy listo. *Repitan.*

   tú, nosotros, él, ella, ellos, Uds., Ud., Juan

2. ¿Era Ud. muy listo de niño? *Contesten.*
¿Flora era muy lista de niña?
¿Quién era muy lista de niña?
Antes Carlos era muy bueno, ¿verdad?
¿Y Gloria?

C. The imperfect indicative of **ver**.

veía	veíamos
veías	[veíais]
veía	veían

1. *Yo* lo veía todos los días.   *Repitan.*

   nosotros, él, ellos, tú, ella, Flora, Ud., Uds., yo

2. ¿Lo veía Ud. todos los días?   *Contesten.*
   ¿Quién lo veía todos los días?
   ¿No lo veían ellos todos los días?
   ¿Cuándo lo veían ellos?
   ¿Flora lo veía en la escuela?

TENSE SUBSTITUTION

1. *Teacher:*   ¿Lee Ud. mucho?
   Student: Ahora no, pero cuando era niño (-a), leía mucho.
   (Ahora sí, pero cuando era niño (-a), no leía mucho.)

¿Estudia Ud. mucho?	¿Está Ud. contento (-a)?
¿Se levanta Ud. temprano?	¿Tiene Ud. que estudiar?
¿Va Ud. al cine a menudo?	¿Le gusta estudiar?
¿Vive Ud. en el campo?	¿Prefiere Ud. el campo?
¿Se lava Ud. los dientes?	¿Trabaja Ud. mucho?
¿Se acuesta Ud. temprano?	¿Duerme Ud. mucho?

2. *Teacher:*   Son las tres y media de la tarde.
   Student: Eran las tres y media de la tarde.

Son las dos y media de la madrugada.	Son las doce de la noche.
Son las diez de la noche.	Es la una de la tarde.
Es la una y media de la tarde.	Son las seis de la mañana.

Note that the imperfect indicative is always used to indicate the time of the day in the past.

ITEM SUBSTITUTION

1. Yo creía que Ud. iba al cine.   *Repitan.*
   Nosotros _____.
   _____ al campo.
   Me parecía _____.
   _____ a la iglesia.

Nos parecía —————————.

————————— al mercado.

Ella creía —————————.

————————— al centro.

El creía —————————.

————————— a casa.

Le parecía —————————.

2. Yo lo veía todos los días. *Repitan.*

Uds. —————————.

————————— de vez en cuando.

Ella —————————.

————————— cuando era joven.

————— hablaba castellano ———.

Flora —————————.

————————— cuando era pequeña.

Ella —————————.

————————— cuando estaba en el colegio.

Juan —————————.

————————— en esos días.

Yo —————————.

3. Me acostaba temprano cuando estaba en casa.

————————— el año pasado.

El —————————.

————————— cuando hacía frío.

Ellos —————————.

————————— cuando hacía calor.

Juan —————————.

— me lo prestaba —————————.

————————— cuando podía.

TENSE SUBSTITUTION

Teacher: La casa es bonita.

Student: La casa es bonita.

La casa era bonita.

La escuela es bonita.   Hace mucho viento.

La señora es rica.   María está cansada.

Gloria es muy lista.   Yo creo que sí.

Carlos es inteligente.   Yo pienso ir.

El sol brilla mucho.   Me parece estúpido.

PATTERNED RESPONSE

1. *Teacher:* ¿Hablaba Ud. español cuando era niño (-a)?
   Student: No, yo no hablaba español cuando era niño.
   (Sí, yo hablaba español cuando era niño.)

francés	ruso	alemán
inglés	portugués	noruego

2. *Teacher:* ¿Aprendían Uds. matemáticas cuando iban a la escuela?
   Student: Sí, aprendíamos matemáticas cuando íbamos a la escuela.
   (No, no aprendíamos matemáticas cuando íbamos a la escuela.)

   geografía   botánica   literatura

3. *Teacher:* ¿Pescaba Ud. a menudo cuando vivía en el campo?
   Student: Sí, yo pescaba a menudo cuando vivía en el campo.
   (No, yo no pescaba a menudo cuando vivía en el campo.)

   nadaba Ud.   montaba Ud. a caballo   cazaba Ud. pájaros

Comparisons of equality

Adjectives

tanto (tanta) ... como   *as much ... as*
tantos (tantas) ... como   *as many ... as*

Ella tenía **tanto** dinero **como** el profesor.
El tenía **tantos** libros **como** el profesor.

Adverbs

tanto como   *as much as*
tan ... como   *as ... as*

Flora trabajaba **tanto como** Olivia.
Ella era **tan rica como** él.

PATTERNED RESPONSE

1. *Teacher:* ¿Era Ud. tan fuerte como Carlos?
   Student: Sí, yo era tan fuerte como Carlos.

listo	trabajador	rico
bueno	alto	contento

2. *Teacher:*   ¿Estudiaba Ud. tanto como Flora?
   Student: Sí, yo estudiaba tanto como Flora.

   trabajaba   hablaba   bailaba
   leía   corría   jugaba

3. *Teacher:*   ¿Tenía Ud. tanto dinero como el profesor?
   Student: No, yo no tenía tanto dinero como el profesor.

   tantos discos   tantas camisas   tanta plata
   tanta habilidad tanto tiempo   tantos libros

4. *Teacher:*   ¿Dónde se puede nadar?
   Student: Se puede nadar en el campo.

   montar a caballo — el campo
   ir al teatro — la ciudad
   ir al mercado — la ciudad

5. *Teacher:*   ¿Dónde se podía pescar?
   Student: Se podía pescar en el campo.

   ir al museo — la ciudad
   ir al cine — la ciudad
   cazar pájaros — el campo

Controlled Conversation

Pregúntele a ———— si antes estudiaba mucho.
                si siempre iba a clase.
                si ayer quería ir a la iglesia.
                si siempre decía la verdad.
                si siempre le gustaba estudiar.
                si antes vivía en California.
                si de costumbre leía mucho.
                si de costumbre escribía cartas.
                si antes hablaba francés.
                si antes prefería el campo.
                si de niño se acostaba temprano.
                si iba a menudo a conciertos.

Personalized Questions

1. ¿Qué hacía Ud. cuando era niño?
2. ¿Dónde vivía Ud. cuando era niño?
3. ¿Le gustaba a Ud. vivir en el campo?

4. ¿Qué se puede hacer en el campo?
5. ¿Qué se puede hacer en la ciudad?
6. ¿Estaba Ud. contento cuando era niño?
7. ¿Fue Ud. al cine ayer?
8. ¿Había mucha gente en el cine?
9. ¿Cazaba Ud. pájaros cuando era niño?
10. ¿Qué hacía Ud. de costumbre los domingos?
11. ¿Qué hacía Ud. de costumbre los lunes?
12. ¿De niño le gustaba estudiar?
13. ¿Iba Ud. a menudo a conciertos cuando era niño?
14. ¿Le gusta montar a caballo?
15. ¿Le gustaba pescar cuando era niño?

Extemporization

1. LO QUE HACÍA CUANDO ERA NIÑO (NIÑA)

Vocabulary: escuela, jugar, aprender, montar, caballo, campo, estudiar, años.

Topic Ideas: 1. Antes no estudiaba mucho.
2. De niño me gustaba montar a caballo.
3. Antes no estaba contento (-a).

Questions: 1. ¿A qué escuela ibas cuando eras niño (-a)?
2. ¿Qué idioma hablaban en tu casa?
3. ¿Dónde vivías cuando tenías cuatro años?
4. ¿Montabas a caballo los sábados?

2. POR QUÉ PREFIERO VIVIR EN LA CIUDAD (EN EL CAMPO)

Vocabulary: ciudad, teatro, concierto, antes, cine, escuela, caballo, pescar, montar, levantarse, temprano, centro, cazar, nadar.

Topic Ideas: 1. Antes vivía en el campo.
2. De costumbre no hacía nada los domingos.
3. Prefiero vivir en la ciudad.

Questions: 1. ¿Te levantabas temprano para ir a la escuela?
2. ¿Te gusta el teatro tanto como el cine?
3. ¿Por qué prefieres vivir en la ciudad (en el campo)?
4. ¿Dónde se puede cazar pájaros?

Madrid: Estadio Santiago Bernabeu. (Ministerio de Información y Turismo)

Dialog Patterns

Los Deportes

Carmela y Alicia están hablando por teléfono. Están hablando de Federico, un deportista chileno, que acaba de llegar a los Estados Unidos.

CARMELA — ¡Hola!
ALICIA — ¡Hola, Carmela! ¿Cómo te va?
CARMELA — Muy bien, Alicia.
ALICIA — ¿Me llamaste?
CARMELA — Sí. Quería decirte que ya llegó Federico.
ALICIA — ¿Es el muchacho que conociste en Chile?
CARMELA — Sí. Lo conocí cuando estaba de vacaciones en Valparaíso.
ALICIA — ¿No me dijiste que era un gran deportista?
CARMELA — Sí. Juega bien al fútbol, al básquetbol, al béisbol y a muchos otros deportes.
ALICIA — Yo creía que los chilenos sólo eran aficionados al esquí y al polo.
CARMELA — Federico dice que ahora prefiere otras diversiones.
ALICIA — ¿Por ejemplo?
CARMELA — Ahora le gustan más el baile y el golf.
ALICIA — A propósito, ¿no tuviste cita anoche con Jorge?
CARMELA — Sí. Estábamos bailando cuando vino Federico.
ALICIA — ¿Y qué hicieron?
CARMELA — Bailamos el cha-cha-cha y luego Federico nos enseñó unos pasos estupendos.
ALICIA — ¡Ay, los latinos! ¡Cómo bailan!
CARMELA — Sí, pero ese Federico es de los que no hay.
ALICIA — ¿Cuándo me lo presentas?
CARMELA — Ven y te lo presento esta noche.

153

Dialog Patterns

Sports

Carmela and Alicia are talking on the telephone.   They are talking about Federico, a Chilean athlete, who has just arrived in the United States.

CARMELA — Hello.

ALICIA — Hello, Carmela.   How are you?

CARMELA — Just fine, Alicia.

ALICIA — Did you call me?

CARMELA — Yes.   I wanted to tell you that Federico has already arrived.

ALICIA — Is he the boy you met in Chile?

CARMELA — Yes, I met him while I was on vacation in Valparaíso.

ALICIA — Didn't you tell me he was a great athlete?

CARMELA — Yes.   He plays soccer, basketball, baseball, and many other sports well.

ALICIA — I thought that the Chileans were only fond of skiing and polo.

CARMELA — Federico says that now he prefers other amusements.

ALICIA — For example?

CARMELA — Now he likes dancing and golfing better.

ALICIA — By the way, didn't you have a date with Jorge last night?

CARMELA — Yes.   We were dancing when Federico came.

ALICIA — What did you do?

CARMELA — We danced the cha-cha-cha and then Federico taught us some wonderful steps.

ALICIA — Oh, the Latins!   How they dance!

CARMELA — Yes, but there is no one like Federico.

ALICIA — When are you going to introduce him to me?

CARMELA — Come over and I'll introduce him to you tonight.

Other uses of the imperfect and the preterit indicative

The preterit is used to place emphasis on the beginning or the ending of a past action or condition.   The imperfect is used for actions or conditions which took place or existed during an undefined period in the past.

Emphasis on completion — Preterit.

> **Tomé** una taza de chocolate.
> Nos **enseñó** unos pasos estupendos.

Emphasis on continuation — Imperfect.

> Yo **iba** a la escuela todos los días.
> Yo **hablaba** castellano de niño.

The preterit may indicate outcome or change.

> Yo **estudié** una hora.   (*then I stopped*)

The imperfect does not consider the outcome.

> Antes yo **estudiaba** mucho.   (*used to*)

TENSE SUBSTITUTION

Antes no me gustaba.   *Repitan.*
Ayer _____.
Siempre estudiábamos en la biblioteca.
El domingo _____.
De costumbre ella leía mucho.
En esa ocasión _____ .
Federico jugaba mucho en esos días.
_____ ese día.
Todos los días bailábamos con Federico.
Todo el día _____.
Antes nos enseñaba unos pasos estupendos.
Anoche _____.

ITEM SUBSTITUTION

El profesor siempre llegaba tarde pero ayer llegó temprano.   *Repitan.*
_____ comía _____.
_____ comenzaba _____.
_____ empezaba _____.
_____ volvía _____.
_____ pagaba _____.
_____ entraba _____.
_____ venía _____.
_____ terminaba _____.
_____ se despertaba _____.

TENSE SUBSTITUTION

Le escribía todos los días.   *Repitan.*
_____ siete veces.

Le saludábamos casi todos los días.

_____ todos los días por una semana.

Ricardo estaba aquí durante la mañana.

_____ muchas veces.

Note that when a series of actions that took place in the past is considered completed by the speaker, the preterit is used.

SUBJECT SUBSTITUTION

1. Dijo que iba a venir mañana. _Repitan._

    ellos, Ud., Uds., yo, él

2. Cuando salimos de la clase estábamos contentos. _Repitan._

    ellos, yo, Uds., él, tú, Ud.

3. Cuando _yo_ tenía veinte años fui a España. _Repitan._

    Uds., nosotros, Ud., tú, ellos

PATTERNED RESPONSE

1. _Teacher:_ ¿Vas a aprenderlo?
   Student: Lo estaba aprendiendo cuando tú entraste.

tomarlo	mirarlo	llamarlo
escucharlo	escribirlo	bailarlo
comerlo		

2. _Teacher:_ ¿Estaba Ud. jugando al golf cuando él llegó?
   Student: Sí, yo estaba jugando al golf cuando él llegó.

al tenis	a la pelota	al dominó
al fútbol	al ajedrez	al béisbol
al básquetbol		

3. _Teacher:_ ¿Estaba Ud. hablando con Carlos?
   Student: Sí, yo estaba hablando con Carlos.
   (No, yo no estaba hablando con Carlos.)

    ¿Estaba Ud. escribiendo una carta?
    ¿Estaba Ud. leyendo un libro?
    ¿Estaba Ud. trabajando en casa?
    ¿Estaba Ud. escuchando el programa?
    ¿Estaba Ud. comiendo despacio?
    ¿Estaba Ud. corriendo rápido?
    ¿Estaba Ud. vistiéndose?
    ¿Estaba Ud. limpiándolo?

4. *Teacher:* ¿Iba Ud. al mercado?
   Student: Sí, iba al mercado.

   ¿Venía Ud. a casa?
   ¿Era Ud. lista de niña?

Verbs with a different meaning in the preterit

Certain verbs when used in the preterit may acquire an essentially different meaning. These same verbs when used in the imperfect usually concern a mental state rather than an action.

Le **conocí** hace tres años. (*I met him three years ago.*)
¿Le **conocía** Ud. de niño? (*Did you know him as a child?*)

Lo **supo** ayer. (*He found it out yesterday.*)
Ya **sabía** que no iba a venir. (*I already knew he wasn't going to come.*)

¿**Pudo** hacerlo Pepe? (*Did Pepe succeed in doing it?*)
Podía hacerlo. (*He was able to do [capable of doing] it.*)

Tuve una carta ayer. (*I received a letter yesterday.*)
Tenía cinco dólares ayer. (*I had five dollars yesterday.*)

Quiso abrirla. (*He tried to open it.*)
Quería abrirla. (*He wanted to open it.*)

No **quiso** venir. (*He refused to come.*)
No **quería** venir. (*He didn't want to come.*)

VERB STRUCTURE DRILLS

A. The preterit indicative of **conocer** (*to meet* — in preterit only).

conocí	conocimos
conociste	[conocisteis]
conoció	conocieron

1. *Yo* conocí a Federico. *Repitan.*

   ella, nosotros, él, tú

2. ¿Conoció Ud. a Federico? *Contesten.*
   ¿Conoció ella a Federico?
   ¿Conocieron ellos a Federico?
   ¿Tú conociste a Federico?
   ¿Conocieron Uds. a Federico?

B. The preterit indicative of **saber** (*to find out* — in preterit only).

supe	supimos
supiste	[supisteis]
supo	supieron

1. *Yo* lo supe anoche. *Repitan.*

   nosotros, él, ellos, ella, Flora, Gloria

2. ¿Cuándo lo supo Ud.? *Contesten.*
   ¿Cuándo lo supo ella?
   ¿Cuándo lo supiste?
   ¿Cuándo lo supieron ellos?
   ¿Cuándo lo supieron Uds.?

C. The preterit indicative of **poder** (*to succeed in* — in preterit only).

pude	pudimos
pudiste	[pudisteis]
pudo	pudieron

1. *Yo* no pude venir temprano. *Repitan.*

   Ud., nosotros, Felipe y Ana, él, Uds., tú, tú y yo

2. ¿Pudo Ud. terminar la lección? *Contesten.*
   ¿Por qué no pudo Ud. terminarla?
   ¿Pudiste leer el libro?
   ¿Por qué no pudieron Uds. venir anoche?
   ¿Quién pudo aprender todos los verbos?

D. The preterit indicative of **tener** (*to receive* — in preterit only).

tuve	tuvimos
tuviste	[tuvisteis]
tuvo	tuvieron

1. Tuve una carta ayer. *Repitan.*

   nosotros, ellos, Ud., él, Uds., tú

2. ¿Quién tuvo una carta ayer? *Contesten.*
   ¿Tuviste una carta ayer?
   ¿Tuvo Ud. una carta de su amigo?
   ¿Tuvieron Uds. una carta hoy?
   ¿Por qué no tuvo Ud. una carta ayer?

E. The preterit indicative of **querer** (*to try;* with negative, *to refuse* — in preterit only)

quise	quisimos
quisiste	[quisisteis]
quiso	quisieron

1. *El* quiso hacerlo anoche.   *Repitan.*

   nosotros, Juan, ellos, tú, yo, Uds.

2. ¿Quiso Ud. esquiar ayer?   *Contesten.*
   ¿Quién quiso hacerlo?
   ¿Por qué quiso abrirlo?
   ¿Quisieron Uds. abrirlo anoche?
   ¿Cuándo quiso abrirlo?

3. *Ella* no quiso comerlo.   *Repitan.*

   ellos, yo, Ud., él y Pepe, ellas, Uds.

4. ¿Por qué no quiso comerlo?   *Contesten.*
   ¿Quién no quiso comerlo?
   ¿No quisieron estudiar ellos?
   ¿Por qué no quisiste estudiar?
   ¿Por qué no quisieron Uds. bailar?

PATTERNED RESPONSE

Teacher: ¿No quiso Ud. ir al baile?
Student: Quise pero no pude.

¿Quisieron Uds. ir al baile?   ¿Quisieron ellos ir al baile?
¿Quiso él ir al baile?   ¿Quisiste ir al baile?

Conocer and saber

Both **conocer** and **saber** mean "to know."

Conocer: to be acquainted with someone or something.

   Yo **conozco** a Federico.
   No, no **conozco** Nueva York.

Saber: to know a fact or to have information about something.

   Yo **sé** la lección.
   Yo **sé** que es importante.

Remember that in the preterit indicative these two verbs have different meanings.

> Yo **conocí** a Federico.   (*I met Fred.*)
> Yo lo **supe** anoche.   (*I found out last night.*)

ITEM SUBSTITUTION

1. **Conocer**

Federico no conocía a Gloria.   *Repitan.*
Ellos ————————————.
———————————— Alicia.
———————————— Federico.
Yo conozco ————————————.
Carmela ————————————.
———————————— muchas personas.
Gloria ————————————.
Yo ————————————.
———————————— todo el mundo.
———————————— Federico.
Flora ————————————.

2. **Saber**

Carmela sabía que él venía.   *Repitan.*
Ellas ————————————.
———————————— que era importante.
Federico ————————————.
———————————— bailar muy bien.
Los latinos ————————————.
———————————— mucho.
———————————— la lección.
———————————— poco.
Alicia ————————————.
———————————— muchísimo.

Controlled Conversation

The professor assigns to a student one of the questions by number. Using the present tense only, the student chooses the proper form of **conocer** *or* **saber**, *as the context requires, and asks the question.*

1. Pregúntele a una joven si _____ la lección.
2. _____ a una señorita si _____ a Federico.
3. _____ a un chico si _____ a muchas personas.
4. _____ a una chica si María _____ mucho.
5. _____ a un joven si _____ Nueva York.
6. _____ a él si _____ algo de matemáticas.
7. _____ a ella si _____ a muchos muchachos.
8. _____ a un profesor si _____ jugar al tenis.
9. _____ a una muchacha si _____ hablar español.
10. _____ a un muchacho si _____ bailar el cha-cha-cha.

CHOICE–QUESTION ANSWER

En la universidad, ¿trabajabas o estudiadas?   *Contesten.*
Antes de venir aquí, ¿estudiabas o trabajabas?
Cuando te vi, ¿ibas al mercado o venías del mercado?
De costumbre, ¿leías el periódico o escuchabas la radio?
Antes de venir aquí, ¿vivías sólo o estabas con la familia?
Cuando eras niño, ¿vivías en el campo o en la ciudad?

Controlled Conversation

Pregúntele a _____ qué hora era cuando él llegó.
                      qué tiempo hacía cuando él llegó.
                      si estaban bailando cuando llegó Federico.
                      si estaba él en casa cuando vino Juan.
                      si eran las siete cuando él comió.
                      si escribía ella la lección cuando entró Juan.
                      si tuvo una carta ayer.
                      si conoció a Ricardo anoche.
                      por qué no quiso comerlo.
                      cuándo lo supo.

Personalized Questions

1. ¿Tenía Ud. una novia en California?
2. ¿Dónde conoció Ud. a Federico?
3. ¿Conoce Ud. a Juan?
4. ¿Tuvo Ud. una carta hoy de sus padres?
5. ¿Estudiaba Ud. mucho cuando estaba en casa?
6. ¿Montaba Ud. a caballo cuando era niño?

7. ¿Fue Ud. al cine ayer?
8. ¿Hacía mucho calor en el cine?
9. ¿Tenía Ud. mucha hambre cuando se acostó?
10. ¿Tenía Ud. miedo cuando le habló el profesor?
11. ¿Por qué no quiso estudiar anoche?
12. ¿Qué hora era cuando llegó a la universidad?
13. ¿Qué hacía Carlos cuando Ud. lo vio?
14. ¿Qué hacía su mamá cuando Ud. llegó a casa?
15. ¿Qué estudiaba Ud. cuando lo vi anoche?
16. ¿Hacía mal tiempo cuando Ud. se levantó?
17. ¿Dónde estaba Carmela cuando la conoció?
18. ¿Cuándo supo Ud. del accidente?
19. ¿Qué estaba Ud. leyendo cuando entró el profesor?
20. ¿Hacía mal tiempo cuando Ud. llegó?

Extemporization

1. LOS DEPORTES

Vocabulary: preferido, deportista, aficionado, jugar, aprender, gustar, tenis, fútbol, básquetbol, pelota.

Topic Ideas: 1. Los aficionados al fútbol.
2. Mi amigo juega bien al básquetbol.
3. Mi papá era un gran deportista.

Questions: 1. ¿Cuál es tu deporte preferido?
2. ¿Quién es deportista en su familia?
3. ¿Qué deporte practicabas cuando eras niño (-a)?
4. ¿No quieres aprender a jugar al golf?

2. LO QUE HACÍA EN LAS VACACIONES DE VERANO

Vocabulary: bailar, divertirse, baile, deportes, conocer, paso.

Topic Ideas: 1. Conocí a Juan en las vacaciones.
2. El baile que más me gustó.
3. Mi novio (-a) sabe bailar muy bien.

Questions: 1. ¿Dónde fuiste para las vacaciones?
2. ¿Ibas a muchos bailes?
3. ¿Te divertías en los bailes?
4. ¿Qué te gustaba jugar?

Madrid: Corrida de Toros, Picador. (Ministerio de Información y Turismo)

initial R strong

Dialog Patterns

De Compras

¿ parece formal

MARIO — ¡Hombre! ¿Tú por aquí?

RAFAEL — Pues, sí. ¿Te sorprende esto?

MARIO — Busco un traje nuevo. ¿Me ayudas?

RAFAEL — Sí, me imagino que en esta tienda venderán de todo.

MARIO — Ya lo creo. ¿Dónde estarán los trajes?

RAFAEL — Ah, aquí están. ¿Te gusta éste?

MARIO — Sí, y la tela es importada. ¡Qué ganga!

RAFAEL — ¿Y te gusta esta camisa de mangas cortas?

MARIO — Sí, pero esta corbata y estos calcetines me bastarán.

RAFAEL — ¿Cuánto costará todo eso?

MARIO — ¡Quién sabe! El dependiente ya me saca la cuenta.

RAFAEL — ¡Qué barbaridad! ¡Es el cumpleaños de mi novia y yo sin regalo!

MARIO — Vamos a subir a la sección de señoritas.

RAFAEL — ¿Qué te parece un perfume, Arpège, por ejemplo?

MARIO — Sin duda le encantará, pero . . .

RAFAEL — Pero, ¿qué?

MARIO — ¿No resultará muy caro?

RAFAEL — Sí, pero eso no importa, es mi novia.

MARIO — Pues, llévatelo.

RAFAEL — Bueno, mañana te digo si le gustó.

165

Mexico City: Hotel Alameda. (Paul G. Pet from FPG)

Dialog Patterns

Shopping

MARIO — Well! You here (what are you doing here)?
RAFAEL — Well, yes. Does this surprise you?
MARIO — I am looking for a new suit. Will you help me?
RAFAEL — Yes, I imagine they sell everything in this store.
MARIO — Of course. I wonder where the suits are?
RAFAEL — Ah, here they are. Do you like this one?
MARIO — Yes, and the fabric is imported. What a bargain!
RAFAEL — And do you like this short-sleeved shirt?
MARIO — Yes, but this tie and these socks will be enough for me.
RAFAEL — How much will all this cost?
MARIO — Who knows! The clerk is now adding up the bill for me.
RAFAEL — How terrible! It's my fiancée's birthday, and here I am without
a present.
MARIO — Let's go up to the ladies' department.
RAFAEL — What do you think of perfume, Arpège, for example?
MARIO — No doubt it will delight her, but . . .
RAFAEL — But what?
MARIO — Won't it be very expensive?
RAFAEL — Yes, but that doesn't matter, she's my fiancée.
MARIO — Then, get it.
RAFAEL — Well, I'll tell you tomorrow if she liked it.

The future indicative of regular verbs

The future indicative of regular verbs is formed by adding a set of endings to
the infinitive. These endings are the same for all three conjugations.

-é	-emos
-ás	[-éis]
-á	-án

VERB STRUCTURE DRILLS

A. The future indicative of **hablar**.

hablaré	hablaremos
hablarás	[hablaréis]
hablará	hablarán

1. *Yo* le hablaré esta noche.   *Repitan.*

   ellos, ella, Uds., Juan y Elena, nosotros, tú

2. ¿Le hablará Ud. a Rafael esta noche?   *Contesten.*
   ¿Quién le hablará esta noche?
   ¿Cuándo le hablará Ud.?
   ¿Hablará Ud. español con sus amigos?

B. The future indicative of **aprender**.

aprenderé	**aprenderemos**
aprenderás	**[aprenderéis]**
aprenderá	**aprenderán**

1. *Tú* no aprenderás nunca la lección.   *Repitan.*

   Ud. ellos, él, los estudiantes, Uds., Mario

2. ¿Cuándo aprenderá Ud. bien la lección?   *Contesten.*
   ¿Aprenderán Uds. la lección mañana?
   ¿Quién no la aprenderá mañana?
   ¿Cuándo aprenderás a estudiar?

C. The future indicative of **vivir**.

viviré	**viviremos**
vivirás	**[viviréis]**
vivirá	**vivirán**

1. *El* nunca vivirá aquí.   *Repitan.*

   ellos, Ud., nosotros, ella, tú, mis padres

2. ¿Vivirá Ud. aquí en el invierno?   *Contesten.*

   ¿Vivirán Uds. con sus familias en el verano?
   ¿Vivirás en esa casa más tarde?
   ¿Vivirán Uds. en el dormitorio el año que viene?

The future indicative of irregular verbs

There are a few irregular future stems (not the endings) which must be memorized.

The following lose -e- from the infinitive:

haber	**habr-**	**habré**
poder	**podr-**	**podré**
saber	**sabr-**	**sabré**
querer	**querr-**	**querré**

The following change -e- or -i- to -d-:

tener	**tendr-**	**tendré**
venir	**vendr-**	**vendré**
poner	**pondr-**	**pondré**
valer	**valdr-**	**valdré**
salir	**saldr-**	**saldré**

The following lose the stem consonant:

hacer	**har-**	**haré**
decir	**dir-**	**diré**

VERB STRUCTURE DRILLS

A. The future indicative of **saber**.

sabré	sabremos
sabrás	[sabréis]
sabrá	sabrán

1. *Ellos* lo sabrán en seguida. *Repitan.*

   tú, Ud., Uds., nosotros, él, Carlos, ellas, ella

2. ¿Lo sabrán Uds. mañana? *Contesten.*
   ¿Cuándo lo sabrá Ud.?
   ¿Quién lo sabrá mañana?
   ¿Lo sabrán Mario y Rafael mañana?
   ¿Por qué no lo sabrás mañana?

B. The future indicative of **venir**.

vendré	vendremos
vendrás	[vendréis]
vendrá	vendrán

1. ¿Vendrás temprano a la clase? *Repitan.*

   Ud., ella, el profesor, tu amigo, mi novio, ellos

2. ¿Vendrás temprano a la clase mañana?   *Contesten.*
   ¿Cuándo vendrán Uds. a mi casa?
   ¿Cuándo vendrá su amigo?
   ¿Quién vendrá temprano a la clase?
   ¿Por qué vendrá temprano a la clase Ud.?

C. The future indicative of **decir.**

diré	diremos
dirás	[diréis]
dirá	dirán

1. *Yo* les diré la verdad.   *Repitan.*

   él, Uds., nosotros, tú, Diana, Ud., sus amigos, su padre

2. ¿Me dirá Ud. la verdad?   *Contesten.*
   ¿Cuándo me dirá Ud. la verdad?
   ¿Dirán Uds. la verdad siempre?
   ¿Dirá Ud. la verdad a su papá?
   ¿Quién dirá la verdad?

D. The future indicative of **salir.**

saldré	saldremos
saldrás	[saldréis]
saldrá	saldrán

1. ¿Saldrás a las seis?   *Repitan.*

   Ud., Uds., él, nuestras amigas, Catalina, yo, ella, nosotros

2. ¿Saldrás después de la clase?   *Contesten.*
   ¿Saldrán Uds. temprano?
   ¿Quién saldrá temprano?
   ¿Cuándo saldrá Ud.?
   ¿Saldrá para Los Angeles mañana?

E. The future indicative of **hacer.**

haré	haremos
harás	[haréis]
hará	harán

1. ¿Lo hará *Ud.* mañana?   *Repitan.*

   él, ellos, Uds., tú, Ana, los estudiantes, tu hermano, ella

2. ¿Cuándo lo harás?   *Contesten.*
¿Quién lo hará mañana?
¿Lo harán Uds. esta noche?
¿Por qué no lo hará Ud.?
¿Lo hará Ud. después de la clase?

TENSE SUBSTITUTION

1. *Teacher:*   ¿Tienes que estudiar la lección ahora?
   Student: Ahora no. La estudiaré más tarde.

aprender la lección	leer el periódico
comprar el regalo	escribir la carta
hacer el trabajo	comer la ensalada
decir la verdad	

2. *Teacher:*   ¿Va a desayunar ahora?
   Student: Ahora no. Desayunaré más tarde.

ir a la clase	ir al cine
volver a casa	acostarse
comer	levantarse
ir de compras	montar a caballo

PATTERNED RESPONSE

Teacher: ¿Habrá clase mañana?
Student: Sí, creo que habrá clase mañana.

¿Se podrá pescar en el campo?
¿Hará buen tiempo mañana?
¿Irán a la iglesia los estudiantes?
¿Dirá la verdad Vicente?
¿Estudiarán la lección ellos?
¿Montará a caballo Pepe?
¿Se lavará Roberto los dientes?
¿Habrá partido de fútbol el sábado?

The future of probability

In Spanish the use of the future to express probability is very common. The English equivalent is always in the present tense.

¿**Tendrá** sueño el profesor?
(*I wonder if the professor is sleepy.*)
(*Can the professor be sleepy?*)

VERB STRUCTURE DRILLS

A. The future indicative of **tener**.

tendré	tendremos
tendrás	[tendréis]
tendrá	tendrán

1. ¿Tendrá sueño *el profesor*?   *Repitan.*

   los estudiantes, ella, Uds., tú, Felipe, Ud., ellos, él

2. ¿Tendrá sueño el profesor?   *Contesten.*
   ¿Tendrá sueño Rafael?
   ¿Tendrán sueño Uds.?
   ¿Quién tendrá sueño?
   ¿Por qué tendrá sueño el profesor?

B. The future indicative of **estar**.

estaré	estaremos
estarás	[estaréis]
estará	estarán

1. ¿Dónde estará *Juanita*?   *Repitan.*

   el profesor, tu novia, ellos, Pepe, los estudiantes, ellas, él, su amigo

2. ¿Dónde estará su novio?   *Contesten.*
   ¿Estarán en el laboratorio los estudiantes?
   ¿Por qué estará Ud. cansado?
   ¿Estará en casa Mario?
   ¿Estará trabajando su mamá?

Present tense with future meaning

In spoken Spanish the present indicative is often used to express a future meaning.

Lo hago mañana.
(I will do it tomorrow.)

PATTERNED RESPONSE

1. *Teacher:* ¿Va a comprarlo?
   Student: Bueno, si Ud. quiere, lo compro mañana.

leerlo	escribirlo
estudiarla	comerlo
aprenderla	llevarlo
llamarlo	venderla

2. *Teacher:* ¿Voy?
   Student: Sí, y yo también voy.

¿Salgo?	¿Trabajo?
¿Entro?	¿Me acuesto?
¿Vuelvo?	¿Me levanto?

3. *Teacher:* ¿Me ayuda Ud. más tarde a hacerlo?
   Student: Sí, más tarde le ayudo.

   ¿Le habla Ud. del accidente?
   ¿Nos escribe Ud. una carta?
   ¿Les dice Ud. la verdad?

4. *Teacher:* ¿Trabajamos ahora?
   Student: No, después trabajamos.

¿Comemos?	¿Lo llamamos?
¿Entramos?	¿Lo vendemos?
¿Estudiamos?	

The demonstrative adjectives

There are three demonstrative adjectives: **este** ("this," near me), **ese** ("that," near person spoken to), and **aquel** ("that," over there, away from both of us). These adjectives precede the noun they modify and agree with it in gender and number.

	Masculine	*Feminine*
Singular	**este**	**esta**
	ese	**esa**
	aquel	**aquella**
Plural	**estos**	**estas**
	esos	**esas**
	aquellos	**aquellas**

Este traje es nuevo.
Ese muchacho es mi amigo.
Aquel hombre no vive aquí.

The demonstrative pronouns

The form of the demonstrative pronoun is the same as that of the demonstrative adjective, except that the demonstrative pronoun bears a written accent.

	Masculine	*Feminine*
	éste	ésta
Singular	ése	ésa
	aquél	aquélla
	éstos	éstas
Plural	ésos	ésas
	aquéllos	aquéllas

There are corresponding neuter pronouns which do not refer to nouns but to ideas or actions that are not specified. They do not bear a written accent.

Neuter

esto   **eso**   **aquello**

Eso no me gusta.

STRUCTURE SUBSTITUTION

1. *Teacher:* ¿Te gustan estos zapatos?
   Student: No, prefiero ésos.

este abrigo	esta falda
este suéter	estas medias
estos pantalones	este paraguas
este sombrero	este vestido
este impermeable	este chaleco

2. *Teacher:* ¿Qué te parece este traje?
   Student: Ése (aquél) me gusta más.

esta camisa deportiva	estos aretes
estos pañuelos	este collar
este traje de baño	esta pulsera
este par de calcetines	esta corbata de lazo
esta bolsa	estos gemelos

ITEM SUBSTITUTION

Este libro es interesante.   *Repitan.*
Éste ———————.
Ése ———————.
——————— fácil.
Esta lección ——.
Ésta ——————.
Ésa ——————.
——————— difícil.
Estos problemas ——.
Éstos ——————.
Ésos ——————.
——————— nuevos.
Estas camisas ——.
Éstas ——————.
Ésas ——————.
——————— caras.
Esto ——————.
Eso ——————.
Aquello ——————.
——————— barato.

Controlled Conversation

Pregúntele a ——————— si le gusta esta lección.
si le gusta su vestido nuevo.
si le gusta el traje del profesor.
si la blusa que lleva es nueva.
si irá de compras el sábado.
si tendrá que estudiar el viernes.
si irá a la iglesia el domingo.
si se levantará a las seis.
si se acostará a las diez.
si aprenderá la lección mañana.
si montará a caballo en el campo.
si comprará un regalo para su novia.

Personalized Questions

1. ¿Prefieres la camisa de Roberto o ésta?
2. ¿Por qué prefieres la camisa de Roberto?
3. ¿Habrá clase mañana?

4. ¿Por qué no habrá clase mañana?
5. ¿Cree Ud. que le gustará a su novio el regalo?
6. ¿Qué perfume le gusta a su novia?
7. ¿Cuántos años tendrá Pepe?
8. ¿Qué estará haciendo Luisa?
9. ¿Estudiarán los estudiantes durante las vacaciones?
10. ¿Cuándo estudiará Ud.?
11. ¿Por qué tendrá sueño el profesor?
12. ¿Es difícil esta lección?
13. ¿Hará buen tiempo mañana?
14. ¿Por qué no se levantará Ud. mañana a las cinco?
15. El aprenderá todos los verbos irregulares. ¿Y Ud.?
16. Ellos tendrán que estudiar esta noche. ¿Y Uds.?
17. ¿Quién irá a la iglesia el domingo?
18. ¿Dónde estará María?
19. ¿Por qué le gusta esta clase?
20. ¿Son nuevos esos zapatos que lleva Ud.?

Extemporization

1. MI PROGRAMA PARA MAÑANA

Vocabulary: salir, aprender, estudiar, comprar, temprano, ayudar, clase, regalo. (Verbs in future tense).

Topic Ideas: 1. Mañana.
2. El regalo que compraré para mi novio (-a).
3. Mañana no tendré que estudiar.

Questions: 1. ¿A qué hora te levantarás mañana?
2. ¿Qué harás antes de ir a clase?
3. ¿Saldrás temprano de tus clases?
4. ¿Comprarás un regalo para tu mamá o tu papá?

2. EN LA TIENDA

Vocabulary: dependiente, comprar, gustar, tela, importada, camisa, pantalones, traje, vestido, perfume, cuenta, caro, ganga, sección, corbata.

Topic Ideas: 1. Compraré muchas cosas en la tienda.
2. Siempre me gusta una ganga.
3. Mi tienda preferida.

Questions: 1. ¿Qué comprarás en esta tienda?
             2. ¿Venderán de todo en esta tienda?
             3. ¿Es un perfume importado una ganga?
             4. ¿En qué sección puedes comprar una corbata?

Madrid: The Prado Museum. (Latta from Monkmeyer)

Velásquez, *Las Meninas,* in the Prado Museum. (Anderson—Art Reference Bureau)

A. Write answers to these questions as in the example.

Example: ¿Leyó Ud. la lección? **Sí, leí la lección.**

1. ¿Les dio Ud. mucho dinero?
2. ¿Sirvieron Uds. la comida?
3. ¿Desayunaste con ellos?
4. ¿Leyeron Uds. el periódico?
5. ¿Comió Ud. el pan?

B. Rewrite the following sentences in the preterit.

1. Voy al hospital.
2. El aprende rápido.
3. Tomas jugo de tomate.
4. Almuerzo temprano.
5. No te gustan los libros.

C. Write the preterit of the verbs.

1. Llegas y te acuestas en seguida.
2. Estudian y salen en seguida.
3. Ve los regalos y los compra en seguida.
4. Ud. recibe la carta y la lee en seguida.
5. Se despierta y se lava en seguida.

D. Complete the sentences with the proper form of the imperfect.

Example: Ahora no tomamos leche. Antes la **tomábamos** siempre.

1. Ahora no sé nada. Antes ———— mucho.
2. Ahora voy a la universidad. Antes no ———— nunca.
3. Ahora mi amigo está presente. Antes no ———— presente nunca.
4. Ahora hay dos estudiantes. Antes ———— veinte.
5. Ahora lo veo muy poco. Antes lo ———— todos los días.
6. Ahora no soy muy listo. Antes ———— muy listo.
7. Ahora no leo nada. Antes ———— mucho.
8. Ahora no hago nada los lunes. Antes ———— algo todos los días.
9. Ahora vivo en California. Antes ———— en Arizona.
10. Ahora no me gusta pescar. Antes me ———— mucho.

179

E. Complete the sentences with the proper form of **saber** or **conocer**.

Example: Esa joven dice que **sabe** la lección.

1. Ese muchacho dice que _____ bailar el cha-cha-cha.
2. Ella dice que _____ a Federico.
3. María no _____ Nueva York.
4. Pregúntele si _____ algo de geografía.
5. Ella es bonita. Pregúntele a Juan si la _____.
6. Dígale al profesor que Ud. _____ jugar al tenis.
7. Juan _____ que es importante.
8. Carlos es simpático y por eso _____ a muchas muchachas.
9. Ellos dicen que _____ del accidente.
10. Si Ud. _____ hablar español, todo saldrá bien.

F. Write responses to the sentences as in the example.

Example: Voy a salir esta noche.   Yo **saldré** también.

1. Voy a ponerme a dieta.
2. Voy a hacerlo mañana.
3. Voy a decirle la verdad.
4. Voy a dormir esta noche.
5. Voy a tener sueño.
6. Voy a ir a la iglesia.
7. Voy a ser profesor.
8. Voy a acostarme a las diez.
9. Voy a saberlo mañana.
10. Voy a estar en casa.

G. Write in Spanish the items you would order in a restaurant for the following meals:

   Desayuno
   Almuerzo
   Cena

H. Write questions and answers as in the example.

Example: ¿**Le gustan estas** blusas?   **No me gustan éstas pero ésas sí.**

1. ¿ _____ pantalones? _____.
2. ¿ _____ camisas? _____.
3. ¿ _____ vestido? _____.
4. ¿ _____ pañuelos? _____.
5. ¿ _____ sombrero? _____.

I. Write five original sentences using a form of the possessive objectives este, ese, or aquel as in the examples.

    Examples: 1. Prefiero estos gemelos.
             2. Me gusta más aquel reloj. *watch*
             3. Esos zapatos son bonitos.

J. Complete the sentences as in the examples.

    Examples: Ella tenía **tanto** dinero **como** Carlos.
              El era **tan** rico **como** ella.
              María tiene **tantos** hermanos **como** Felipe.
              Ellos jugaban **tanto como** nosotros.

  1. Yo era _____ fuerte _____ Carlos.
  2. Yo tenía _____ amigos _____ María.
  3. Ella estudia _____ _____ yo.
  4. Nadie tenía _____ dinero _____ el profesor.
  5. Nosotros corríamos _____ _____ ellos.
  6. Flora comió _____ _____ Anita.
  7. Carlos tiene _____ camisas _____ Alberto.
  8. Yo era _____ bueno _____ mi hermano.
  9. Ellos son _____ listos _____ las muchachas.
10. María baila _____ bien _____ Elisa.

Culture Capsule

Los Problemas del Tráfico

El tráfico en la mayoría[1] de los países de Latinoamérica es peligroso[2] pero muy interesante. No hay muchas señales luminosas[3] y los conductores[4] tocan la bocina[5] cuando llegan a la esquina. *corn en* El que primero toca la bocina tiene derecho a pasar.[6] También usan las luces del coche. En México, por ejemplo, si hay un puente[7] por donde sólo puede pasar un vehículo, el que primero encienda[8] las luces de su auto tiene derecho a pasar.

Cuando hay un choque,[9] casi siempre los dos conductores se bajan y sostienen un acalorado altercado[10] pero casi nunca llegan a las manos.[11] Es

---

[1] la mayoría *the major part, most*
[2] peligroso *dangerous*
[3] señales luminosas *luminous signals or stop lights*
[4] conductores *drivers*
[5] tocan la bocina *blow their horn*
[6] derecho a pasar *right of way*
[7] puente *bridge*
[8] encienda *turns on*
[9] un choque *an accident*
[10] acalorado altercado *heated argument*
[11] llegan a las manos *come to blows*

interesante oír a estos hombres que discuten con el clásico "carácter latino" que es tan apasionado. El sarcasmo en estos casos siempre predomina. Un chofer, por ejemplo, dice: "¿Por qué no te compras una bolsa[12] de cemento y haces una carretera[13] para ti solo?"

Si le dan una multa,[14] un conductor habla de sus "influencias", y de los amigos que tienen altos cargos[15] políticos.

[12] bolsa *sack*
[13] carretera *highway*

[14] multa *fine or ticket*
[15] cargos *positions*

QUESTION–ANSWER

1. ¿Cómo es el tráfico de Latinoamérica?
2. ¿Quién tiene derecho a pasar primero?
3. ¿Qué es la bocina?
4. ¿Llegan a las manos los conductores?
5. ¿Cómo es el "carácter latino"?
6. ¿Qué son "influencias"?
7. ¿Quiere Ud. ser conductor en Latinoamérica?

Mexico City: The National Hemeroteca (periodical library), formerly a colonial chapel of the Jesuits. (Marilu Pease from Monkmeyer)

Rivera, Mural at National Palace, Mexico City. (Silberstein from Monkmeyer)

Dialog Patterns

El Cine

Miguel y Fernando viven en el barrio de los estudiantes cerca de la universidad. Están cansados de estudiar. Son las siete de la noche. . . .

MIGUEL — Hace más de dos horas que estudiamos.
FERNANDO— ¡Qué aburrido estoy!
MIGUEL — Yo también. Ya me cansé de estudiar.
FERNANDO — Bueno. ¿Vamos al cine?
MIGUEL — Yo iría con gusto pero no tengo ni un centavo.
FERNANDO — No te aflijas. Yo pago por ti.
MIGUEL — ¿Habrá buenas películas esta noche?
FERNANDO — En el periódico anuncian una de Cantinflas.
MIGUEL — ¡Ah! Me gustaría verla. Trabaja muy bien ese cómico.
FERNANDO — Con Cantinflas cualquier película sería buena.
MIGUEL — ¿En qué cine la dan?
FERNANDO — En el Rex. ¿Sabes dónde queda?
MIGUEL — Claro, está cerca de la plaza.
FERNANDO — No está tan lejos. ¿Vamos a pie?
MIGUEL — Llegaríamos tarde. Mejor vamos en el autobús.
FERNANDO — ¿A qué hora comienza la próxima función?
MIGUEL — Tenemos sólo media hora para llegar.

Serían las ocho cuando llegaron. Delante de la taquilla había muchas personas que esperaban entrar al cine.· Miguel tuvo que pedir permiso para pasar por la muchedumbre.

MIGUEL — Permítame, por favor. Con su permiso.
UN SEÑOR — ¡Cómo no! Pase.
MIGUEL — Deme dos boletos, por favor.
SEÑORITA — Aquí los tiene Ud. Son a 15 pesos cada uno.

Dialog Patterns

The Movies

Miguel and Fernando live in the student district near the university. They are tired of studying. It is seven o'clock in the evening.

MIGUEL — We have been studying for more than two hours.
FERNANDO — How bored I am!
MIGUEL — Me too. I'm already tired of studying.
FERNANDO — All right. Shall we go to the movies?
MIGUEL — I'd gladly go, but I don't have a cent.
FERNANDO — Don't worry. I'll pay for you.
MIGUEL — I wonder if there are any good movies tonight?
FERNANDO — In the newspaper they are advertising one with Cantinflas.
MIGUEL — Oh! I'd like to see it. That comedian is very good.
FERNANDO — With Cantinflas any film would be good.
MIGUEL — At what theater is it playing?
FERNANDO — At the Rex. Do you know where it is?
MIGUEL — Of course, it's near the square.
FERNANDO — That isn't so far. Shall we walk?
MIGUEL — We would arrive late. We had better go by bus.
FERNANDO — At what time does the next showing begin?
MIGUEL — We have only a half hour to arrive.

It was probably eight o'clock when they arrived. In front of the box office there were many people who were waiting to enter the theater. Miguel had to ask permission to get through the crowd.

MIGUEL — Allow me, please. Excuse me.
A GENTLEMAN — Of course. Go ahead.
MIGUEL — Give me two tickets, please.
GIRL — Here they are. They are 15 pesos each.

The conditional of regular verbs

The conditional tense of regular verbs is formed by adding a set of endings to the infinitive. All three conjugations take the same endings, which are also those of **-er** and **-ir** verbs in the imperfect indicative.

-ía	-íamos
-ías	[-íais]
-ía	-ían

VERB STRUCTURE DRILLS

A. The conditional of **hablar**.

hablaría	hablaríamos
hablarías	[hablaríais]
hablaría	hablarían

1. *Yo* hablaría más despacio. *Repitan.*

   tú, Ud., nosotros, ellos, ellas, yo, Uds., Miguel

2. ¿Hablaría Ud. más despacio? *Contesten.*
   ¿Cómo le hablarías?
   ¿Hablaría Ud. más rápido?
   ¿Hablaría Ud. con respeto al presidente?
   ¿Le hablaría Ud. en alemán?

B. The conditional of **aprender**.

aprendería	aprenderíamos
aprenderías	[aprenderíais]
aprendería	aprenderían

1. En ese caso *yo* no lo aprendería.   *Repitan.*

   tú, Ud., ellos, Fernando, ellas, Uds., nosotros

2. ¿Ud. lo aprendería en ese caso?   *Contesten.*
   ¿Lo aprendería Ud. rápido?
   ¿Aprenderían Uds. francés?
   ¿Aprenderían ellos la lección?
   ¿Lo aprenderían ellos bien?

C. The conditional of **vivir**.

viviría	viviríamos
vivirías	[viviríais]
viviría	vivirían

1. *Yo* viviría bien con ese dinero.   *Repitan.*

   él, ellos, nosotros, Miguel, ella, Uds., tú, Ud.

2. ¿Viviría Ud. bien   ese dinero? *Contesten.*
¿Cómo vivirían ellos en ese caso?
¿Viviría Ud. mejor en casa?
¿Quién viviría con él?
¿No viviría Ud. muy mal sin dinero?

The conditional of irregular verbs

The verbs which are irregular in the future have the same stem irregularities
in the conditional.

haber	**habr-**	**habría**
poder	**podr-**	**podría**
saber	**sabr-**	**sabría**
poner	**pondr-**	**pondría**
tener	**tendr-**	**tendría**
venir	**vendr-**	**vendría**
salir	**saldr-**	**saldría**
valer	**valdr-**	**valdría**
querer	**querr-**	**querría**
decir	**dir-**	**diría**
hacer	**har-**	**haría**

TENSE SUBSTITUTION

1. *Teacher:* ¿Ya vino Miguel?
   Student: Dijo que vendría mañana.

   ¿Ya salió Fernando?
   ¿Ya vino Carlos?
   ¿Ya estudió Carmen?
   ¿Ya salió Marta?

2. *Teacher:* ¿Ya lo hizo Carlos?
   Student: Dijo que lo haría esta noche.

   ¿Ya lo puso ahí María?
   ¿Ya lo leyó Juan?*
   ¿Ya lo hizo Miguel?
   ¿Ya lo trajo Luis?

---

* **Leer,** an irregular verb, has a **y** in the third person singular **(leyó)** and plural **(leyeron)** in the
preterit. See Appendix p. 367.

Teacher: ¿Haría Ud. eso?
Student: Sí, yo haría eso.

¿Diría Ud. la verdad?
¿Pondría Ud. la mano?
¿Tendría Ud. paciencia?
¿Saldría Ud. temprano?
¿Sabría Ud. todo?
¿Podría Ud. venir?
¿Vendría Ud. sin zapatos?

Probability in the past

The conditional tense is used to express probability in the past. The English equivalent is always a past tense.

Serían las ocho cuando llegaron.
(*It was probably eight o'clock when they arrived.*)

1. *Teacher:* ¿Qué hora era cuando llegaste anoche?
   Student: No sé. Serían las seis.

   ¿Qué hora era cuando entró Flora? — la una
   ¿Qué hora era cuando salieron? — las nueve
   ¿Qué hora era cuando vinieron? — las dos

2. *Teacher:* ¿Dónde estaba José a esas horas?
   Student: ¿Quién sabe? Estaría en casa.

   ¿Dónde estaba Carlos cuando salieron? — en el cine
   ¿Dónde estaba María cuando comenzó la función? — en casa
   ¿Dónde estaba el profesor cuando Ud. llegó? — en la clase

3. *Teacher:* ¿Fue Juan el que lo hizo?
   Student: Sí, sería Juan.

   ¿Fue Elena la que le habló?
   ¿Fue Pablo el que lo vió?
   ¿Fue Flora la que lo cantó?

4. *Teacher:* ¿Eran las siete cuando vino?
   Student: Sí, serían las siete.

   ¿Era muy tarde cuando comió?
   ¿Era temprano cuando se levantó?
   ¿Eran las diez cuando lo vio?

5. *Teacher:* ¿Quién era esa muchacha que vimos?
   Student: No sé. Sería una estudiante.

   ¿Quién era el profesor de esa clase? — El señor Martínez
   ¿Quién era el presidente en ese tiempo? — El presidente Lincoln
   ¿Quién era ese joven que salió? — El hermano de Juan

Expressions with *hacer* + present indicative

Use the following formula for actions which began in the past and are still going on at the present time.

Hace una hora que estudian. (*They have been studying for an hour.*)

Hace	**una hora**	**que**	**estudian.**
present indicative ——	length of time ——		present indicative.

PATTERNED RESPONSE

1. *Teacher:* ¿Cuánto tiempo hace que estudia Ud.?
   Student: Hace una hora que estudio.

   que dan esa película — una semana
   que Cantinflas trabaja en las películas — 28 años
   que esperas — media hora

2. *Teacher:* ¿Cuánto tiempo hace que no vas al cine?
   Student: Hace un mes que no voy al cine.

   que no viene Luis — dos días
   que no dan esa película — un año
   que no vas al cine en taxi — varios meses ya

3. *Teacher:* ¿Hace más de una hora que habla ese señor?
   Student: Sí, hace más de una hora que habla ese señor.

   un año que lo conoces   cinco minutos que esperas
   media hora que trabajas   quince minutos que estás aquí

Expressions with *hacer* + preterit indicative

Lo **vi hace** cinco minutos.   (*I saw him five minutes ago.*)

> **Lo vi**   **hace**   **cinco minutos.**
> preterit indicative ——— present indicative ——— length of time

Alternate form:

Hace cinco minutos que lo **vi.**

> **Hace**   **cinco minutos que**   **lo vi.**
> present indicative ——— length of time ——— preterit indicative

PATTERNED RESPONSE

1. *Teacher:*   ¿Cuándo vio Ud. esa película?
   Student: La vi hace un año.

   ¿Cuándo abrieron la taquilla? — cinco minutos
   ¿Cuándo comenzó la función? — un cuarto de hora
   ¿Cuándo entraste al cine? — veinte minutos
   ¿Cuándo comenzaron a dar esta película? — dos días
   ¿Cuándo llegó Luis? — un minuto
   ¿Cuándo lo hizo Juan? — cinco años
   ¿Cuándo vino ella? — media hora
   ¿Cuándo estuvo Ud. aquí? — un año
   ¿Cuándo volvió Juan? — tres meses

2. *Teacher:*   ¿Dónde queda al cine Rex?
   Student: El cine Rex queda ahí a dos cuadros.

   la embajada americana — ahí en la esquina
   el correo — ahí a la izquierda
   la farmacia — ahí a la derecha
   la delegación — ahí a dos cuadras
   el supermercado — ahí a la derecha
   la Cruz Roja — ahí derecho
   la peluquería — ahí derecho, también

Uses of *por* and *para*

Both **por** and **para** mean "for" in English.

A. **Por** means "in exchange for."

Vendí el coche **por** cinco dólares.

Other specific uses of **por**:

1. Roberto ha trabajado **por** mí. ("for my sake" *or* "on my behalf")
2. La carta fue escrita **por** ella. ("by," *after passive voice*)
3. Yo estuve en casa **por** tres días. ("for," *length of time*)
4. Luis fue **por** las cartas. (*to go* "for" *something*)
5. Luis corría **por** la calle. ("through")
6. A Ud. lo toman **por** mexicano. ("for," *mistaken identity*)
7. Yo siempre trabajo **por** la noche. ("at" *or* "in," *set phrase as* **por la mañana,** *etc.*)

B. **Para** means "intended for," "destined for."

Salimos **para** Africa al mediodía.

Other specific uses of **para**:

1. La carta es **para** Ud. ("intended for")
2. Los necesitamos **para** las siete. ("by," *a certain time in the future*)
3. Partieron **para** Nueva York. ("for," *destination*)
4. Comemos **para** vivir. ("in order to")
5. La lección es **para** mañana. ("for," *a certain time in the future*)
6. Tenemos que estar allí **para** las ocho. ("by")
7. **Para** americano, habla muy bien. ("for," *unequal comparison*)

Controlled Conversation

A. *The professor assigns to a student one of the questions by number. The student asks the question to a person of his choice, supplying* **por** *or* **para** *as the context requires.*

Pregúntele a _____
1. si la carta fue escrita _____ Juan.
2. si lo trajo _____ ellos.
3. si esta lección es _____ mañana.
4. si la carta es _____ mí.
5. si estudia _____ la noche.
6. si ella vuelve _____ el mediodía.
7. si corría _____ la calle.
8. si fue _____ las cartas.
9. si lo tomaron _____ americano.

10. si él come _____ vivir.
11. si Felipe trajo las flores _____ ella.
12. si estuvo allí _____ cuatro horas.
13. si lo vendió _____ diez pesos.
14. si lo ha hecho _____ mí.
15. si sale mañana _____ México.

B. Pregúntele a _____ si le gustaría ver una película de Cantinflas.
si lo comería en ese caso.
cómo viviría con ese dinero.
si diría siempre la verdad.
si dormiría la siesta todos los días.
cuánto tiempo hace que estudia el español.
cuánto tiempo hace que está aquí.
cuánto tiempo hace que no va al cine.
si iría a casa a pie.
dónde queda la farmacia.
dónde queda la peluquería.

Personalized Questions

1. ¿Se cansó Ud. de estudiar?
2. ¿Iría Ud. con gusto al cine?
3. ¿Habrá buenas películas esta noche?
4. ¿Qué película anuncian en los periódicos?
5. ¿Está lejos el cine?
6. ¿Dónde queda el cine?
7. ¿Dónde compró Luis los boletos?
8. ¿Hablaría Ud. más despacio?
9. ¿Cómo le hablarías al presidente?
10. Yo como para vivir. ¿Y Ud.?
11. ¿Dijo Ud. que le hablaría?
12. ¿Diría Ud. siempre la verdad?
13. ¿Dónde queda el correo?
14. ¿Dónde queda la delegación?
15. ¿Está Ud. cansado de estudiar?
16. ¿Cuándo sale Ud. para Nueva York?
17. ¿Trabaja Ud. por la noche?
18. ¿Qué hora sería cuando Ud. se acostó anoche?
19. ¿Sale Ud. para México mañana?
20. ¿A qué hora comienza esta clase?

Extemporization

1. LA PELÍCULA

Voccbulary: Cómico, buena, mala, anunciar, dar, cerca, lejos, autobús, a pie, taquilla, boletos, función, tarde, próxima, comenzar.

Topic Ideas: 1. Iría a ver otra vez esa película.
2. Hace mucho que no voy al cine.
3. Me gustaría ir al cine el sábado.

Questions: 1. ¿Queda el cine muy lejos de tu casa?
2. ¿Vas a pie o en autobús?
3. ¿A qué hora abren la taquilla?
4. ¿Irías al cine a las doce de la noche?
5. ¿Qué película irías a ver, una de Cantinflas o una de Bob Hope?
6. ¿A qué hora comienza la película?

2. EL FIN DE SEMANA

Vocabulary: cine, teatro, biblioteca, aburrido, dormir, siesta.

Topic Ideas: 1. Este fin de semana.
2. No estudiaría el domingo de mañana.
3. Dormiría durante todo el fin de semana.

Questions: 1. ¿Qué te gustaría hacer este fin de semana?
2. ¿Te parecería aburrido estudiar todo el fin de semana?
3. ¿Irías al cine o al teatro el sábado de noche?
4. ¿Qué harías el domingo de mañana?
5. ¿Qué estudiarías?

Velásquez, *Las Hilanderas,* in the Prado Museum. (Anderson—Art Reference Bureau)

Toledo: Museo de Santa Cruz. (Spanish National Tourist Office, New York)

Dialog Patterns

El Consultorio del Médico

David y Ramón se encuentran en la calle. Hace mucho tiempo que no se ven.

DAVID — ¡Hola! Hace mucho que no te veo.

RAMÓN — He estado en el hospital.

DAVID — Lo siento mucho ¿Qué tenías?

RAMÓN — El Dr. Suárez me operó del apéndice.

DAVID —Y con todo esto, ¿siempre vas a salir del país?

RAMÓN — Seguro. Me acaban de poner todas las inyecciones.

DAVID — ¿Ya te las puso el médico? Explícamelo.

RAMÓN — Subí a su consultorio, pregunté por él, me senté y . . .

DAVID — ¿Y su enfermera te hizo mil preguntas?

RAMÓN — Muchas, sí. Pero se las contesté fácilmente.

DAVID — Y, ¿te dio un certificado de salud para el pasaporte?

RAMÓN — Sí, pero no sin el examen médico.

DAVID — ¿Tardó mucho en dártelo?

RAMÓN — Bueno, esa enfermera suya era tan bonita que no me di cuenta.

DAVID — ¿Qué tal la salud ahora?

RAMÓN — Muy bien pero sufro de alergia.

DAVID — De modo que te ha dado algunas pastillas verdes, ¿verdad?

RAMÓN — Sí, y poco a poco me voy mejorando.

DAVID — Dime pues, ¿cuánto te ha costado todo eso?

RAMÓN — Todavía no sé porque tengo que volver la semana que viene.

Dialog Patterns

The Doctor's Office

David and Ramón meet on the street. They have not seen each other for a long time.

DAVID — Hi! I haven't seen you for a long time.

RAMÓN — I've been in the hospital.

DAVID — I'm very sorry. What was the matter with you?

RAMÓN — Dr. Suárez took out my appendix.

DAVID — And with all this you are still going to go abroad?

RAMÓN — Of course. They have just given me all the shots.

DAVID — The doctor already gave them to you? Explain it to me.

RAMÓN — I went up to his office, asked for him, sat down and . . .

DAVID — And his nurse asked you a thousand questions?

RAMÓN — Quite a few, yes. But I answered all of them easily.

DAVID — And did he give you a health certificate for your passport?

RAMÓN — Yes, but not without the physical exam.

DAVID — Did it take him long to give it to you?

RAMÓN — Well, that nurse of his was so pretty I didn't even notice.

DAVID — How's your health now?

RAMÓN — It's fine, but I am suffering from an allergy.

DAVID — So he gave you some little green pills, right?

RAMÓN — That's right, and gradually I'm getting better.

DAVID — Tell me now, how much did all that cost?

RAMÓN — I don't know yet because I have to go back next week.

The past participle

The past participle of regular verbs is formed by adding the ending **-ado** to the stem of **-ar** verbs and the ending **-ido** to the stem of **-er** and **-ir** verbs.

habl-ar	**habl-ado**
aprend-er	**aprend-ido**
sufr-ir	**sufr-ido**

Some verbs have irregular past participles. Those not listed below will be indicated as they appear later in the text.

escribir — escrito	**abrir — abierto**
hacer — hecho	**decir — dicho**
ver — visto	**poner — puesto**

The present perfect indicative

The present perfect indicative is formed by combining a form of **haber** in the present indicative with a past participle.

The present indicative of **haber** (*to have* — auxiliary verb).

he	hemos
has	[habéis]
ha	han

present indicative + past participle = present perfect indicative
  han + **hablado** = **han hablado**

Ellos **han hablado.** (*They have spoken.*)

PATTERNED RESPONSE

1. *Teacher:* ¿Ha estado Ud. en el hospital?
 Student: Sí, he estado en el hospital.

    ¿Ha salido Ud. del país?
    ¿Les han puesto todas las inyecciones?
    ¿Ha contestado Juan las preguntas?
    ¿Han tomado Uds. el examen médico?
    ¿Ha sufrido Ud. de alergia?

2. *Teacher:* ¿Van Uds. a contestar las preguntas?
 Student: No, porque ya las hemos contestado.

estudiar la lección	conseguir los pasaportes
escribir las cartas	tomar las pastillas
hacer las preguntas	

The pluperfect indicative

The pluperfect indicative is formed by combining a form of **haber** in the imperfect indicative with a past participle.

The imperfect indicative of **haber.**

había	habíamos
habías	[habíais]
había	habían

imperfect indicative + past participle = pluperfect indicative
había + **vivido** = **había vivido**

¿Dijo David que **había vivido** en Mexico?
(*Did David say he had lived in Mexico?*)

TENSE SUBSTITUTION

Teacher: ¿Quién leyó el libro?
Student: El me dijo que Pepe lo había leído.

vio la película
se levantó a las seis
comió el postre
estudió la lección
hizo las preguntas

The past participle as an adjective

The past participle is also used as an adjective. As such, it must agree in number and gender with the noun it modifies.

La puerta está **cerrada.**
El libro está **cerrado.**

STRUCTURE SUBSTITUTION

Teacher: ¿Ha escrito Ud. la carta?
Student: Sí, ya está escrita.

¿Ha abierto Ud. la puerta?
¿Ha preparado Ud. la comida?
¿Se ha lavado Ud. las manos?
¿Ha cerrado Ud. el libro?
¿Ha vendido Ud. los caballos?

The stressed possessive adjectives

mío, mía (-os, -as)	nuestro, nuestra (-os, -as)
tuyo, tuya (-os, -as)	**vuestro, vuestra (-os, -as)**
suyo, suya (-os, -as)	**suyo, suya (-os, -as)**

These forms are used after the noun or as predicate adjectives. They agree in number and gender with the noun they modify.

After the noun: Esa enfermera **suya** era muy bonita.
As predicate adjective: Esa casa es **nuestra**.

The possessive pronouns

el mío, la mía (-os, -as)	el nuestro, la nuestra (-os, -as)
el tuyo, la tuya (-os, -as)	el vuestro, la vuestra (-os, -as)
el suyo, la suya (-os, -as)	el suyo, la suya (-os, -as)

Mi traje es viejo; **el tuyo** es nuevo.
Tu casa y **la mía** son nuevas.
Mis pastillas y **las suyas** son verdes.

Since **las suyas** may mean "yours," "hers," "his," or "theirs," alternate forms may be used for clarification in the third person.

las de Ud.	las de él
las de Uds.	las de ellos
las de ella	las de ellas

STRUCTURE SUBSTITUTION

1. *Teacher:* Esos jóvenes, ¿son amigos suyos?
   Student: Sí, son amigos míos.

parientes	primos
hermanos	enemigos

2. *Teacher:* Esas chicas, ¿son primas suyas?
   Student: Sí, son primas mías.

hermanas	compañeras
amigas	enemigas

3. *Teacher:* ¿De quién es esta medicina?
   Student: Esta medicina es mía (tuya, suya, nuestra).

esta receta	estas pastillas
este termómetro	esta venda
estas aspirinas	estas muletas

4. *Teacher:* ¿Tienes tus vitaminas?
   Student: Sí, yo tengo las mías, pero Juan no tiene las suyas.

(el) pasaporte	(los) gemelos
(las) fotos	(los) mapas
(la) cámara	(los) papeles
(el) rollo	

5. *Teacher:* ¿Fue muy grave tu operación?
   Student: Sí, pero no tan grave como la tuya (la de Roberto).

(la) fiebre	(la) alergia
(la) enfermedad	(la) quemadura
(el) resfrío	(la) fractura
(la) tos	(el) catarro

6. *Teacher:* ¿Dónde está el libro de María y el de Pepe?
   Student: El de María está aquí. No sé donde estará el de Pepe.

el caballo	los zapatos
la medicina	las fotos
el suéter	el traje de baño

7. *Teacher:* Mi camisa es blanca. ¿De qué color es la suya?
   Student: La mía es azul.

(la) falda	rojo
(el) libro	negro
(las) pastillas	azul
(el) traje de baño	verde
(los) zapatos	amarillo
(el) chaleco	blanco
(el) vestido	anaranjado
	moreno
	gris

PATTERNED RESPONSE

1. *Teacher:* ¿Te duele la cabeza?
   Student: No, no me duele la cabeza.

el estómago	la garganta
las muelas	la quemadura
el oído	la fractura

2. *Teacher:* ¿Te duele la cabeza?
   Student: ¡Ay, cómo me duele la cabeza!

el estómago	la garganta
las muelas	la quemadura
el oído	la fractura

3. *Teacher:* ¿Te ha dado el sarampión?
   Student: Sí, señor, me dio el sarampión cuando era niño.

la tos ferina	las paperas
la varicela	la escarlatina
las viruelas	

4. *Teacher:* ¿Murió tu hermano de cáncer?
   Student: Sí, murió de cáncer.

(la) apendicitis	(el) lumbago
(la) tuberculosis	un ataque cardíaco
(la) pulmonía	(la) gripe
(el) polio	

Summary of the uses of *ser* and *estar*

Both **ser** and **estar** mean "to be" in English. **Ser** is used to tell what persons or things are, while **estar** tells where they are located or what their condition is.

A. **Ser** is used:

1. With predicate adjectives to denote an inherent characteristic.

   Mi novia es **bonita**.

2. With predicate nouns.

   Mi padre es **médico**.

3. To tell the time of day.

   Es **la una**.
   Son **las dos**.

4. With the preposition **de** to express ownership, origin or material.

   Este pasaporte es **de David**.   (*ownership*)
   Los argentinos son **de la Argentina**.   (*origin*)
   Las medias son **de nilón**.   (*material*)

5. With impersonal expressions.

Es fácil salir del país.

B. **Estar** is used:

1. To express location.

El médico está **en su consultorio.**

2. To express temporary condition.

Los dos jóvenes están **enfermos.**

3. With the present participle to form the progressive tense.

El **está estudiando** la lección.

4. With the past participle when it is used as an adjective.

Ya **está escrita** la carta.

ITEM SUBSTITUTION

1. El doctor Suárez está en su consultorio.   *Repitan.*
   El dentista _____.
   _____ en el centro.
   Los dos jóvenes _____.
   _____ enfermos.
   Las dos jóvenes _____.
   _____ aquí.
   Elena _____.
   _____ estudiando la lección.
   Nosotros _____.
   _____ hablando español.
   El _____.

2. El profesor es muy viejo.   *Repitan.*
   Mi madre _____.
   _____ joven.
   Diana _____.
   _____ rica.
   El médico _____.
   Los estudiantes _____.
   Mi novia _____.
   _____ bonita.
   María _____.
   _____ de la Argentina.

Los argentinos _____.
El señor Suárez _____.
_____ profesor.
Tu hermano _____.
_____ médico.

3. Mi padre es joven. *Repitan.*
   _____ en Chile.
   _____ aquí
   _____ dentista.
   _____ enfermo.
   _____ lejos.
   _____ rico.
   _____ pobre.
   _____ en casa.
   _____ americano.
   _____ en la Argentina.
   _____ de la Argentina
   _____ estudiando español.

Controlled Conversation

A. *The professor assigns to a student one of the questions by number. The student asks the question to a person of his choice, supplying the proper form of* **ser** *or* **estar**:

Pregúntele a _____
   1. si el profesor _____ muy viejo.
   2. si todos los estudiantes _____ aquí.
   3. si _____ estudiando español.
   4. si su camisa _____ blanca.
   5. si _____ de California.
   6. si _____ enfermo.
   7. si su novia _____ bonita.
   8. si su padre _____ médico.

B. Pregúntele a _____
   dónde está la novia de Roberto.
   si le duele la garganta.
   si el médico le dio algunas pastillas.
   si ha salido del país.
   si va a salir del país el año que viene.

si ha sufrido de alergia.
si estamos hablando español.
si los estudiantes son ricos.
si le ha dado el sarampión.
si es hora de almorzar.
si tomó el examen médico.

Personalized Questions

1. ¿Cuánto tiempo hace que estudia Ud. español?
2. ¿Ha estado Ud. enfermo?
3. ¿Ha estudiado Ud. la lección?
4. ¿Ha bailado Ud. con su novia?
5. ¿Ha decidido casarse el año que viene?
6. ¿No le han presentado a Juan?
7. ¿No ha tenido Ud. el gusto de conocerle?
8. Mi camisa es blanca. ¿De qué color es la suya?
9. ¿Le han hecho a Ud. un examen médico?
10. ¿De quién es este libro?
11. ¿Le duele la cabeza?
12. Yo voy a salir del país el mes que viene. ¿Y Ud.?
13. ¿Le ha dado el polio?
14. El es del Perú, ¿y usted?
15. El padre de ella es viejo, ¿y el suyo?
16. ¿Está en Madrid Ramón?
17. ¿Qué libro está Ud. leyendo?
18. ¿Está abierta la puerta?
19. ¿Por qué le dio pastillas verdes el médico?
20. ¿Son pobres todos los profesores?

Extemporization

1. EL VIAJE

Vocabulary: pasaporte, país, salir, médico, inyecciones, consultorio, enfermera, preguntas, alergia, pastillas, certificado, salud, costar.

Topic Ideas: 1. Tengo un pasaporte.
2. Visitaré a mi amigo en Sudamérica.
3. No he salido del país.

Questions: 1. ¿Cuándo vas a salir del país?
2. ¿Qué lugares de Sudamérica visitarías?
3. ¿Cuándo conseguiste el pasaporte?
4. ¿Qué médico te dio el examen?
5. ¿Qué preguntas te hizo?
6. ¿Cuánto te costó todo eso?

2. EN EL CONSULTORIO DEL MÉDICO

Vocabulary: enfermera, duele, garganta, estómago, mueles, oído, inyecciones, medicina, pastillas, fiebre, tos, receta, vitaminas.

Topic Ideas: 1. No me gustan las inyecciones.
2. Mi operación fue muy grave.
3. El médico me ha dado muchas pastillas.

Questions: 1. ¿Qué te duele?
2. ¿Hace mucho que te duele la garganta?
3. ¿Te han puesto ya las inyecciones?
4. ¿Qué pastillas has tomado para el dolor de cabeza?
5. ¿Te han operado de apendicitis?
6. ¿Le diste ya tu nombre y dirección a la enfermera?

Dialog Patterns

El Fin de Semana

Para divertirse durante el fin de semana Jaime y Guillermo han salido a las montañas para pescar en un lago. Están sentados sobre una gran roca cuando de repente Jaime grita:

JAIME — ¡Ay caray! Ya pesqué algo.
GUILLERMO — ¿Es grande?
JAIME — ¿Grande? ¿No ves como me tira la caña?
GUILLERMO — ¿Quieres que te ayude?
JAIME — Sí, dame la red, por favor.
GUILLERMO — ¡Qué bonita trucha!
JAIME — Ah sí, y con otra te gano.

Después de llegar al límite los dos jóvenes tienen tiempo para nadar. Se quitan la ropa, se ponen el traje de baño, y se lanzan al agua.

GUILLERMO — El último paga el refresco.
JAIME — ¡Huy! ¡Qué fría está el agua!
GUILLERMO — ¿Dónde aprendiste a nadar tan bien?
JAIME — En casa tenemos piscina.
GUILLERMO — Quiero que me enseñes a nadar y a zambullirme.
JAIME — Y, ¿cuándo piensas pagarme el refresco?

Vuelven a casa temprano porque a la noche habrá un baile. De modo que a las 9:30, acompañados de sus dos amigas, llegan y . . .

GUILLERMO — ¿Quieres bailar conmigo, Esperanza?
ESPERANZA — ¡Con mucho gusto! ¡Me gusta tanto esta orquesta!
GUILLERMO — Espero que pronto toquen un vals.
ESPERANZA — He oído decir que no te gustan las rumbas.
GUILLERMO — Pues, de vez en cuando sí, pero no mucho.
ESPERANZA — Esto me sorprende, porque bailas divinamente.

Spain: Costa Brava. (Spanish National Tourist Office, New York)

Dialog Patterns

The Weekend

To have a good time during the weekend, Jaime and Guillermo have gone to the mountains to fish in a lake. They are seated on a large rock when suddenly Jaime shouts:

JAIME — Hey, I already caught something!
GUILLERMO — Is it a big one?
JAIME — A big one? Can't you see how it's pulling my rod?
GUILLERMO — Do you want me to help you?
JAIME — Yes, hand me the net, please.
GUILLERMO — What a beautiful trout!
JAIME — You're right. One more and I'll be ahead of you.

After reaching their limit the two boys have time to swim. They take off their clothes, put on their bathing suits, and rush to the water.

GUILLERMO — The last one in buys the pop.
JAIME — Ouch! How cold the water is!
GUILLERMO — Where did you learn how to swim so well?
JAIME — We have a pool at home.
GUILLERMO — I want you to teach me how to swim and dive.
JAIME — And when do you intend to buy me the pop?

They return home early because at night there will be a dance. So at 9:30, accompanied by their two girl friends, they arrive and . . .

GUILLERMO — Will you dance with me, Esperanza?
ESPERANZA — With pleasure! I really like this orchestra!
GUILLERMO — I hope they soon play a waltz.
ESPERANZA — I've heard you don't like rumbas.
GUILLERMO — Well, once in a while yes, but not much.
ESPERANZA — This surprises me because you dance divinely.

The present subjunctive of regular verbs

The present subjunctive of all regular verbs and of most irregular verbs is formed by adding the following sets of endings to the first person singular stem of the present indicative:

habl-		aprend-		viv-	
-e	-emos	-a	-amos	-a	-amos
-es	[-éis]	-as	[-áis]	-as	[-áis]
-e	-en	-a	-an	-a	-an

The present subjunctive of irregular verbs

The following are examples of irregular verbs whose subjunctive stems are derived regularly:

Infinitive	Present Indicative	Present Subjunctive
hacer	hago	haga
poner	pongo	ponga
decir	digo	diga
salir	salgo	salga
tener	tengo	tenga
venir	vengo	venga
caer	caigo	caiga
traer	traigo	traiga
oír	oigo	oiga
conocer	conozco	conozca

There are six verbs, all very common, whose subjunctive stems cannot be derived in this way. They are:

dar — dé   estar — esté
ir — vaya   haber — haya
ser — sea   saber — sepa

The present subjunctive of stem-changing verbs

The following are examples of stem-changing verbs whose subjunctive stems are derived regularly:

Infinitive	Present Indicative	Present Subjunctive
cerrar	cierro	cierre
entender	entiendo	entienda
volver	vuelvo	vuelva
contar	cuento	cuente
pensar	pienso	piense

perder	pierdo	pierda
dormir	duermo	duerma
sentir	siento	sienta
servir	siervo	sirva
reír	río	ría
pedir	pido	pida

The subjunctive versus the indicative in the noun clause

A noun clause is a clause which is used as a noun, and it is generally the object of the main verb. It is always introduced by **que**.

Main Verb	*Noun Clause*
Quiero	**que me enseñen a nadar.**
(*I want*	*them to teach me to swim.*)

A. When the idea of the noun clause is influenced by an expression of desire, hope, like, dislike, approval, or disapproval in the main clause, *the subjunctive must be used.*

Influence exerted: Subjunctive in the noun clause.

Yo quiero que ella **baile**.
(*I want her to dance.*)

Dígales que **paguen** el refresco.
(*Tell them to pay for the refreshment.*)

No me gusta que **salgan** a pescar.
(*I do not like them to go fishing.*)

B. When the main verb serves only to report what is happening in the noun clause, *the indicative* is used.

Information reported: Indicative in the noun clause.

Yo sé que ella **baila** bien.
(*I know she dances well.*)

Dígales que yo **pago** el refresco.
(*Tell them that I shall pay for the refreshment.*)

Es que Ud. no me **escribe**.
(*The fact is that you do not write to me.*)

TENSE SUBSTITUTION

1. *Teacher:*   Yo sé que ella baila bien.
   Student: Yo sé que ella baila bien.

   Teacher: Espero _____.
   Student: Espero que ella baile bien.

2. Dicen que él viene.
   Quieren _que él viene_

3. Supongo que Ud. no puede venir.
   Siento _____.

4. Dicen que Ud. aprende rápido.
   Desean _____.

5. Dígales que Juan paga el refresco.
   Pídale a Juan que _____.

6. Me parece que salen a pescar.
   No me gusta _____.

7. El profesor sabe que le ayudamos.
   El profesor sugiere _____.

8. Es que Ud. no me escribe nunca.
   Prefiero _____.

9. Supongo que tienen una piscina en casa.
   Me alegro _____.

10. Saben que María se casa con José.
    No conviene que _____.

C. When the main clause expresses a possibility, doubt, or uncertainty regarding what is happening in the noun clause, the subjunctive is used.

   Possibility or uncertainty: Subjunctive in the noun clause.

> Es posible que ella me **acompañe**.
> (*It is possible that she will accompany me.*)
>
> Dudo que **tengan** una orquesta.
> (*I doubt they will have an orchestra.*)
>
> ¿Cree Ud. que **vuelvan** temprano?
> (*Do you think they will return early?*)

D. When the main clause expresses a certainty regarding what is happening in the noun clause, the indicative is used.

Certainty: Indicative in the noun clause.

> Es cierto que ella me **acompaña**.
> (*It is certain that she is going with me.*)
>
> Estoy seguro que **tienen** una orquesta.
> (*I am sure that they have an orchestra.*)
>
> Creo que **están** en casa.
> (*I believe they are home.*)

TENSE SUBSTITUTION

1. *Teacher:* Es cierto que ella me acompaña.
   Student: Es cierto que ella me acompaña.

   Teacher: Dudo _____.
   Student: Dudo que ella me acompañe.

2. Es verdad que están en casa.
   Es posible _____.

3. Alicia cree que el agua está fría.
   No creo _____.

4. Apuesto que en fútbol ganamos.
   Es probable _____.

5. Estoy seguro que tienen una orquesta.
   ¿Cree Ud. _____?

6. Dice que sabe bailar.
   Es importante _____.

ITEM SUBSTITUTION

1. Espero que toquen un vals. *Repitan.*
   _____ vengan temprano.
   _____ no esté enfermo.
   _____ duermas bien.
   _____ hablen español.
   _____ coman bien.
   _____ estudien la lección.

come

2. Dígale que venga mañana.   *Repitan.*
_____ venda el coche.
_____ estudie mucho.
_____ abra la ventana.   *open*
_____ cierre la puerta.
_____ baile con ella.
_____ vuelva temprano.

TENSE SUBSTITUTION

1. *Teacher:* ¿Estudia la lección Roberto?
   Student: No estoy seguro, pero espero que la estudie.

   ¿Toma este remedio Elena?
   ¿Compra el regalo María?
   ¿Paga el refresco Juanita?
   ¿Escucha los programas Ricardo?
   ¿Mira la televisión ella?

2. *Teacher:* ¿Va a comer la ensalada Renaldo?
   Student: Sí, quiero que la coma.

   vender la casa
   leer el periódico
   aprender la lección
   volver a tiempo
   entender la lección

3. *Teacher:* ¿Puede escribir la carta Samuel?
   Student: Sí, dígale que la escriba.

   abrir la ventana
   traer el libro
   estudiar la lección
   lavar los platos
   vender las bicicletas

4. *Teacher:* No sé nadar. ¿Quieres enseñarme?
   Student: Claro, es una lástima que no sepas nadar.

   zambullirme
   tocar fondo
   flotar en el agua
   nadar de espalda
   nadar bajo del agua

PATTERNED RESPONSE

1. *Teacher:* ¿Prefiere Ud. que venga Margarita mañana?
   Student: Sí, prefiero que Margarita venga mañana.

   vaya Pancho al cine
   salga yo en seguida
   sea rico el novio
   pesquen las muchachas por la mañana
   toquen un vals

2. *Teacher:* ¿Quiere Ud. que me ponga el sombrero?
   Student: No, no quiero que se ponga el sombrero.

   me acueste tarde
   me levante ahora
   me lave las manos
   me duerma en la clase
   me vista rápido

3. *Teacher:* ¿Es necesario que nosotros le paguemos el dinero?
   Student: Sí, es necesario que Uds. le paguen el dinero.

   le enseñemos a cantar
   le ayudemos con la lección
   le digamos la verdad
   le escribamos una carta
   le acompañemos a casa

ITEM SUBSTITUTION

1. Dudo que Uds. estudien mucho. *Repitan.*
   _____ él _____.
   Me alegro _____.
   _____ aprenda ____.
   Deseo _____.
   _____ tú _____.
   _____ hables ____.
   _____ ella _____.
   Siento _____.
   _____ se duerma en la clase.
   Es lástima _____.
   _____ el profesor _____.
   No creo _____.
   Deja _____.

2. Le digo a Ud. que venga temprano. *Repitan.*
   _____ a Uds. _____.
   _____ salgan _____.
   __ ruego _____.
   _____ se levanten ____.
   _____ a ti _____.
   __ aconsejo _____.
   _____ te acuestes ____.
   _____ después de comer.
   _____ duermas la siesta _____.
   _____ juegues al tenis _____.

3. *Use the indicative or the subjunctive as required.*

   Es cierto que él va al centro. *Repitan.*
   _____ nosotros _____.
   Es posible _____.
   _____ ellos _____.
   Puede ser _____.
   _____ Luis _____.
   Me alegro _____.
   _____ Ud. _____.
   El manda _____.
   _____ María _____.
   Espero _____.
   _____ ella _____.
   Parece extraño _____.
   _____ Uds. _____.
   Es verdad _____.
   _____ Juan _____.
   Yo creo _____.
   _____ ellos _____.

4. ¡Qué raro que Ud. no la conozca! *Repitan.*
   Es mejor _____.
   No importa _____.
   Es bueno _____.

5. Es difícil que lo traigan hoy. *Repitan.*
   Les mando _____.
   Me opongo a _____.
   Es probable _____.

6. Insisto en que lo oigan. *Repitan.*
¡Qué bueno _____!
Me alegro _____.
Prefiero _____.

The subjunctive with *ojalá* and *tal vez*

Ojalá ("God grant," "I hope") and **tal vez** ("perhaps") are used as verbs of attitude and therefore require the subjunctive.

ITEM SUBSTITUTION

1. Ojalá que ellas no estén enfermas. *Repitan.*
_____ el médico _____.
_____ no me ponga inyecciones.
_____ dé _____.
_____ pastillas verdes.
_____ venga pronto.
_____ ellos _____.
_____ llueva mañana.

2. Tal vez él no venga mañana. *Repitan.*
_____ ellos _____.
_____ lleguen _____.
_____ temprano.
_____ nosotros _____.
_____ a tiempo.

3. *Use the indicative or the subjunctive as required.*

Ojalá que venga pronto. *Repitan.*
Es necesario _____.
Le pido _____.
Le ruego _____.

Controlled Conversation

1. *Teacher:* Dígale a _____ que abra la ventana.
First Student: El profesor quiere que abras la ventana.
Second Student: Bueno, si él quiere, la voy a abrir.

que cierre la puerta.
que escuche el programa esta noche.

que lea el periódico antes de acostarse.
que estudie la lección día y noche.
que compre el regalo en el centro.
que coma la ensalada en seguida.
que tome el jugo de naranja ahora.
que baile la rumba en la clase.
que se levante temprano.
que se lave los dientes después de comer.
que no venga tarde a la clase.
que no vaya al cine esta noche.
que vaya a pescar al lago.
que vaya a nadar en la piscina.
que se acueste temprano esta noche.
que se levante temprano todos los días.

2. *Teacher:* Dígale a _____ que baile el jarabe tapatío.
   First Student: _____, baila el jarabe tapatío.
   Second Student: Bueno, lo voy a bailar.

que toque el piano.
que estudie la lección.
que haga el trabajo.
que diga la verdad.
que se acueste ahora.
que se levante ahora.
que se lave los dientes.

Personalized Questions

1. ¿Quiere Ud. que yo le ayude con la lección?
2. ¿Tiene Ud. una caña de pescar?
3. ¿Le parece extraño que no haya trucha en el río?
4. ¿Tiene Ud. piscina en casa?
5. ¿Habrá baile esta noche?
6. ¿Ha nadado Ud. en el océano?
7. ¿Ha oído Ud. decir que los estudiantes no estudian mucho?
8. ¿Le gusta la rumba tanto como el baile " rock "?
9. ¿Duda Ud. que Roberto sepa nadar?
10. ¿Cuándo piensa aprender de memoria todos los verbos irregulares?
11. ¿Es posible que llueva mañana?
12. ¿Es verdad que Ud. no estudia mucho?
13. ¿Siente Ud. que María esté enferma?
14. ¿Qué Uhizo d. anoche?

15. ¿Cuántos años tendrá Elena?
16. ¿Cree Ud. que Guillermo venga más tarde?
17. ¿Quiere Ud. que yo haga todo el trabajo?
18. ¿Es cierto que Ud. no tiene que trabajar?
19. ¿Quiere Ud. bailar el jarabe tapatío?
20. ¿Quiere comprarnos un refresco?

Extemporization

1. EN EL LAGO

Vocabulary: fin de semana, amiga, pescar, roca, caña, red, trucha, nadar, zambullirse, traje de baño.

Topic Ideas: 1. La semana pasada fuimos al lago.
     2. Me gusta pescar.
     3. No sé nadar.

Questions: 1. ¿Habías ido a ese lugar la semana anterior?
     2. ¿Qué hiciste en el lago?
     3. ¿Qué usas para pescar?
     4. ¿Quieres que te enseñe a nadar?
     5. ¿Se puede pescar sin caña?
     6. ¿Qué día fuiste al lago?

2. LA FIESTA

Vocabulary: orquesta, bailar, tocar, vals, rumba, de vez en cuando, siempre, enseñar.

Topic Ideas: 1. Una gran fiesta.
     2. Me gusta bailar.
     3. Los bailes latinos.

Questions: 1. ¿A qué hora es la fiesta en la casa de tu amigo?
     2. ¿Qué te gustaría bailar, una rumba o un vals?
     3. ¿Tocará una rumba la orquesta?
     4. ¿Quieres que tu amigo te enseñe a bailar el cha-cha-cha?
     5. ¿Habrá baile con orquesta?
     6. ¿Bailas siempre la rumba, o de vez en cuando?

Santiago, Chile: Teenagers. (Fujihira from Monkmeyer)

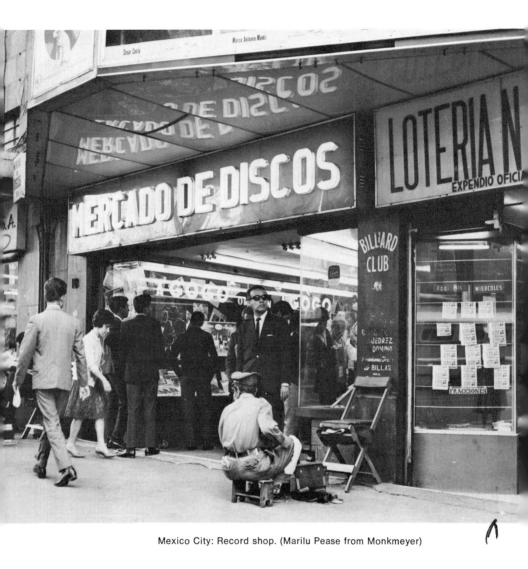

Mexico City: Record shop. (Marilu Pease from Monkmeyer)

Dialog Patterns

La Discoteca

La discoteca se encuentra en un barrio moderno de la ciudad donde hay tiendas muy elegantes. Unos jóvenes de la universidad entran en la agencia para curiosear:

JUAN — ¿Tienen Uds. ese disco fantástico que acaban de grabar "Los Tres Caballeros"?

SEÑORITA — ¿"El jarabe loco"?

JUAN — Sí, ése es. Lo tocan en todas partes ahora.

SEÑORITA — Lo siento mucho pero no lo tenemos en disco de larga duración. Está agotado.

ROBERTO — ¿Lo tienen en 45 o 78?

SEÑORITA — Sólo tenemos éste que es de 78, pero no es de alta fidelidad y temo mucho que no le guste.

JUAN — Yo quiero un disco que sea de larga duración. Si no, no vale la pena.

ROBERTO — A ver si tienen Uds. el viejo álbum de Carlos Campos. Es el que tiene tantos ritmos típicos de Latinoamérica.

SEÑORITA — Creo que está aquí con los boleros y tangos.

ROBERTO — ¿Sería posible escucharlo?

SEÑORITA — Sí, ¡cómo no! Este les va a gustar mucho. Carlos Campos es un artista de primera categoría y toca muy bien.

JUAN — Si Ud. quiere, lo pongo.

SEÑORITA — Bueno, pasen. Aquí está la cabina y ahí tienen Uds. el tocadiscos.

ROBERTO — ¡Qué feo está este disco!

JUAN — Parece que está rayado.

LUIS — Y además está roto. Fíjate.

JUAN — Señorita, este disco no sirve ya. Está roto y rayado.

SEÑORITA — Perdone Ud. No quiero venderle un disco que no esté en buenas condiciones.

ROBERTO — Nos da igual, señorita. De todos modos no tenemos dinero. Queríamos nada más pasar el rato.

Dialog Patterns

The Record Shop

The record shop is in a modern district of the city where there are very elegant stores. Some young men from the university go into the shop to look around.

JUAN — Do you have that wonderful record that "Los Tres Caballeros" have just recorded?

SEÑORITA — "El jarabe loco"?

JUAN — Yes, that's it. They are playing it everywhere now.

SEÑORITA — I'm sorry but we do not have it on a long-playing record. It's sold out.

ROBERTO — Do you have it on 45 or 78?

SEÑORITA — We only have this one which is on 78, but it is not high fidelity and I am afraid you won't like it.

JUAN — I want a record that is long-playing. Otherwise, it isn't worth it.

ROBERTO — Let's see if you have the old album of Carlos Campos. It's the one that has so many typical Latin American rhythms.

SEÑORITA — I believe it is over here with the boleros and tangos.

ROBERTO — Would it be possible to listen to it?

SEÑORITA — Yes, of course. You will like this one a lot. Carlos Campos is a first-rate artist and plays very well.

JUAN — If you wish I'll put it on.

SEÑORITA — All right, come on. Here is the booth and there is the record player.

ROBERTO — This record is really terrible (ugly).

JUAN — It seems to be scratched.

LUIS — And besides it's broken. Look.

JUAN — Miss, this record is no longer good. It's broken and scratched.

SEÑORITA — Pardon me. I don't want to sell you a record that is not in good condition.

ROBERTO — It's all the same to us, Miss. Anyway, we don't have any money. We just wanted to pass the time away.

The subjunctive versus the indicative in the adjective clause

An adjective clause is a clause which modifies a noun or a pronoun.

Noun	*Adjective Clause*
Tengo un **disco**	**que es caro.**

Pronoun	*Adjective Clause*
Aquí hay **alguien**	**que lo sabe.**

The verb of the adjective clause is in the indicative if the noun or pronoun modified is a definite object or person predetermined in the mind of the speaker. Otherwise it is in the subjunctive.

A. A definite object or person: Indicative in the adjective clause.

Tengo un **disco** que **es** de larga duración.

In the mind of the speaker this is a definite record which is in his possession. Therefore, the verb of the adjective clause is in the indicative mood.

B. Not a definite object or person: Subjunctive in the adjective clause.

Quiero un **disco** que **sea** de larga duración.

In the mind of the speaker this is a record which he is seeking. He may not find one, or there may not be one. Therefore, the verb of the adjective clause is in the subjunctive mood.

C. Not a definite person: Subjunctive in the adjective clause.

¿Hay un **muchacho** que **diga** la verdad?

In the mind of the speaker there is no definite person. This occurs frequently in questions or in negative statements.

QUESTION–ANSWER

Compare the following pairs of questions and answers. Practice them until you are able to answer the questions correctly with your text closed.

1. ¿Quiere Ud. un disco que esté rayado? *Contesten.*
   No, no quiero un disco que esté rayado.

2. ¿Quiere Ud. el disco que está rayado?
No, no quiero el disco que está rayado.

3. ¿Vamos a grabar un disco que sea barato?
Sí, vamos a grabar un disco que sea barato.

4. ¿Trabaja aquí una muchacha que hable inglés?
Sí, aquí trabaja una muchacha que habla inglés.

5. ¿Hay aquí alguien que hable ruso?
No, aquí no hay nadie que hable ruso.

6. ¿Compró Ud. ese album que tiene música tropical?
Sí, compré uno que tiene música tropical.

7. ¿Conoce Ud. a alguien que tenga un tocadiscos?
Sí, yo conozco a un muchacho que tiene uno.

PATTERNED RESPONSE

1. *Teacher:*   ¿Hay estaciones de radio que toquen sólo valses?
   Student: No, no hay estaciones de radio que toquen sólo valses.

   ¿Tiene Ud. un tocadiscos que toque bien?
   ¿Busca Ud. una novia que sea bonita?
   ¿Hay una casa por aquí que tenga ventanas azules?
   ¿Hay un restorán por aquí donde sirvan helados?
   ¿Le hace falta un auto que sea económico?
   ¿Quiere Ud. comprar un disco que esté rayado?

2. *Teacher:*   ¿Hay estaciones de radio que toquen sólo valses?
   Student: Sí, hay estaciones de radio que tocan sólo valses.

   ¿Hay un muchacho que diga la verdad?
   ¿Tiene Ud. un tocadiscos que toque bien?
   ¿Hay una casa por aquí que tenga ventanas azules?
   ¿Hay un restorán por aquí donde sirvan helados?

TENSE SUBSTITUTION

1. *Teacher:*   Busco a la señorita que conoce el disco.
   Student: Busco una señorita que conozca el disco.

2. Necesito la muchacha que habla inglés.
   ———————— una ————————————.

3. Prefiero la casa que tiene muchos cuartos.
   ———— una ———————————————.

4. Siempre compras el disco que te gusta más.
   Puedes comprar ————————————————.

5. Ella es la joven que trabaja conmigo.
   Busco una ——————————————.

6. Ud. es el que más aprende.
   Se lo daré al que ————————.

   a él

ITEM SUBSTITUTION

Busco un disco que tenga ritmos latinos.   *Repitan.*
¿Dónde hay ————————————————?
¿ ———————————————— música tropical?
Pongan ————————————————————.
———————————————— música clásica.
Quiero comprar ————————————————.
———————————————— música contemporánea.
Escuchemos ——————————————————.
———————————————— canciones mexicanas.
Ud. busca ——————————————————.
———————————————— pasodobles.
Luis quiere ————————————————.
———————————————— muchos tangos.

PATTERNED RESPONSE

1. *Teacher:*   ¿No hay nadie aquí que hable ruso?
   Student: No, aquí no hay nadie que hable ruso.
                (Sí, ahí va un señor que habla ruso.)

sepa bailar rumba	me lo dé	lo compre
pueda hacerlo	me lo traiga	lo lleve
tenga un tocadiscos	me lo diga	lo toque

2. *Teacher:*   ¿Conoce Ud. a alguien que toque el piano?
   Student: Sí, yo conozco a una señora que toca el piano.
                (No, yo no conozco a nadie que toque el piano.)

   tenga un tocadiscos
   cante bien
   escriba novelas

diga siempre la verdad
sea comunista
trabaje quince horas al día
hable perfectamente el español

Indirect commands

An indirect command always requires the present subjunctive, in the third person singular or plural, and is always introduced by **que**. The indirect command may be considered an elliptical form with the main clause eliminated.

Quiero **que se vaya.** (*I want him to go.*)
Que se vaya. (*Let him go.*)
(*May he go.*)
(*Have him go.*)

TENSE SUBSTITUTION

1. *Teacher:* Juan quiere escucharlo.
   Student: Pues, que lo escuche.

   Roberto quiere tocarlo.
   La señorita quiere traerlo.
   Juan quiere comprarlo.
   Luis quiere pagarlo.

2. *Teacher:* ¿Canto yo o canta él?
   Student: Que cante él.

   ¿Voy yo o va él?
   ¿Leo yo o lee él?
   ¿Toco yo o toca él?
   ¿Pago yo o paga él?

3. *Teacher:* ¿Lo traigo yo?
   Student: No, que no lo traiga.

   ¿Lo escribo yo?
   ¿Lo compro yo?
   ¿Lo lavo yo?
   ¿Lo pido yo?
   ¿Lo vendo yo?
   ¿Lo digo yo?

The subjunctive in the noun clause—review

VERB STRUCTURE DRILLS

A. The present subjunctive of **conocer**.

conozca	conozcamos
conozcas	[conozcáis]
conozca	conozcan

1. El quiere que *Ud.* lo conozca.   *Repitan.*

   tú, yo, nosotros, ella, Roberto

2. ¿Quiere Ud. que yo lo conozca?   *Contesten.*
   ¿Quiere Ud. que él lo conozca?
   ¿Quiere Ud. que ellos lo conozcan?
   ¿Quiere Ud. que Juan lo conozca?
   ¿Quiere Ud. que nosotros lo conozcamos?
   ¿Quiere Ud. que ella lo conozca?

B. The present subjunctive of **poner**.

ponga	pongamos
pongas	[pongáis]
ponga	pongan

1. El prefiere que *yo* no lo ponga ahí.   *Repitan.*

   tú, Ud., Uds., ella, ellos, nosotros

2. ¿Prefiere Ud. que yo no lo ponga ahí?   *Contesten.*
   Sí, prefiero que Ud. no lo ponga ahí.

   ¿Prefiere Ud. que él no lo ponga ahí?
   ¿Prefiere Ud. que nosotros no lo pongamos ahí?
   ¿Prefiere Ud. que ella no lo ponga ahí?
   ¿Prefiere Ud. que ellos no lo pongan ahí?
   ¿Prefiere Ud. que Juan no lo ponga ahí?

C. The present subjunctive of **salir**.

salga	salgamos
salgas	[salgáis]
salga	salgan

1. Dudo que *él* salga hoy.   *Repitan.*

   Ud., nosotros, ella, ellos, Uds., Juan

2. ¿Cree Ud. que él salga hoy?   *Contesten.*
   No, yo no creo que él salga hoy.
   (Sí, yo creo que él sale hoy.)

   ¿Cree Ud. que nosotros salgamos hoy?
   ¿Cree Ud. que ellos salgan hoy?
   ¿Cree Ud. que ella salga hoy?
   ¿Cree Ud. que María y Juan salgan hoy?

D. The present subjunctive of **caerse** (*to fall down*).

me caiga	nos caigamos
te caigas	[os caigáis]
se caiga	se caigan

1. Temo que *ella* se caiga.   *Repitan.*

   nosotros, Ud., ellos, Juan, ella

2. ¿No teme Ud. que ella se caiga?   *Contesten.*
   Sí, temo que se caiga.

   ¿No teme Ud. que nosotros nos caigamos?
   ¿No teme Ud. que ellos se caigan?
   ¿No teme Ud. que Juan se caiga?
   ¿No teme Ud. que ella se caiga?

E. The present subjunctive of **traer**.

traiga	traigamos
traigas	[traigáis]
traiga	traigan

1. Dígale (*a él*) que lo traiga en seguida.   *Repitan.*

   a ellos, a Juan, a Luis, a los chicos, a los dependientes

2. ¿Quiere Ud. que él traiga el dinero?   *Contesten.*
   ¿Quiere Ud. que ellos traigan el dinero?
   ¿Quiere Ud. que Juan traiga el dinero?
   ¿Quiere Ud. que los chicos traigan el dinero?
   ¿Quiere Ud. que el dependiente traiga el dinero?

F. The present subjunctive of **saber**.

sepa	sepamos
sepas	[sepáis]
sepa	sepan

1. Es urgente que *él* lo sepa cuanto antes.   *Repitan.*

   Ud., tú, nosotros, ellos, ella

2. ¿Es urgente que él lo sepa ahora?   *Contesten.*
   ¿Es urgente que Ud. lo sepa ahora?
   ¿Es urgente que ellos lo sepan ahora?
   ¿Es urgente que ella lo sepa ahora?
   ¿Es urgente que nosotros lo sepamos ahora?

G. The present subjunctive of **pedir**.

pida	pidamos
pidas	[pidáis]
pida	pidan

1. Pídale (*a él*) que venga mañana.   *Repitan.*

   a ella, a Juan, a ellos, a Luis

2. ¿Quiere Ud. que yo le pida el dinero?   *Contesten.*
   ¿Quiere Ud. que ellas le pidan el dinero?
   ¿Quiere Ud. que Juan le pida el dinero?
   ¿Quiere Ud. que nosotros le pidamos el dinero?
   ¿Quiere Ud. que Luis le pida el dinero?

H. The present subjunctive of **hacer**.

haga	hagamos
hagas	[hagáis]
haga	hagan

1. El insiste en que *Ud.* lo haga ahora.   *Repitan.*

   yo, Uds., nosotros, Juan, ellos

2. ¿Insiste él en que yo lo haga ahora?   *Contesten.*
   ¿Insiste él en que Ud. lo haga ahora?
   ¿Insiste él en que nosotros lo hagamos ahora?
   ¿Insiste él en que Juan lo haga ahora?
   ¿Insiste él en que ellos lo hagan ahora?

Controlled Conversation

Pregúntele a ———— si prefiere una novia que sea bonita.
qué prefiere.
qué busca.
qué le hace falta.
si duda que Juan venga.
si es posible que vaya al centro.
si es probable que Pablo llegue temprano.
si conoce a alguien que hable ruso.
si le gusta la música clásica.
si le gustan las canciones mexicanas.

Personalized Questions

1. ¿Tiene Ud. muchos discos?
2. ¿Tiene Ud. un tocadiscos que toque bien?
3. ¿Qué música prefiere Ud. para bailar?
4. ¿Conoce Ud. a alguien que toque el piano?
5. ¿A Ud. le hace falta un piano?
6. ¿Busca Ud. un disco que tenga ritmos latinos?
7. ¿Le gusta a Ud. la música tropical?
8. ¿Conoce Ud. a alguien que hable ruso?
9. ¿Quiere Ud. que él conozca a su novia?
10. ¿Prefiere Ud. que yo no lo ponga ahí?
11. ¿Cree Ud. que él salga hoy?
12. ¿No teme Ud. que ella se caiga?
13. ¿Insiste Ud. en que lo haga ahora?
14. ¿Hay alguien aquí que tenga un tocadiscos?
15. ¿No tienen discos que sean económicos?
16. ¿Cree Ud. que ella venga mañana?
17. ¿Duda Ud. que yo tenga veinte años?
18. ¿Quiere Ud. que le preste diez dólares?
19. ¿Cree Ud. que él sepa nadar?
20. ¿Quiere Ud. que se lo traiga?
21. ¿Quiere Ud. que le pida dinero?
22. ¿Qué le hace falta?
23. ¿Qué busca su compañero?
24. ¿Qué quiere Ud.?
25. ¿Qué prefiere Ud.?
26. ¿En qué insiste ella?
27. ¿De qué se alegra Ud.?

Extemporization

1. LOS DISCOS

Vocabulary: discoteca, tocadiscos, rayado, preferir, alta fidelidad, estereofónico, fantástico, álbum, larga duración, grabar. *cut a record*

Topic Ideas: 1. Tengo un tocadiscos estereofónico.
2. Los discos que más me gustan.
3. Son caros los discos.

Questions: 1. ¿Dónde se puede comprar discos aquí?
2. ¿Te gustan los discos de alta fidelidad o estereofónicos?
3. ¿Querrías grabar un disco?
4. ¿Son los discos de 78 de larga duración?
5. ¿Compras discos que no sean estereofónicos?
6. Ese disco se cayó. ¿No temes que esté rayado?

2. LA MÚSICA

Vocabulary: clásica, tropical, ritmo, típico, artista, categoría, preferir.

Topic Ideas: 1. Prefiero la música clásica.
2. La música típica de Latinoamérica.
3. Son muchos los ritmos latinoamericanos.

Questions: 1. ¿Te gusta la música clásica o la tropical?
2. ¿Qué ritmo prefieres?
3. ¿Quién es un artista de primera categoría de música clasica?
4. ¿Es Van Cliburn un artista de música tropical?
5. ¿Te gustan los ritmos típicos latinoaméricanos?
6. ¿Quién es tu artista preferido?

A. Complete the sentences using **por** or **para** as required.

1. Esa carta es _____ mí.
2. Estuvimos ahí _____ cuatro horas.
3. Salió ayer _____ Nueva York.
4. Se lo vendí _____ cien pesos.
5. Necesitamos el traje _____ las siete.

B. Write in the blank the letter of the corresponding correct answer.

_____1. ¿Cuánto tiempo hace que   a. La vi hace dos meses.
     estudia Ud.?
_____2. ¿Hace mucho que habla ese señor?   b. Lo vi hace una hora.
_____3. ¿Cuánto tiempo hace que no vas   c. Sí, hace más de una hora.
     al cine?
_____4. ¿Cuándo vio Ud. esa película?   d. Hace una hora.
_____5. ¿Cuándo lo vio Ud.?   e. Hace más de un mes que no
        voy.

C. Answer the questions as in the example.

Example: ¿Cuando escribirá Ud. las cartas? **Ya las he escrito.**

1. ¿Cuándo abrirá Ud. la puerta?
2. ¿Cuándo venderá Ud. el caballo?
3. ¿Cuándo se lavará Ud. las manos?
4. ¿Cuándo hablarán ellos?
5. ¿Cuándo saldrá Carlos del hospital?

D. Answer the question as in the example.

Example: ¿Comió Ud. el postre? **No, ya lo habían comido ellos.**

1. ¿Trajeron Uds. el libro?
2. ¿Lavaron Uds. los platos?

235

Pablo Picasso (1881-), *The Rape of the Sabines.* (Courtesy Boston Museum of Fine Arts: Juliana Cheney Edwards Collection, Fanny P. Mason Fund, Robert J. Edwards Fund)

3. ¿Salieron Uds. primero?
4. ¿Escribieron Uds. la noticia?
5. ¿Hicieron Uds. la comida?

E. Answer the questions using the stressed possessive adjective as in the example.

Example: ¿Es de él esa medicina? Sí, es **suya**.

1. ¿Es de Ud. esa blusa?
2. ¿Es de nosotros ese libro?
3. ¿Son de ellos esas medias?
4. ¿Son de él esos papeles?
5. ¿Es de ella esa camisa?

F. Give the proper form of the possessive pronoun as in the example.

Example: Este reloj es nuevo.   (Ud.)   **El suyo** es viejo.
                                                El de Ud. es viejo.

1. Estos zapatos son nuevos.   (él)   _____ son viejos.
                                             _____ son viejos.
2. Estas cámaras son nuevas.   (ella)   _____ son viejas.
                                               _____ son viejas.
3. Este traje es nuevo.   (nosotros)   _____ es viejo.
                                            _____ es viejo.
4. Esta falda es nueva.   (ellos)   _____ es vieja.
                                          _____ es vieja.
5. Estos vestidos son nuevos.   (Ud.)   _____ son viejos.
                                               _____ son viejos.

G. Complete the sentences using a form of **ser** or **estar** as required by the context.

1. Este lápiz _____ de Ud.
2. El profesor _____ viejo.
3. El estudiante _____ en la clase.
4. Mi padre _____ estudiando español.
5. La puerta _____ abierta.
6. Su novia _____ muy bonita.
7. María _____ de la Argentina.
8. Nuestra casa _____ blanca.
9. Su mamá _____ enferma.
10. Carlos _____ pobre.

H. Use the indicative or the subjunctive of the verb **ir** as required.

1. Es cierto que él _____ al centro.
2. Deseo que él _____ al centro.
3. Yo creo que él _____ al centro.
4. Es lástima que él _____ al centro.
5. Dígale que él _____ al centro.
6. Ella manda que él _____ al centro.
7. No importa que él _____ al centro.
8. Es verdad que él _____ al centro.
9. Ojalá que él _____ al centro.
10. He oído que él _____ al centro.

I. Use the subjunctive or the indicative of the verb as required.

1. Ella es la joven que _____ (trabajar) conmigo.
2. ¿Conoce Ud. a alguien que _____ (tener) un tocadiscos?
3. Quiero un disco que _____ (ser) de larga duración. *long playing.*
4. Busco una novia que _____ (bailar) bien.
5. No hay nadie aquí que _____ (hablar) ruso.

J. Complete the sentence as in the example.

Example: Luisa es más lista que Juan.

Sí, pero María **es la más lista de todos.**

1. Juana es más inteligente que yo.
   Sí, pero estos muchachos son _____ de todos.
2. Este perro es más perezoso que el suyo.
   Sí, pero aquél es _____ de todos.
3. Su torta es más deliciosa que la mía.
   Sí, pero ésta es _____ de todas.
4. Nuestro profesor es más joven que el suyo.
   Sí, pero éste es _____ de todos.
5. Estas montañas son más altas que ésas.
   Sí, pero aquéllas son _____ de todas.

K. Complete the sentences using **de** or **que** as required.

1. María es más bonita _____ ella.
2. Tengo menos _____ cinco dólares.
3. Aquí hay más _____ veinte estudiantes.
4. No duermo más _____ Ud.
5. Este libro es mejor _____ aquél.

Culture Capsule

El Día del Santo

En Latinoamérica se celebran muchos santos.[1] Dicen que hay uno para cada día del año. En casi todos los almanaques[2] hay una lista completa de los nombres de los santos. Los padres, muchas veces, nombran[3] a los niños según el día en que nacen. Por ejemplo, el 16 de julio es el día de la Virgen del Carmen. Por lo tanto,[4] una niña nacida ese día se llamará Carmen.

Muchas veces los padres le dan al niño el nombre de su padre o de algún tío favorito. Por ejemplo, el niño nace el día 24 de enero y sus padres le nombran Luis. En este caso el niño tiene dos días que se celebran — su cumpleaños que es el día 24 de enero y el día de su santo que es el día 25 de junio.

[1] se celebran muchos santos *many saints are honored*
[2] almanaques *calendars*
[3] nombran *they name*
[4] por lo tanto *therefore*

QUESTION–ANSWER

1. ¿Cuántos santos se celebran en Latinoamérica?
2. ¿Cuándo es el día de la Virgen del Carmen?
3. ¿Por qué tiene Luis dos días que se celebran?
4. ¿Cuándo es el cumpleaños de Ud.?
5. ¿Tiene Ud. un santo favorito?
6. ¿Tiene alguien en la clase el nombre de su padre?
7. ¿Tiene Ud. un tío favorito?

Toledo: Tienda de Artesania. (Spanish National Tourist Office, New York)

Lima, Peru: Sidewalk newsstand. (Philip Gendreau)

Dialog Patterns

El Periódico

La familia Pérez acostumbra leer el periódico después de comer. El Sr. Pérez está discutiendo con la Sra. Pérez una noticia que protesta la falta de confianza entre las naciones del mundo.

SR. PÉREZ — A mí me parece que siempre hay una guerra fría.

SRA. PÉREZ — Tienes razón. Y aunque el presidente vaya al extranjero, dudo que tenga éxito.

SR. PÉREZ — De todos modos tiene que ir para llegar a un acuerdo con los líderes de Europa.

SRA. PÉREZ — Recuerdo bien lo que aconteció la última vez.

SR. PÉREZ — A mi parecer, se promete una cosa y se hace otra.

Las dos señoritas Pérez buscan primero la sección social . . .

MARTA — ¡Fíjate! Pablo y María acaban de casarse.

PILAR — Se me olvidó decirte que telefoneó ella el otro día para despedirse.

MARTA — ¡No me digas! ¡Qué hombre más guapo ese Pablo!

PILAR — Van a México en su luna de miel.

MARTA — Y además de guapo es rico.

PILAR — No van a volver hasta que hayan visto todo lo interesante.

MARTA — De manera que yo también voy a casarme cuanto antes con un hombre que tenga mucho dinero.

PILAR — Debes darte prisa. Ya tienes casi trece años.

Los dos muchachos Pérez no leen más que la sección deportiva.

ERNESTO — ¡Qué barbaridad! Ese Chico Martínez bateó otro jonrón.

DAVID — Y los Yanquis ganan en la Liga Americana, ¿no?

ERNESTO — Por supuesto. Y antes de que termine la temporada habrán ganado el campeonato.

DAVID — ¿No jugaron anoche con los Senadores?

ERNESTO — Sí, y el tanteo fue 6 a 0.

Dialog Patterns

The Newspaper

The Pérez family is accustomed to reading the newspaper after dinner. Mr. Pérez is discussing with Mrs. Pérez an article that is protesting the lack of confidence among the nations of the world.

MR. PÉREZ — It seems to me there's always a cold war.

MRS. PÉREZ — You're right. And even though the president is going abroad, I doubt he will be successful.

MR. PÉREZ — At any rate he has to go in order to reach an agreement with the European leaders.

MRS. PÉREZ — I remember well what happened the last time.

MR. PÉREZ — It seems to me they promise one thing and do another.

The two young Pérez girls look first for the society section.

MARTA — Imagine! Pablo and María just got married.

PILAR — I forgot to tell you that she called the other day to say good-bye.

MARTA — Don't tell me! My, what a handsome fellow that Pablo is!

PILAR — They are going to Mexico on their honeymoon.

MARTA — And besides being handsome he is rich.

PILAR — They aren't returning until they've seen everything of interest.

MARTA — As soon as possible I too am going to marry a man who has lots of money.

PILAR — You'd better hurry. You're almost thirteen now.

The two Pérez boys only read the sports section.

ERNESTO — Good grief! That Chico Martínez knocked another home run.

DAVID — The Yankees are winning in the American League, aren't they?

ERNESTO — Of course. And before the season ends they'll have won the championship.

DAVID — Didn't they play the Senators last night?

ERNESTO — Yes, and the score was 6 to 0.

The subjunctive versus the indicative in the adverbial clause

A. An adverbial clause is a clause which is introduced by a conjunction and which modifies the verb in the main clause. The following conjunctions always take the subjunctive:

antes (de) que *before*   **a menos que** *unless*
para que *in order that*   **con tal (de) que** *provided*
sin que *without*

Main Verb	Adverbial Clause
Quiero hacerlo	**antes de que Ud. lo haga.**
(*I want to do it*	*before you do it.*)

Main Verb	Adverbial Clause
Iré	**para que Ud. vaya también.**
(*I will go*	*in order that you may go too.*)

TENSE SUBSTITUTION

1. *Teacher:* ¿Hará Ud. el trabajo?
   Student: Sí, quiero hacerlo antes (de) que Ud. lo haga.

     ¿Comerá Ud. la ensalada?   ¿Estudiará Ud. la lección?
     ¿Leerá Ud. el periódico?   ¿Pedirá Ud. el dinero?

2. *Teacher:* ¿Va Ud.?
   Student: Sí, voy para que vaya Ud. también.

     ¿Trabaja Ud.?   ¿Nada Ud.?
     ¿Lee Ud.?   ¿Juega Ud.?
     ¿Pesca Ud.?

3. *Teacher:* ¿Va a leerlo?
   Student: Sí, pero no sin que Ud. lo lea también.

     decirlo   buscarlo
     terminarlo   comerlo
     llevarlo   estudiarlo

4. *Teacher:* ¿Entrará Ud. más tarde?
   Student: No entraré a menos que Ud. entre también.

     ¿Saldrá Ud. temprano?
     ¿Subirá Ud. ahora?
     ¿Volverá Ud. pronto?
     ¿Irá Ud. mañana?
     ¿Vendrá Ud. esta noche?

5. *Teacher:*   ¿Bailará Ud.?
   Student: Yo bailaré con tal (de) que Ud. baile también.

¿Cantará Ud.?	¿Trabajará Ud.?
¿Comerá Ud.?	¿Comenzará Ud.?

B. The indicative is used with the following conjunctions if the clause refers to something that has already occurred, is presently occurring, or usually occurs. The subjunctive is used with these same conjunctions if the clause refers to something that has yet to occur or something regarded as nonfactual.

cuando	*when*	**aunque**	*although*
hasta que	*until*	**mientras**	*while*
tan pronto como	*as soon as*	**después que**	*after*

1. Something which has yet to occur: Subjunctive in the adverbial clause.

No comeremos hasta que **llegue** Carlos.
Le hablaremos mientras **esté** aquí.
Dígale tan pronto como **venga**.

2. Something regarded as nonfactual: Subjunctive in the adverbial clause.

Aunque **esté** en casa no hablará con Ud.
Aunque él lo **diga** no lo voy a creer.

PATTERNED RESPONSE

1. *Teacher:*   ¿Cuándo comerán ellos?
   Student: Comerán cuando lleguen.

   ¿Cuándo comeremos?
   ¿Cuándo comerá Carlos?
   ¿Cuándo comerán las señoras?

2. *Teacher:*   ¿Está en casa Carlos?
   Student: Aunque esté en casa no hablará.

   ¿Están en casa ellos?   ¿Está en casa su mamá?
   ¿Están en casa sus padres?

3. *Teacher:*   ¿Se lo dijo él?
   Student: Sí, y aunque me lo dijo no lo creo.

   ¿Se lo dijeron ellos?   ¿Se lo dijeron los maestros?
   ¿Se lo dijo María?

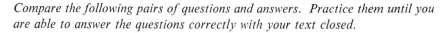

Compare the following pairs of questions and answers. Practice them until you are able to answer the questions correctly with your text closed.

1. ¿Hará él las preguntas? *Contesten.*
   Sí, las hará cuando venga.

   ¿Hizo él las preguntas?
   Sí, las hizo cuando vino.

2. ¿Tomará Juan pastillas verdes?
   Sí, va a tomarlas hasta que se sienta mejor.

   ¿Toma tu hermano pastillas verdes?
   Sí, las toma hasta que se siente mejor.

3. Mientras esté aquí, ¿quiere hablarle?
   Sí, quiero hablarle mientras esté aquí.

   ¿Lee Ud. el periódico mientras come?
   Sí, leo el periódico mientras como.

4. ¿Se lo dirá Ud. tan pronto como llegue?
   Sí, se lo diré tan pronto como llegue.

   ¿Se lo dijo Ud. tan pronto como llegó?
   Sí, se lo dije tan pronto como llegó.

5. ¿Irá Ud. aunque haga mal tiempo?
   Sí, iré aunque haga mal tiempo.

   ¿Va Ud. aunque hace mal tiempo?
   Sí, voy aunque hace mal tiempo.

STRUCTURE SUBSTITUTION

1. *Teacher:* ¿Qué hacen cuando viene él?
   Student: ¿Qué hacen cuando viene él?

   Teacher: harán
   Student: ¿Qué harán cuando venga él?

2. Casi siempre estudio en cuanto llego a casa.
   Esta noche estudiaré _____.

3. Lo saludé cuando lo vi.
   Voy a saludarlo _____.

4. No puede aprender si no estudia.

———————— a menos que ————.

5. Le doy el dinero para comprarlas.

———————— para que ————.

The infinitive after prepositions

Certain conjunctions have corresponding prepositions **(hasta, sin, para, antes de,** etc.). After prepositions the infinitive is the form of the verb that is always used.

Después que comen, ellos leen el periódico.
Después de comer, ellos leen el periódico.

QUESTION–ANSWER

Study the following examples until you are able to answer the questions correctly with your text closed.

1. ¿Va a leer hasta terminar el libro? *Contesten.*
   Sí, voy a leer hasta terminarlo.

2. ¿Para qué estudia Ud. tanto?
   Estudio para prepararme bien.

3. ¿Se puede salir bien sin estudiar?
   No, no se puede salir bien sin estudiar.

4. Antes de comer, ¿se lava Ud. las manos?
   Claro, me lavo las manos antes de comer.

STRUCTURE SUBSTITUTION

1. *Teacher:* Voy a leer hasta terminar el libro.
   Student: Voy a leer hasta terminar el libro.

   Teacher: hasta que.
   Student: Voy a leer hasta que termine el libro.

2. Lávese las manos antes de salir.

   ———————— antes que —.

3. Lea Ud. la lección para comprender mejor.

   ———————— para que ————.

4. No podemos salir sin saberlo ella.
   _____ sin que ella __.

5. No podemos progresar sin trabajar.
   _____ sin que todos _____.

6. El lo hace a fin de salir bien.
   _____ a fin de que ella _____.

7. No quiere salir hasta aprenderlo.
   _____ hasta que _____.

8. Tenemos que hacerlo antes de llegar él.
   _____ antes de que __.

ITEM SUBSTITUTION

1. Tome Ud. las pastillas hasta que se sienta mejor.   *Repitan.*
   _____ (tú) _____.
   _____ aspirinas _____.
   _____ para que _____.
   _____ remedio _____.
   _____ Uds. _____.
   _____ aunque _____.
   _____ medicina _____.

2. El lo hace tan pronto como viene.   *Repitan.*
   Ellos _____.
   _____ leen _____.
   _____ cuando _____.
   Mi padre _____.
   _____ toma _____.
   _____ está enfermo.
   _____ aunque _____.
   Mi hermano y yo _____.

3. Ellos trabajan sin comer.   *Repitan.*
   Yo _____.
   _____ antes de ___.
   _____ dormir.
   _____ hasta _____.
   Nosotros _____.
   _____ terminar.
   Ella _____.
   _____ para _____.
   Uds. _____.

PATTERNED RESPONSE

Teacher: ¿Leyó Ud. la noticia de la gran tormenta en el este?
Student: Sí, leí la noticia, pero no me interesó.
(Me interesó mucho).

un choque de automóviles   la huelga
la muerte repentina de un joven   el robo
la boda de nuestros amigos   el partido de béisbol

Controlled Conversation

Pregúntele a _____ si va a casarse antes que tenga dieciocho años.
si estudiará hasta que aprenda la lección.
si toma pastillas aunque no se sienta bien.
si lee el periódico para informarse.
si se lava las manos antes de comer.
si leyó la noticia del accidente.
si va al hospital cuando está enfermo.
si le pusieron algunas inyecciones el año pasado.
si va a pescar aunque no tiene caña.
si baila cuando la orquesta toca una rumba.
si le presta veinte dólares para que compre un par de zapatos.

Personalized Questions

1. ¿No le parece que siempre hay una guerra fría?
2. ¿Puede Ud. aprender sin estudiar?
3. ¿Va Ud. al centro cuando hace mal tiempo?
4. ¿Va Ud. a casarse con un hombre que sea guapo o con uno que tenga mucho dinero?
5. ¿Se levanta Ud. sin que lo sepa su compañera (-o) de cuarto?
6. ¿Por qué le interesa la sección deportiva?
7. ¿Toma Ud. aspirinas cuando le duele la cabeza?
8. ¿Por qué toma Ud. aspirinas?
9. Cuando Ud. se case, ¿irá a México en su luna de miel?
10. ¿Mira Ud. la televisión mientras estudia?
11. ¿Qué hace Ud. cuando está enfermo (-a)?
12. Sin estudiar no se puede salir bien. ¿Por qué?
13. ¿Ha tenido Ud. un choque?
14. ¿Cómo estuvo la boda de sus amigos?
15. A él le gusta un partido de béisbol. ¿Y a Ud.?

16. ¿Estudiará Ud. la lección sin que yo se lo diga?
17. ¿Quiénes ganarán el campeonato de béisbol el año que viene?
18. ¿Por qué lee Ud. la sección social?
19. ¿Va Ud. a casarse antes que tenga veinte años?
20. ¿Conoce Ud. a un joven que haya ganado el campeonato?
21. ¿Qué hará Ud. cuando venga él?
22. ¿Estudiará Ud. esta noche hasta que termine la lección?
23. ¿Piensa Ud. lavarse las manos antes de comer?
24. ¿Puede Ud. salir de casa sin que lo sepa su mamá?

Extemporization

1. LA GUERRA FRÍA

Vocabulary: presidente, extranjero, éxito, naciones, mundo, confianza, acuerdo, líderes, periódico, recordar.

Topic Ideas: 1. El presidente irá otra vez al extranjero.
          2. Dudo que tenga éxito en su viaje.
          3. Los líderes del mundo.

Questions: 1. ¿Dónde leíste acerca del viaje del presidente?
          2. ¿Por qué va el presidente al extranjero?
          3. ¿Te parece que llegará a un acuerdo con los líderes?
          4. ¿Por qué hay guerra fría?
          5. ¿Crees que se hace lo que se promete en esos acuerdos?
          6. ¿Recuerdas lo que aconteció la última vez?

2. EL PERIÓDICO

Vocabulary: noticias, sociales, guerra, fría, deportiva, informarse, sección, leer.

Topic Ideas: 1. El periódico que leo yo.
          2. Prefiero leer la sección deportiva.
          3. Ayer leí la noticia del casamiento de mi amigo (-a).

Questions: 1. ¿Cuándo lee tu familia el periódico, antes o después de comer?
          2. ¿Por qué lees el periódico?
          3. ¿Qué sección lees primero? ¿Por qué?
          4. ¿Te gusta leer las noticias de todas las naciones del mundo?
          5. ¿Dónde leíste la noticia del casamiento de tu amigo (-a)?
          6. ¿Qué haces después de leer el periódico?

Feria de abril, paseando por el Real de la Feria. (José Domínquez García)

Dialog Patterns

La Fiesta

Anoche hubo una gran fiesta con baile, programa, y refrescos en casa de los Suárez. Como era una noche templada de otoño, la fiesta se llevó a cabo en el patio. Los jóvenes más distinguidos de toda la ciudad se reunieron para divertirse al estilo latino. Ahora Julio y Pedro están comentando sobre la fiesta . . .

JULIO — ¡Qué noche inolvidable hemos pasado! ¿Eh?

PEDRO — Para mí fue un éxito completo.

JULIO — Tú lo dices por las muchachas elegantes que estuvieron.

PEDRO — Y también por el programa y los mariachis. Esos muchachos son formidables.

JULIO — ¡Lo que me he reído con ese guitarrista y sus bromas!

PEDRO — Sí, es un loco de atar.

JULIO — ¿Quiénes eran esas señoritas que estaban contigo en el programa? Yo quería que me presentaras a la rubia.

PEDRO — Es una lástima que no la conocieras. Pero tú pasaste toda la noche bailando con Elena.

JULIO — Era urgente que le hablara a solas y me aproveché de la fiesta.

PEDRO — A propósito, ¿en qué quedaron?

JULIO — Bueno . . . después de tanto tiempo prometió casarse conmigo.

PEDRO — Te felicito. ¡Qué noche más romántica!

JULIO — Con esa luna llena y la fragancia del jazmín nos divertimos muchísimo.

PEDRO — Y ahora no estás contento. ¿Qué te pasa?

JULIO — Papá me dijo esta mañana que no podía casarme hasta que terminara mi carrera.

PEDRO — Con razón estás triste. ¡Esa carrera tuya la terminas quién sabe cuándo!

JULIO — Ojalá hubiera estado ahí mi primo anoche.

PEDRO — Yo siento también que no haya podido venir. Se fue de viaje, ¿no?

JULIO — Sí, me pidió que le acompañara pero yo no iba a perder esa fiesta.
PEDRO — Es posible que se divirtiera más que nosotros pero lo dudo.

Dialog Patterns

The Fiesta

Last night there was a big fiesta with dancing, entertainment, and refreshments at the home of the Suárez. Since it was a warm autumn night, the fiesta was held in the patio. The most distinguished young people of the whole city got together to enjoy themselves in the Latin style. Now Julio and Pedro are commenting on the fiesta.

JULIO — What an unforgettable night we spent. Eh?
PEDRO — As far as I'm concerned it was a complete success.
JULIO — You're saying that because of the elegant girls who were there.
PEDRO — But also because of the program and the mariachis. Those fellows are terrific.
JULIO — How I laughed at that guitarist and his jokes!
PEDRO — Yes, he is real crazy.
JULIO — Who were those girls that were with you during the program? I wanted you to introduce me to the blonde.
PEDRO — It's a shame you didn't meet her. But you spent the whole night dancing with Elena.
JULIO — It was urgent that I speak to her alone, and I took advantage of the fiesta.
PEDRO — By the way, what did you decide?
JULIO — Well . . . after such a long time she promised to marry me.
PEDRO — Congratulations. What a romantic night!
JULIO — With that full moon and the fragrance of the jasmine we had a wonderful time.
PEDRO — And now you're not happy! What's the matter with you?
JULIO — Father told me this morning that I could not marry until I finished my studies.
PEDRO — You have reason to be sad. You'll finish those studies of yours heaven knows when.
JULIO — I wish that my cousin had been there last night.
PEDRO — I am sorry too that he wasn't able to come. He went on a trip, didn't he?
JULIO — Yes, he asked me to go with him, but I was not going to miss that fiesta.
PEDRO — It is possible that he had more fun than we did, but I doubt it.

(handwritten: had / pluperfect — The sequence of tenses / The sequence of tenses)

The sequence of tenses

A. When the verb of the main clause is a direct command or in the present or future indicative, the verb of the subordinate clause is either in the present subjunctive or the present perfect subjunctive.

Main Clause	*Subordinate Clause*
1. **Dígale** direct command	**que venga.** noun clause in present subjunctive
2. **Yo busco un disco** present indicative	**que sea económico.** adjective clause in present subjunctive
3. **Siento** present indicative	**que Ud. no haya venido.** *(handwritten: = verb past part.)* noun clause in present perfect subjunctive*
4. **No podré casarme** future indicative	**hasta que haya terminado mi carrera.** *(handwritten: have finished studies)* adverbial clause in present perfect subjunctive*

(handwritten: present perfect subj.)

* The present perfect subjunctive is formed by combining the present subjunctive of **haber** with a past participle.

B. When the verb of the main clause is in the preterit, the imperfect, the conditional, or any other past tense of the indicative mood, the subordinate clause is in the imperfect subjunctive or the pluperfect subjunctive.

Main Clause	*Subordinate Clause*
1. **Me mandó** *(handwritten: ordered)* preterit indicative	**que lo hiciera.** *(handwritten: that I do it. / would)* noun clause in imperfect subjunctive
2. **Yo quería** *(handwritten: wished)* imperfect indicative	**que Ud. viniera.** *(handwritten: that you came)* noun clause in imperfect subjunctive
3. **Dijo que iría** conditional tense	**en cuanto tuviera tiempo.** adverbial clause in imperfect subjunctive
4. **Yo temía** imperfect indicative	**que él no hubiera venido.** noun clause in pluperfect subjunctive*

C. If the main verb is in the present indicative, the subordinate verb may be in the imperfect subjunctive whenever it expresses something definitely past.

* The pluperfect subjunctive is formed by combining the imperfect subjunctive of **haber** with a past participle

(handwritten: haya — present subjunctive)

Main Clause	Subordinate Clause
Siento	**que no viniera.**
present indicative	noun clause in imperfect subjunctive (idea definitely past)

The imperfect subjunctive   *that I might*

The imperfect subjunctive of all verbs, regular and irregular, is formed by adding a set of endings to the third person plural stem of the preterit **(habla-ron, aprendie-ron, vivie-ron)**. There are two acceptable sets of endings, the **-ra** and the **-se** forms. In the following exercises only the **-ra** forms are used because they are the most universally accepted in spoken Spanish today.

The **-ra** endings

-ra	-ramos
-ras	[-rais]
-ra	-ran

The **-se** endings   *Don't use*

-se	-semos
-ses	[-seis]
-se	-sen

VERB STRUCTURE DRILLS

A. The imperfect subjunctive of **hablar**.

hablara	habláramos	hablase	hablásemos
hablaras	[hablarais]	hablases	[hablaseis]
hablara	hablaran	hablase	hablasen

1. Era urgente que *yo* le hablara (hablase).   *Repitan.*

   tú, Ud., ellos, ella, María, Julio, Pedro y Juan

2. ¿Era urgente que Ud. le hablara?   *Contesten.*
   ¿Era urgente que María le hablara?
   ¿Era urgente que Pedro y Juan le hablaran?   *ya — already*
   ¿Era urgente que ella le hablara?
   ¿Era urgente que ellos le hablaran?

B. The imperfect subjunctive of **aprender**.

aprendiera	aprendiéramos	aprendiese	aprendiésemos
aprendieras	[aprendierais]	aprendieses	[aprendieseis]
aprendiera	aprendieran	aprendiese	aprendiesen

1. Insistió en que *yo* lo aprendiera.   *Repitan.*

   tú, Ud., Uds., nosotros, ellos, ella, Juan

2. ¿Insistió él en que Ud. lo aprendiera? *Contesten.*
¿Insistió él en que Pedro lo aprendiera?
¿Insistió él en que Pedro y María lo aprendieran?
¿Insistió él en que ellos lo aprendieran?
¿Insistió él en que Uds. lo aprendieran?

C. The imperfect subjunctive of **vivir.**

viviera	viviéramos	viviese	viviésemos
vivieras	[vivierais]	vivieses	[vivieseis]
viviera	vivieran	viviese	viviesen

1. Yo dudaba que *él* viviera ahí. *Repitan.*

Ud., Uds., Juan, tú, ellos, Pedro y María
lived there

2. ¿Dudaba Ud. que él viviera ahí? *Contesten.*
¿Dudaba Ud. que Pedro y María vivieran ahí?
¿Dudaba Ud. que ellos vivieran ahí?
¿Dudaba Ud. que Julio viviera ahí?
¿Dudaba Ud. que nosotros viviéramos ahí?

YO NO NUNCA lo dudaba

The imperfect subjunctive of irregular verbs

SABER

The following are examples of irregular verbs whose subjunctive stems are derived regularly:

Infinitive	Preterit Indicative	Imperfect Subjunctive
decir	dijeron	dijera
dar	dieron	diera
estar	estuvieron	estuviera
hacer	hicieron	hiciera
ir	fueron	fuera
oír	oyeron	oyera
poder	pudieron	pudiera
poner	pusieron	pusiera
saber	supieron	supiera
salir	salieron	saliera
ser	fueron	fuera
tener	tuvieron	tuviera
traer	trajeron	trajera
venir	vinieron	viniera
ver	vieron	viera

PATTERNED RESPONSE

1. *Teacher:*   ¿No lo vieron ellos?
   Student: No encontré a nadie que lo viera.

   hicieron   oyeron
   tuvieron   dijeron
   trajeron

2. *Teacher:*   ¿Te dieron el dinero?
   Student: Sí, el jefe les mandó que me lo dieran.

   ¿Le compraron la leche?
   ¿Le leyeron el contrato?
   ¿Le pidieron los papeles?
   ¿Le sirvieron el chocolate?
   ¿Le trajeron el libro?
   ¿Le dijeron el secreto?

3. *Teacher:*   ¿Y los regalos? ¿No los quisieron?
   Student: Sí, y yo esperaba que no los quisieran.

   ¿Y el secreto? ¿No lo supieron?
   ¿Y el dinero? ¿No lo tuvieron?
   ¿Y los libros? ¿No los pudieron vender?
   ¿Y los primos? ¿No se fueron?
   ¿Y los padres? ¿No estuvieron allí?
   ¿Y los zapatos? ¿No se los pusieron?

4. *Teacher:*   ¿Ya se levantó Juan?
   Student: No sé. Le aconsejé que se levantara.

   ¿Se acostó él?   ¿Se lavó él?
   ¿Se sentó ella?   ¿Se vistió él?
   ¿Se afeitó Carlos?

5. *Teacher:*   ¿Lo aprendió Juan?
   Student: Creo que sí. Le dije que lo aprendiera.

   ¿Lo trajo Flora?   ¿Lo sirvió Diana?
   ¿Lo leyó María?   ¿Lo hizo Jorge?
   ¿Lo escuchó Carlota?

The subjunctive in the noun clause—review

PATTERNED RESPONSE

1. *Teacher:*   ¿Compraron ellos el coche?
   Student: Sí, porque yo insistí en que lo compraran.

¿Escribieron la carta?
¿Tocaron un vals?
¿Terminaron la carrera?
¿Tomaron la leche?
¿Volvieron temprano?
¿Limpiaron la casa?
¿Vendieron la casa?
¿Hicieron el trabajo?

a vemos

2. *Teacher:*   ¿Vino Anita?
   Student: Creo que sí. Le dije que viniera.

¿Fue a la fiesta Rita?
¿Volvió Felisa?
¿Salió Pedro?
¿Estudió Renaldo?
¿Trabajó Juana?

ITEM SUBSTITUTION

1. Cuánto me alegro que Ud. haya venido.   *Repitan.*
   _____ él _____.
   _____ María _____.
   _____ ellos _____.
   _____ Uds. _____.

2. Siento que Ud. no haya venido ayer.   *Repitan.*
   _____ él _____.
   _____ María _____.
   _____ ellos _____.
   _____ nosotros _____.
   _____ ella _____.

3. Ella me pidió que fuera a visitarle.   *Repitan.*
   ____ nos _____.
   ____ le _____.
   ____ les _____.
   ____ te _____.

4. Yo temía que ella no volviera.   *Repitan.*
   Parecía extraño _____.
   Era una lástima _____.
   _____ viniera tarde.
   Le aconsejé _____.
   Querían _____.
   _____ la conociera.

Yo esperaba _____.
Era posible _____.
_____ lo hiciera.
Mandaron _____.
No estaba seguro _____.
_____ lo creyera.
Sentía mucho _____.
¡Qué lástima _____!
¡_____ saliera temprano!
Yo dudaba _____.
No creía_____.

The subjunctive in the adverbial clause—review

TENSE SUBSTITUTION

1. *Teacher:* ¿Fue a la fiesta tu primo?
   Student: Creo que no. Dijo que no iría a menos que fuera Ud. también.

   ¿Salió Juan anoche? ¿Se casó Jorge?
   ¿Bailó ella la rumba? ¿Escribió María la lección?
   ¿Trabajó ayer Felipe? ¿Jugó Luis al fútbol?

2. *Teacher:* ¿Terminó el trabajo?
   Student: Creo que sí. Dijo que lo terminaría en cuanto tuviera tiempo.

   ¿Hizo el vestido? ¿Compró los regalos?
   ¿Vino Juan? ¿Vendió la casa?
   ¿Trajo el auto? ¿Fue al mercado?

The subjunctive in the adjective clause—review

PATTERNED RESPONSE

1. *Teacher:* ¿Buscaba Ud. un muchacho que llevara la maleta?
   Student: Sí, yo buscaba un muchacho que llevara la maleta.

   ¿Quería Ud. un disco que no estuviera rayado?
   ¿Buscaba Ud. un hombre que hablara español?
   ¿Prefería Ud. libro que no costara mucho?

2. *Teacher:*   ¿No había nadie que lo supiera?
   Student: No, no había nadie que lo supiera.

que lo trajera	que quisiera casarse
que pudiera hacerlo	que quisiera bailar
que lo tocara	que estuviera triste
que lo llevara	que estuviera alegre
que tuviera un tocadiscos	

Controlled Conversation

Pregúntele a ———— si quería que le presentara a la rubia.
si dijo a su amigo que viniera.
si es urgente que Pablo estudie.
si el profesor insiste en que lo aprenda Juan.
si se alegra que sus padres hayan venido.
si temía que su novia (-o) no volviera.
si no había nadie que quisiera casarse.
si conoce a un loco de atar.
si puede casarse antes que termine sus estudios.
si le gusta la música de los mariachis.

Personalized Questions

1. ¿No viste a nadie que lo hiciera?
2. ¿No hubo nadie en la fiesta que se divirtiera?
3. ¿No querían que él cantara?
4. ¿Quién insistió en que ella viniera?
5. ¿No sintió él que lo hubiesen hecho?
6. ¿Quién te mandó que fueras al banco?
7. ¿Lo hizo Ud. antes de que volvieran?
8. ¿Buscaba Ud. un señor que hablara español?
9. ¿No había un tocadiscos que tocara bien?
10. ¿No viste a nadie que lo oyera?
11. ¿No encontraste a nadie que quisiera ir?
12. ¿No quería Ud. que lo supiera Ana?
13. ¿No le dijiste que tuviera cuidado?
14. ¿Los llevó para que lo vieran?
15. ¿Tú dudabas que yo pudiese hacerlo?
16. ¿Insistió él en que Ud. lo aprendiera?
17. ¿Dudaba Julio que yo viviera ahí?

18. ¿Era urgente que Ud. le hablara?
19. ¿Le parecía extraño que ella lo hiciera?
20. ¿Esperaba Ud. que Pedro viviera aquí?

Extemporization

1. LA FIESTA DE ANOCHE

Vocabulary: baile, programa, refrescos, casa, noche, templada, servir, rubia, presentar, música, mariachis, bromas. ~~Jose~~

Topic Ideas: 1. Anoche conocí a una rubia muy bonita.
2. La música de los mariachis.
3. Me divertí mucho en el baile de anoche.

Questions: 1. ¿En casa de quién fue la fiesta?
2. ¿Era buena la orquesta?
3. ¿Dónde se llevó a cabo la fiesta?
4. ¿Quiénes hacían bromas?
5. ¿Se divirtieron al estilo americano o al estilo latino?
6. ¿Eran divertidos los mariachis?

2. EL CASAMIENTO

Vocabulary: casarse, terminar, carrera, fiesta, luna, fragancia, jazmín, anoche, bailar, a solas, aprovechar, prometer, romántica.

Topic Ideas: 1. Una noche inolvidable.
2. No podré casarme hasta que haya terminado mi carrera.
3. Era urgente que yo le hablara a solas.

Questions: 1. ¿Cuándo piensas casarte?
2. ¿Te dejaría tu padre casarte a los 17 años?
3. ¿Deseas casarte antes de terminar tu carrera?
4. ¿Es romántico estar con tu novio (-a) en el jardín una noche de luna llena?
5. ¿Te gusta la fragancia del jazmín?
6. ¿Prometió tu novio (-a) casarse contigo?

Sevilla: Street dancing at fiesta. (The Bettman Archive)

19

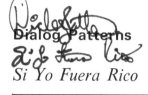
Dialog Patterns

Si Yo Fuera Rico

Andrés y Mariano, amigos desde los días colegiales, se hallan sentados en el fondo de un café. Éste ya se ha hecho famoso como abogado en cuestiones criminales mientras aquél, por falta de determinación, todavía se ve en apuros.

MARIANO — ¡Se te ve triste, hombre! ¿Qué te pasa?

ANDRÉS — Bueno, ¿de veras quieres saber?

MARIANO — Si no hubiera querido, no te habría preguntado.

ANDRÉS — Mi desgracia es la falta de dinero.

MARIANO — Pero Andrés, si fueras rico, ¿qué harías?

ANDRÉS — Si yo fuera rico no tendría que dar todo el sueldo a mi esposa.

MARIANO — Y entonces no habría discusión sobre cuestiones de dinero, ¿verdad?

ANDRÉS — Exactamente, así me compraría un avión y visitaría España todos los veranos.

MARIANO — ¿Y si el trabajo no lo permitiera?

ANDRÉS — Hombre, con tanto dinero, yo dejaría de trabajar.

MARIANO — Y para la humanidad, ¿qué harías?

ANDRÉS — Fundaría una universidad que sería famosa por no tener examen alguno.

MARIANO — Ah, yo quisiera asistir a semejante institución.

ANDRÉS — Y son muchos los estudiantes que asistirían también si pudieran.

MARIANO — ¿Y si te volvieras loco con tanto dinero y tantas preocupaciones?

ANDRÉS — Tú no entiendes, ando loco tratando de salir de apuros.

MARIANO — Claro que entiendo, pero ¿qué quieres? ¿Vivir como millonario?

ANDRÉS — No, es que me pongo triste pensando en tanto trabajo y tan poco dinero.

MARIANO — Te felicito por los sueños, pero en vista de que naciste pobre, mejor que sigas pobre.

ANDRÉS — Te agradezco el consejo. Hablas como todos los ricos.

Madrid: Avenida José Antonio at night. (Ministerio de Información y Turismo)

Dialog Patterns

If I Were Rich

Andrés and Mariano, friends since college days, are seated in the rear of a café. The latter has already become famous as a criminal lawyer while the former, through lack of resolution, is still rather hard pressed.

MARIANO — You're so sad, friend. What's the matter with you?

ANDRÉS — Well, do you really want to know?

MARIANO — If I hadn't wanted to, I wouldn't have asked you.

ANDRÉS — My misfortune is the lack of money.

MARIANO — But Andrés, if you were rich, what would you do?

ANDRÉS — If I were rich, I wouldn't have to give all my salary to my wife.

MARIANO — And then there wouldn't be any argument about money matters, right?

ANDRÉS — Precisely, so I'd buy a plane and visit Spain every summer.

MARIANO — And if your work wouldn't permit it?

ANDRÉS — Listen, with so much money I'd stop working.

MARIANO — And for humanity, what would you do?

ANDRÉS — I'd found a university which would be famous for not having any exams at all.

MARIANO — Say, I would like to attend an institution like that.

ANDRÉS — And many are the students who would attend too if they could.

MARIANO — What if you should go out of your mind because of so much money and so many worries?

ANDRÉS — You don't understand. I'm going out of my mind now trying to make ends meet.

MARIANO — Of course I understand. But what do you want? To live like a millionaire?

ANDRÉS — No, it's just that I get discouraged thinking about so much work and so little money.

MARIANO — I congratulate you for your dreams, but in view of the fact that you were born poor, it's better that you remain poor.

ANDRÉS — I'm grateful for your advice. You talk like all the rich people.

Present indicative versus imperfect subjunctive after *si*

Depending on the meaning expressed by the " if " clause, either the present indicative or the imperfect subjunctive is used after **si**.

A. When **si** has the meaning of "supposing that" or "when," the present, imperfect, preterit, or the present perfect indicative are normally used.

Si **llueve,** no iré al centro.
Si **bailo,** me divierto.
Si **tenía hambre,** ¿por qué no comió algo?
Si **ha venido,** dígale que pase a la oficina.

B. When **si** has the meaning of "whether," it is usually followed by the future or the conditional tenses.

No sé **si vendrán**.
Le pregunté **si sería posible** hacerlo.

C. When **si** introduces a clause which suggests something unlikely to happen or something which may be contrary to fact, either the imperfect subjunctive or the pluperfect subjunctive is used. Note that the result clause, or the conclusion, will always be in the conditional or the conditional perfect.

Si **yo fuera** rico, compraría un avión. *airplane*

Si **hubiera salido** temprano, habría llegado a tiempo. *I should arrive*

Note that the *present* subjunctive is *not generally* used after the word **si**. *on time* *I may leave early* However, in Mexico one may hear **no sé si venga Juan.**

"If" clauses—summary

Meaning of **si**	*Tense*
1. "supposing that" "when"	present, imperfect, preterit, present perfect indicative
2. "whether"	future, conditional
3. unlikely to happen or contrary to fact	imperfect subjunctive, pluperfect subjunctive

TENSE SUBSTITUTION

1. *Teacher:* Si ella viene, pregúnteselo.
   Student: Si ella viene, pregúnteselo.
   Si ella viniera, pregúnteselo.

   Si él vuelve a llamar, dígale que no.
   Si llegas temprano, espérame.
   Si Ud. ve a su amigo, pídale el dinero.
   Si tienen hambre, deles de comer.
   Si llueve mucho, no salgas a la calle.

2. *Teacher:*   Si hace mal tiempo, no iré a la fiesta.
   Student: Si hace mal tiempo, no iré a la fiesta.
   Si hiciera mal tiempo, no iría a la fiesta.

   Si Ud. viene, las verá.
   Si trabajas mucho, ganarás el premio.
   Si Ud. estudia, aprenderá las lecciones.
   Si es necesario, lo harán.
   Si se levanta temprano, estará listo.

3. *Teacher:*   Si no ha venido, lo llamaremos.
   Student: Si no ha venido, lo llamaremos.
   Si no hubiera venido, lo habríamos llamado.

   Si no ha practicado, no bailará bien.
   Si ha llamado por teléfono, nos lo dirán.
   Si ha estudiado, lo sabremos.
   Si ha escrito la carta, la mandará.
   Si ha hecho el trabajo, nos escribirá.

PATTERNED RESPONSE

1. *Teacher:*   ¿Qué hace Ud. si llueve?
   Student: Si llueve me quedo en casa.

   hay un viento glacial — me pongo el abrigo
   tiene sueño — me acuesto
   sufre de alergia — tomo pastillas
   tiene hambre — como
   está enfermo — voy a ver al médico

2. *Teacher:*   ¿Qué haría Ud. si lloviera?
   Student: Si lloviera me quedaría en casa.

   hubiera un viento glacial — me pondría el abrigo
   tuviera sueño — me acostaría
   sufriera de alergia — tomaría pastillas
   tuviese hambre — comería
   estuviese enfermo — iría a ver al médico

QUESTION–ANSWER

1. *Teacher:*   ¿Qué harías si fueras rico?
   Student: Si fuera rico, daría dinero a los pobres.

   si vivieras en el campo
   si no tuvieras dinero

si tu amigo saliera con tu novia
si hubiera guerra
si tus padres no te mandaran más dinero

2. *Teacher:* Si fuera Ud. el maestro de esta clase, ¿qué haría?
   Student: Si fuera yo el maestro de esta clase, haríamos una fiesta todas las semanas.

el presidente de los Estados Unidos
el gobernador de este estado
millonario
un artista de cine
médico

Softened statements

The contrast in English between "Open the door" and the more polite or "softened" form "Would you please open the door," has a counterpart in Spanish. Both the conditional and the imperfect subjunctive tenses are used to "soften" the request. The imperfect subjunctive is generally used with the verbs **querer, poder,** and **deber.**

¿**Pudiera** Ud. acompañarme al banco?
¿**Quisiera** Ud. abrir la puerta?

To make a statement:

1. Mild, polite — use: conditional of any verb.
2. Very polite — use: imperfect subjunctive of **querer, poder,** and **deber.**

TENSE SUBSTITUTION

1. *Teacher:* ¿Puede Ud. acompañarme al banco?
   Student: ¿Puede Ud. acompañarme al banco?
   ¿Podría Ud. acompañarme al banco?

   ¿Me vende Ud. el coche?
   ¿Me presta Ud. cinco dólares?
   ¿Tiene Ud. tiempo para hacerlo?
   ¿Nos ayuda Ud. a edificarlo?

2. *Teacher:* ¿Quiere Ud. leerme la noticia?
   Student: ¿Quiere Ud. leerme la noticia?
   ¿Quisiera Ud. leerme la noticia?

¿Quiere Ud. mandarme las pastillas?
¿Quiere Ud. prestarme el dinero?
¿Quiere Ud. prepararme la ensalda?
¿Quiere Ud. explicarme la situación?
¿Quiere Ud. estudiar la lección?
¿Quiere Ud. levantarse?
¿Quiere Ud. acompañarme al cine?
¿Quiere Ud. esperarme un rato?

3. *Teacher:* ¿Puede Ud. escribirme una vez a la semana?
   Student: ¿Puede Ud. escribirme una vez a la semana?
   ¿Pudiera Ud. escribirme una vez a la semana?

   ¿Puede Ud. hacerme el favor de estudiar mucho?
   ¿Puede Ud. ir a ver a mi padre?
   ¿Puede Ud. contestar pronto?
   ¿Puede Ud. decir la verdad?
   ¿Puede Ud. acostarse a las diez?
   ¿Puede Ud. venir a verme pronto?
   ¿Puede Ud. estar de vuelta a las cinco?
   ¿Puede Ud. llegar temprano?
   ¿Puede Ud. ayudarme a pescar?
   ¿Puede Ud. enseñarme a nadar?
   ¿Puede Ud. prestarme treinta dólares?

4. *Teacher:* Ud. debe trabajar más.
   Student: Ud. debe trabajar más.
   Ud. debiera trabajar más.

   Ud. debe aprender a bailar.
   Ud. debe tomar las pastillas.
   Ud. debe acostarse antes de las once.
   Ud. debe estudiar tanto ahora come estudiaba el año pasado.
   Ud. debe ponerse a dieta.
   Ud. no debe esperar tanto tiempo.
   Ud. no debe prestarle tanto dinero.
   Ud. no debe acompañarle al cine.
   Ud. no debe levantarse tan tarde.
   Ud. no debe casarse tan joven.

CHOICE–QUESTION ANSWER

Si Ud. se casara, ¿iría a México o al Canadá en su luna de miel? *Contesten*
Si Ud. fuera rico, ¿daría dinero a los pobres o a sus amigos?
Si Ud. tuviera hambre, ¿comería biftec o rosbif?

Si Ud. viviera en el campo, ¿montaría a caballo o iría a pescar?
Si lloviese, ¿se quedaría en casa o saldría a la calle?
Si Ud. viese a su amigo, ¿le diría "¿Qué tal?" o "Hasta luego"?
¿Iría Ud. al cine o al hospital si estuviera enfermo?
¿Bailaría Ud. una rumba o un cha-cha-cha si fuera al baile?
Si alguien le diera un millón de dólares, ¿le daría Ud. las gracias o no lo
   aceptaría?
¿Se levantaría Ud. a las diez o a las doce si estuviera en casa?

PATTERNED RESPONSE

Teacher: ¿No vas a estudiar?
Student: Si tuviera más energía, estudiaría.

          ¿No vas a levantarte?
          ¿No vas a la fiesta?
          ¿No vas a terminar la carrera?
          ¿No vas a bailar con Dorotea?
          ¿No vas a llamar a Carlos?

ITEM SUBSTITUTION

1. ¿Quiere Ud. pasarme la sal?   *Repitan.*
   ¿————————— la mantequilla?
   ¿————— ayudarme?
   ¿Quisiera —————?
   ¿————— pagarme?
   ¿Puede —————?
   ¿————— bailar el cha-cha-cha?
   ¿Podría ——————?
   ¿————— prestármelo?
   ¿Pudiera —————?
   ¿————— mandármelo?

2. No debe enojarse ahora.   *Repitan.*
   ————— hacerlo ——.
   —— debiera —————.
   ————— aceptarlo ——.
   Deben —————.
   ————— pedirlo·——.
   Debieran —————.
   ————— entrar ——.

Controlled Conversation

Pregúntele a ———— lo que hace si tiene sed.
lo que haría si fuera rico.
lo que haría si fuera presidente estudiantil.
lo que hace cuando hace calor.
lo que hace si está enfermo.
lo que haría si fuera pobre.
si iría a México si se casara.
si se acuesta si tiene sueño.
si puede prestarle cien dólares.
si le gustaría visitar España.
si es que no estudia.

Personalized Questions

1. ¿Cuándo debe uno casarse?
2. ¿Por qué dejaría Ud. de trabajar si tuviera mucho dinero?
3. ¿Asistiría Ud. a una universidad que no tuviera examen alguno?
4. ¿Cómo va a hacerse famoso Ud.?
5. ¿Debe dar el hombre todo su dinero a su esposa?
6. ¿Quiere Ud. ser millonario?
7. ¿Irá Ud. a España el año que viene?
8. ¿Iría si tuviera bastante dinero?
9. ¿Por qué es tan importante el dinero?
10. Si Ud. fuera rico, ¿qué haría?
11. ¿Quisiera Ud. abrir la puerta?
12. ¿Hay discusiones sobre cuestiones de dinero en su casa?
13. ¿Anda Ud. loco tratando de salir de apuros?
14. ¿Vive Ud. como millonario?
15. ¿Qué va a hacer Ud. para la humanidad?
16. ¿Podría Ud. prestarme cinco dólares?
17. Si llueve, ¿va Ud. al centro?
18. Si sufriera de alergia, ¿qué haría Ud.?
19. ¿Es verdad que Ud. estudió anoche?
20. ¿Lo hizo Ud. sin que nadie lo supiera?

Extemporization

1. EL AMIGO POBRE

Vocabulary: colegiales, café, abogado, ingeniero, apuros, determinación, falta, sueldo, discusión.

Topic Ideas: 1. Si ganara más no tendría tantos problemas.
2. Mi amigo pobre.
3. Mi sueldo no es muy grande.

Questions: 1. ¿Desde cuándo son amigos tú y Rafael?
2. ¿Quién es un abogado famoso?
3. ¿Te ves en apuros de dinero?
4. ¿Piensas que es una desgracia la falta de dinero?
5. ¿Qué haces con tu sueldo?
6. ¿Qué harías si tuvieras dinero?

2. SI YO FUERA RICO (-A)

Vocabulary: dinero, viajar, famoso, desgracia, trabajar, avión, comprar, visitar, preocupaciones.

Topic Ideas: 1. Voy a casarme con una persona que sea rica.
2. Es una desgracia no tener dinero.
3. Si fuera rico (-a) visitaría Europa.

Questions: 1. ¿Son ricos los estudiantes?
2. ¿Por qué tienes que trabajar tanto?
3. Si fueras rico (-a), ¿a dónde irías para tus vacaciones?
4. ¿Piensas que es una desgracia tener mucho dinero?
5. ¿Puede comprar un avión una persona rica?
6. ¿Qué harías para la humanidad?

Madrid: Corrida de Toros, un par de banderillas. (Ministerio de Información y Turismo)

Dialog Patterns

Una Corrida de Toros

Al entrar en la plaza de toros, Alonso y Pepe oyen la música emocionante de la fiesta brava o sea la corrida de toros. Oyen también los gritos de los vendedores de cerveza, Coca-Cola, periódicos, recuerdos, fotos, helados, toros en miniatura, y dulces de todas clases. El acomodador guía a los jóvenes a sus localidades.

ALONSO — Hemos llegado un poco tarde, Pepe. Siéntate. ¿Qué te parece este primer tendido?

PEPE — Aquí junto a la barrera se ve hasta la expresión en la cara de los toreros.

ALONSO — Ya entró el desfile. ¡Mira qué caballos más finos!

PEPE — ¡Cómo camina ese matador que va a la derecha! ¿Será Antonio?

ALONSO — Sí, es él. Es el número uno de hoy. A propósito, Pepe, ¿No te gustaría ser torero?

PEPE — No, gracias.

ALONSO — Ya salió el primer toro del toril. ¡Qué bruto ese animal! ¡Fíjate!

PEPE — ¡Qué feroz! ¡Y qué cuernos! Si lo agarra a uno, lo estropea de una cogida.

ALONSO — Mira a ese Antonio. Parece que no sabe lo que es el miedo.

PEPE — Se ve que tiene mucho talento con el capote.

ALONSO — Ahora entran los picadores.

PEPE — ¡Saquen a ese picador cobarde! No sirve para nada. Ya le metió un puyazo en el lomo.

ALONSO — Vamos a ver si Antonio pone las banderillas o sale uno de los peones de su cuadrilla.

PEPE — El público no quiere. Antonio las clava personalmente.

ALONSO — ¡Qué maravilla! Es un verdadero arte clavar las banderillas con elegancia cuando viene embistiendo el toro.

PEPE — Mira, Alonso. Antonio dedica el toro al presidente de Chile que está en el palco presidencial.

ALONSO — Un pase natural. ¡Olé! Un pase de pecho. ¡Olé! Una saltillera. ¡Olé! Formidable. Con la muleta Antonio no tiene igual.

PEPE — Ahora se pone de rodillas. ¡Eso sí que es peligroso!

ALONSO — ¡Qué cansado está el toro! Ya lo va a matar.

PEPE — ¿Viste qué estocada? ¡Qué suerte tiene ese Antonio!

ALONSO — No es suerte. Antonio sabe aprovechar cada movimiento del toro para lucirse. Y no tiene miedo de acercarse.

PEPE — Me recuerda un dicho: Para casarse y para torear hay que arrimarse.

ALONSO — Pues, ya despacharon el primer toro. Ahora lo van a arrastrar.

PEPE — ¡Ojalá sean tan buenos los otros cinco!

Dialog Patterns

A Bullfight

Upon entering the bullfight plaza Alonso and Pepe hear the thrilling music of the *fiesta brava*, or the bullfight. They also hear the shouting of the vendors selling beer, Coca-Cola, newspapers, souvenirs, photos, ice cream, miniature bulls, and candy of all kinds. The usher shows the young men their seats.

ALONSO — We have arrived a little late, Pepe. Sit down. What do you think of these first-row bleacher seats?

PEPE — Here next to the barrier one sees even the expression on the faces of the bullfighters.

ALONSO — The parade has already entered. Look at those very fine horses.

PEPE — Look how that *matador* on the right walks. Could it be Antonio?

ALONSO — Yes, that's him. He's number one nowadays. By the way, Pepe, wouldn't you like to be a bullfighter.

PEPE — No, thanks.

ALONSO — Now the first bull has come out of the bull pen. How beastly that animal is! Look!

PEPE — How ferocious! And what horns! If he gets at anyone, he'll tear him apart with one hook.

ALONSO — Look at that Antonio. He doesn't seem to know what fear is.

PEPE — You can see that he is very talented with the cape.

ALONSO — Now the *picadores* are coming in.

PEPE — Take that cowardly *picador* out! He's good for nothing. He has now jabbed him in the middle of his back.

ALONSO — Let's see if Antonio will thrust the *banderillas* or if one of the helpers in his troop will come out [to do it].

PEPE — The public doesn't want that. Antonio is sticking them in personally.

ALONSO — How wonderful! It's a real art to place the *banderillas* with elegance when the bull comes charging.

PEPE — Look, Alonso. Antonio is dedicating the bull to the president of Chile who is in the presidential box.

ALONSO — A natural pass! *Olé!* A chest pass! *Olé!* A *saltillera! Olé!* Terrific! Antonio has no equal with the *muleta.*

PEPE — Now he is getting down on his knees. That's really dangerous.

ALONSO — How tired the bull is! Now he is going to kill him.

PEPE — Did you see that sword thrust? How lucky that Antonio is!

ALONSO — It isn't luck. Antonio knows how to take advantage of each movement of the bull in order to show off. And he isn't afraid to get close to him.

PEPE — That reminds me of a saying: To get married and to fight bulls you have to get very close [to your work].

ALONSO — Well, the first bull is taken care of. Now they are going to drag him off.

PEPE — I hope the other five are as good [as this one]!

Composition

Write an original composition of 100 words on the topic "Mi Familia." Tell about the members of your family, the city where you live, and any other items which may be of special interest. After the teacher has made the necessary corrections, you will memorize it and present it orally in class.

The direct and indirect object pronouns—review

STRUCTURE SUBSTITUTION

1. *Teacher:* Me lo va a comprar. *Cambien.*
   Student: Va a comprármelo.

   Ya lo van a matar.   Ud. lo está viendo.
   Ud. lo puede ver en la plaza.   Lo están comprando.

2. *Teacher:* Van a comprármelo. *Cambien.*
   Student: Me lo van a comprar.

   Ya van a matarlo.   Ud. está viéndolo.
   Ud. puede verlo en la plaza.   Están comprándolo.

QUESTION–ANSWER

1. ¿Te dio Juan el billete? *Contesten.*   Sí, me lo dio.
   ¿Cuándo te lo dio?   Me lo dio hace media hora.
   ¿Por qué te lo dio?   Porque quería dármelo.

2. ¿Antonio te dedicó el toro? Sí, me lo dedicó.
   ¿Cuándo te lo dedicó? Me lo dedicó hace una hora.
   ¿Por qué te lo dedico? Porque quería dedicármelo.

3. ¿Te pidió Juan la muleta? Sí, me la pidió.
   ¿Cuándo te la pidió? Me la pidió hace veinte minutos.
   ¿Por qué te la pidió? Porque quería pedírmela.

4. ¿Ese señor te compró los dulces? Sí, me los compró.
   ¿Cuándo te los compró? Me los compró hace dos días.
   ¿Por qué te los compró? Porque quería comprármelos.

5. ¿Le mostró Pedro los toros? Sí, me los mostró.
   ¿Cuándo se los mostró? Me los mostró hace una semana.
   ¿Por qué se los mostró? Porque quería mostrármelos.

6. ¿Antonio le dio las banderillas? Sí, me las dio.
   ¿Cuándo se las dio? Me las dio hace dos horas.
   ¿Por qué se las dio? Porque quería dármelas.

PATTERNED RESPONSE

Teacher: ¿Ya clavaron las banderillas?
Student: Sí, las clavaron hace un rato.

   ¿Ya compraste las entradas? ¿Ya pidió la muleta?
   ¿Ya arrastraron el toro? ¿Ya dedicó el toro?

The dative of interest

The indirect object pronoun is commonly used to indicate in whose interest
an action is performed.

   Nos cambiaron el dinero. (*They changed the money for us.*)
   Me quitó el billete. (*He took the ticket from me.*)

Commands—review

STRUCTURE SUBSTITUTION

1. *Teacher:* ¿Le cierro la puerta?
   Student: Sí, ciérremela, por favor.
   (No, no me la cierre.)

   ¿Le lavo las orejas? ¿Le abro la puerta?
   ¿Le busco el libro? ¿Le compro un helado?

2. *Teacher:*   Ciérreme la puerta, por favor.
   Student: Se la cierro en seguida.

   Búsqueme el periódico, por favor.
   Láveme las orejas, por favor.
   Abrame la ventana, por favor.
   Cómpreme una cerveza, por favor.

Exclamations

A. Exclamations may follow either of the following two structure patterns.

¡Qué   casa   tan (más)   rara!   o ɑ̃
qué + noun + adverb + adjective — no verb

¡Qué   bonitos   ojos   tiene!
qué + adjective + noun + verb

ITEM SUBSTITUTION

1. ¡Qué cosa tan rara!   *Repitan.*
   ¡——————— fantástica!
   ¡—— libro ——————!
   ¡——————— complicado!
   ¡—— muchacha ————!
   ¡——————— aburrida!
   ¡—— muchacho ———!
   ¡——————— interesante!

2. ¡Qué ojos más bonitos!   *Repitan.*
   ¡—— pelo ——————!
   ¡——————— largo!
   ¡—— manos ———!
   ¡——————— fuertes!
   ¡—— muchacho ———!
   ¡——————— guapo!
   ¡—— muchacha ———!
   ¡——————— bonita!
   ¡—— silueta ———!
   ¡——————— llamativa!

3. ¡Qué bonitos ojos tiene! *Repitan.*
¡——————— manos —!
¡——————— cara ——!
¡——————— dientes ——!
¡——————— pestañas —!
¡——————— uñas ——!

B. A noun clause may either be in the indicative or the subjunctive when it follows an exclamation.

ITEM SUBSTITUTION

1. ¡Qué lástima que no ganara! *Repitan.*
¡—— malo ———————!
¡——————————— lo aceptara!
¡—— bueno ———————!
¡——————————— comprara!
¡—— suerte ———————!
¡——————————— contestara!
¡—— ridículo ———————!
¡——————————— trajera!
¡—— horror ———————!

2. ¡Qué lástima que no ganó! *Repitan.*
¡—— malo ———————!
¡——————————— lo aceptó!
¡—— bueno ———————!
¡——————————— compró!
¡—— suerte ———————!
¡——————————— contestó!
¡—— ridículo ———————!
¡——————————— trajo!
¡—— horror ———————!

3. ¡Qué bueno que no haya ido! *Repitan.*
¡——————————— asistido!
¡—— suerte ———————!
¡——————————— pagado!
¡—— molestia ———————!
¡——————————— vuelto!
¡—— barbaridad ———————!
¡——————————— escrito !

4. ¡Qué bueno que no ha ido! *Repitan.*

¡————————— asistido!

¡—— suerte —————————!

¡————————— pagado!

¡—— molestia —————!

¡————————— vuelto!

¡—— barbaridad —————!

¡————————— escrito!

PATTERNED RESPONSE

Teacher: ¿Quería Ud. que le buscara el libro?

Student: Sí, quería que me buscara el libro.

que le lavara las orejas

que le abriera la puerta

que le comprara un helado

que le cerrara la puerta

que le dedicara el toro

que le mostrara las banderillas

Controlled Conversation

Pregúntele a ———— qué le parece la corrida de toros.

si le gustaría ser torero.

si su amigo va a vendérselo.

qué haría si fuera rico.

si es aficionado a los toros.

si su novio (-a) tiene los ojos negros.

si fue una lástima que no ganáramos.

quién le dio el dinero.

Personalized Questions

1. Si estuviera Ud. en España, ¿iría a la corrida de toros?
2. ¿Le parece un deporte cruel la corrida de toros?
3. ¿No es más brutal el boxeo?
4. ¿Qué es la fiesta brava?
5. ¿Cómo muestra el torero que no tiene miedo?
6. ¿Por qué les gusta esto a los espectadores españoles?

7. ¿Qué tiene de artístico la corrida de toros?
8. ¿Cuánto tiempo hace que no va Ud. a la corrida de toros?
9. ¿No se puede ver la corrida de toros en la televisión?
10. ¿Tendría Ud. miedo de entrar en la plaza de toros si hubiera un toro?
11. ¿Le gustaría más si no mataran el toro?
12. ¿Es Ud. aficionado a los toros?
13. ¿No se puede calificar al torero como artista también?
14. ¿Cree Ud. que los toreros sean tan populares como los grandes futbolistas de los Estados Unidos?
15. ¿Quería Ud. que le comprara las entradas?
16. ¿Quería Ud. le que lavara las orejas?
17. ¿Qué quería Ud. que le mostrara?
18. ¿Por qué insistía Ud. en que él estudiara?
19. ¿Cuándo le dijo Ud. que viniera?
20. Si fuera Ud. rico, ¿a dónde iría?

Extemporization

1. LA CORRIDA DE TOROS

Vocabulary: matador, torero, desfile, fiesta brava, recuerdos, acomodador, cuernos, miedo, picadores, lomo, embestir.

Topic Ideas: 1. Una corrida de toros.
2. El matador no tiene miedo.
3. Me gustaría ser matador.

Questions: 1. ¿En qué países se puede ver una corrida de toros?
2. ¿A qué se le llama la "fiesta brava"?
3. ¿Dónde se llevan a cabo las corridas de toros?
4. ¿Por qué te gustaría ser torero?
5. ¿Te parece que el matador tenga miedo?
6. ¿Qué son las banderillas?

2. LOS DISTINTOS DEPORTES

Vocabulary: béisbol, fútbol, corridas de toros, boxeo, brutal, ganar, localidades, público.

Topic Ideas: 1. Mi deporte preferido.
2. No me gusta el boxeo.
3. El campeonato de fútbol.

Questions: 1. ¿Cuál es tu deporte favorito?
2. ¿Puede decirse que un torero es un artista?
3. ¿Qué localidades prefieres cuando vas a un partido de fútbol?
4. ¿Cuestan mucho dinero las entradas para un partido de béisbol?
5. ¿Eres aficionado a los toros?
6. ¿Quién ganó el campeonato de fútbol la temporada pasada?

Velásquez, *La Rendición de Breda,* in the Prado Museum. (Anderson—Art Reference Bureau)

A. Underline the subjunctive or the indicative form of the verb as required by the sentences.

1. Quiero leerlo antes de que Ud. lo (lea, lee).
2. No comeremos hasta que él (llegue, llega).
3. Se lo dijo tan pronto como (viniera, vino).
4. Irá Ud. aunque (haga, hace) mal tiempo.
5. Casi siempre estudio en cuanto (vuelva, vuelvo) a casa.
6. Voy a trabajar para que ellos (trabajen, trabajan) también.
7. No cantaré a menos que tú (cantes, cantas) también.
8. Yo leo el periódico mientras (coma, como).
9. Lo saludé en cuanto lo (viera, vi).
10. Después que (coman, comen) se acuestan.

B. Change the verb of the subordinate clause as required by the tense of the main verb.

    Example: Ella me pide que vaya a visitarla.
                  Ella me pidió que **fuera** a visitarla.

1. Temo que ella no venga.
    Temía que ella no _____.
2. Mandaron que él lo hiciera.
    Mandan que él lo _____.
3. Siento que ellos no lo crean.
    Sentía que ellos no lo _____.
4. Buscaba un muchacho que no tuviera miedo.
    Busco un muchacho que no _____ miedo.
5. No hay nadie que quiera casarse.
    No había nadie que _____ casarse.
6. Yo dudaba que tú pudieras hacerlo.
    Yo dudo que tú _____ hacerlo.
7. Querían que ella volviera temprano.
    Quieren que ella _____ temprano.
8. Lo hará Ud. sin que nadie le ayude.
    Lo hizo Ud. sin que nadie _____.
9. ¿Asistirá Ud. a una universidad que no tenga examen alguno?
    ¿Asistiría Ud. a una universidad que no _____ examen alguno?
10. Voy a España si tengo bastante dinero.
    Iría a España si _____ bastante dinero.

C. Rewrite the sentences and change the verbs to the preterit and the conditional as in the example.

Example: María dice que vendrá temprano. **María dijo que vendría temprano.**

1. Dices que iremos al teatro.
2. El dice que no podrá salir.
3. Digo que los chicos no se levantarán.
4. Le decimos que no tendrá que venir.
5. Mamá dice que sabremos pronto.

D. Complete the sentences according to the example.

Example: Luisa dijo que **vendría** pero no **vendrá.**

1. Mi amigo dijo que _____ (volver) pero no _____.
2. El profesor dijo que lo _____ (hacer) pero no lo _____.
3. Uds. dijeron que lo _____ (escribir) pero no lo _____.
4. Papá dijo que lo _____ (ver) pero no lo _____.
5. El novio dijo que _____ (estar) pero no _____.
6. Yo dije que no _____ (ir) pero no _____.
7. Luisa dijo que lo _____ (aprender) pero no lo _____.
8. Le dijimos que le _____ (hablar) pero no le _____.
9. Ellos dijeron que _____ (jugar) pero no _____.

E. Write the two forms of the exclamations as in the examples.

Example: El libro es fantástico **¡Qué fantástico es el libro!**
¡Qué libro tan fantástico!

1. Esa muchacha es interesante.
2. Los muchachos son fuertes.
3. La casa es rara.
4. Ese libro es aburrido.

F. Complete the sentences as in the example.

Example: Si él se casa irá a México. Si él se **casara iría** a México.

1. Si tengo dinero iré a Las Vegas.
   Si _____ dinero _____ a Las Vegas.
2. Si llueve no jugaremos al tenis.
   Si _____ no _____ al tenis.
3. Si vuelve al campo podrá pescar.
   Si _____ al campo _____ pescar.
4. Si se levanta a las diez llegará tarde.
   Si se _____ a las diez _____ tarde.

Culture Capsule

La Corrida de Toros

En España y en algunos países de Latinoamérica, especialmente México y Perú, la corrida de toros es uno de los espectáculos públicos más populares. El fútbol[1] atrae[2] un mayor número de aficionados[3] y se considera el deporte nacional en la mayoría de los países. La corrida es, sin embargo, más que un deporte, porque incluye más ceremonia y tradición. Es una expresión muy auténtica y característica de la gente de habla española.

La fiesta brava[4] es para los valientes.[5] Un hombre no es digno[6] de tal nombre si tiene miedo de demostrar su coraje.[7] La corrida de toros le ofrece al matador la oportunidad de demostrar su valor.

Si además de ser valiente, el matador puede colocar[8] las banderillas con gracia y facilidad, y hacer que el toro siga la capa, los aficionados lo aclaman con un resonante "olé".

Los admiradores de los matadores demuestran un entusiasmo más fanático por sus favoritos que el que nosotros sentimos por nuestros héroes del fútbol o básquetbol. Para estos aficionados la corrida de toros es una experiencia romántica y fascinante donde sus héroes se cubren[9] de honor y gloria.

[1] El fútbol *soccer*
[2] atrae *attracts*
[3] aficionados *fans or supporters*
[4] fiesta brava *bullfight*
[5] los valientes *the brave men*

[6] digno *worthy*
[7] coraje *courage*
[8] colocar *to place*
[9] se cubren *cover themselves*

QUESTION–ANSWER

1. ¿Cuál es el deporte nacional de la mayoría de los países latinoamericanos?
2. ¿Por qué es más que un deporte la corrida de toros?
3. ¿Qué es un valiente?
4. ¿Qué tiene uno que hacer para mostrar que es un hombre entre los españoles?
5. ¿Tienen entusiasmo los aficionados de la corrida de toros?
6. ¿Quiere Ud. ser matador?
7. ¿Tiene Ud. miedo de los toros?

Dialog Patterns

Un Viaje

El señor Díaz, un importante hombre de negocios de la ciudad, vuelve a casa al mediodía. Su hija de 17 años sale a su encuentro . . .

SR. DÍAZ — Acabo de hablar con el jefe de la compañía y quizá hagamos un viaje a Guadalajara.

SUSANA — ¡Oh papá! te quiero más que nunca. ¿Cuándo partimos?

SR. DÍAZ — Paciencia, hijita. Es un viaje de negocios y todo depende del contrato con la casa mexicana.

SUSANA — Pues, ahora mismo voy a despedirme de todos mis amigos.

SR. DÍAZ — Hija mía, ¿qué prisa hay? Esta mañana escribí una carta pidiéndoles que me ayudaran con los arreglos del viaje.

SUSANA — ¿Y la mandaste por correo aéreo?

SR. DÍAZ — Claro, y llegará mañana por la mañana.

SUSANA — Papá, ¿iremos en jet?

SR. DÍAZ — Creo que sí, y según me dicen tardaremos solamente cuatro horas en llegar?

SUSANA — ¿Hay una playa cerca de la ciudad donde podré tomar el sol?

SR. DÍAZ — Bueno, el lago de Chapala, el más grande de México, queda a una distancia de treinta millas y es muy bonito.

SUSANA — ¿Vamos a detenernos en Acapulco?

SR. DÍAZ — ¡Caramba, hija! Esa ciudad queda muy lejos de Guadalajara.

SUSANA — Sí, pero mientras estemos allí, vamos a ver todo lo que se pueda, ¿no?

SR. DÍAZ — No se te olvide que no es un viaje de placer sino de negocios.

SUSANA — ¿Para cuándo estaremos de vuelta?

SR. DÍAZ — Tal vez sea posible regresar dentro de quince días.

SUSANA — Tengo grandes deseos de ver todo lo típico de México.

SR. DÍAZ — Me dicen que Guadalajara es una de las ciudades más bonitas de México y que allí se ve no solamente lo colonial sino lo moderno también.

287

Mexico City: Aztec calendar stone in the National Museum of Anthropology.
(Jim Cron from Monkmeyer)

Dialog Patterns

A Trip

Mr. Díaz, an important businessman in the city, returns home at noon. His seventeen-year-old daughter comes out to meet him . . .

SR. DÍAZ — I have just talked with the head of our company and perhaps we'll take a trip to Guadalajara.

SUSANA — Oh, dad, I love you more than ever. When are we leaving?

SR. DÍAZ — Patience, daughter. It's a business trip and everything depends on the contract with the Mexican firm.

SUSANA — Well, I'm going to say good-bye to all my friends right now.

SR. DÍAZ — My dear girl, what's the hurry? I wrote a letter this morning asking them to help me with the arrangements of the trip.

SUSANA — And did you send it by airmail?

SR. DÍAZ — Of course, and it will probably get there tomorrow morning.

SUSANA — Dad, will we go by jet?

SR. DÍAZ — I think so; and according to what they tell me it will only take us four hours to get there.

SUSANA — Is there a beach near the city where I can sunbathe?

SR. DÍAZ — Well, Lake Chapala, the largest in Mexico, is about thirty miles away and it's very pretty.

SUSANA — Are we going to stop in Acapulco?

SR. DÍAZ — Good grief, child! That city is very far from Guadalajara.

SUSANA — Yes, but while we're there, let's see everything possible.

SR. DÍAZ — Don't forget it's not a vacation trip but a business trip.

SUSANA — When will we be back?

SR. DÍAZ — Perhaps it will be possible to return in two weeks.

SUSANA — I'm so anxious to see everything that is typical of Mexico.

SR. DÍAZ — They say that Guadalajara is one of the prettiest cities of Mexico and that there you see not only things from the colonial period but also modern things.

Composition

Write an original composition of 100 words on the topic "Lo que hice durante las vacaciones." Tell about the most exciting things you did or the places you visited. After the teacher has made the necessary corrections, you will memorize it and present it orally in class.

The subjunctive with *ojalá, tal vez* or *quizá*

A. The word **ojalá** is used with the imperfect subjunctive to mean "I wish." It is sometimes followed by **que**, but more often than not this word is omitted. It is also used with the past perfect subjunctive.

> **Ojalá (que) vinieran** mañana.   (*I wish they would come tommorow.*)
> **Ojalá (que) no hubiera** venido.   (*I wish he had not come.*)

TENSE SUBSTITUTION

1. *Teacher:* El no está aquí.
   Student: El no está aquí.
   Ojalá que estuviera aquí.

   Ella no baila ahora.
   El no toca el piano.
   No hacemos un viaje.
   No me ayudan a hacerlo.
   No se acuestan temprano.
   El no dice todo.
   Ellos no regresan mañana.
   No me escribe todos los días.

2. *Teacher:* El estaba enfermo.
   Student: El estaba enfermo.
   Ojalá no estuviera enfermo.

   Sabían la verdad.
   Ellos salían a la calle.
   Ellos se levantaban tarde.
   Llovía esta mañana.
   Entendían lo de Juan.

3. *Teacher:* No íbamos en jet.
  Student: No íbamos en jet.
          Ojalá fuéramos en jet.

          No tenía mucho dinero.
          No podíamos llegar a las ocho.
          El no nos hablaba directamente.
          Ella no era muy bonita.

PATTERNED RESPONSE

1. *Teacher:* ¿Viene él mañana?
  Student: Ojalá que viniera.

          ¿Está Ud. bien?
          ¿Tiene él tiempo para hacerlo?
          ¿Hay baile esta noche?
          ¿Puede ella venderlo?

2. *Teacher:* Juan no vino.
  Student: Ojalá hubiera venido.

          No estudió.
          No regresó.
          No ganó.
          No escribió.
          No estuvo.
          No salió.

B. Both **tal vez** and **quizá** mean "perhaps." Normally when these words follow the verb, the verb is in the indicative. When they precede the verb, the verb may be either in the indicative or in the subjunctive. The subjunctive merely expresses greater uncertainty than does the indicative.

    Me **escribe** mañana, **tal vez.**
    Tal vez no esté aquí.

SUBJECT SUBSTITUTION

1. Tal vez (*él*)* llegue mañana. *Repitan.*

   ellos, nosotros, ella, Uds., yo, Ud.

2. Quizá (*ellos*) hagan un viaje. *Repitan.*

   Ud., nosotros, Uds., tú, tus amigos, él

---

* Subject pronouns are not to be used in the pattern sentences. They are given here only as cues.

TENSE SUBSTITUTION

1. *Teacher:*   Tal vez venga esta noche.
   Student: Tal vez venga esta noche.
   Viene esta noche, tal vez.

   Tal vez venda el coche.
   Tal vez no esté aquí.
   Tal vez vuelva mañana.
   Tal vez la conozcan.
   Tal vez tenga bastante dinero.

2. *Teacher:*   Quizá escriba mañana.
   Student: Quizá escriba mañana.
   Escribe mañana, quizá.

   Quizá llame ahora.
   Quizá pueda ir.
   Quizá no vayan ahora.
   Quizá no sepamos todo.
   Quizá no diga la verdad.

PATTERNED RESPONSE

1. *Teacher:*   ¿Sabe Ud. si va a llover?
   Student: No sé. Tal vez llueva mañana.

   vienen sus amigos
   está abierto este restorán
   sale Juan del país
   vuelve Carlos
   lo vende

2. *Teacher:*   ¿Ya lo hizo?
   Student: No estoy seguro. Quizá lo haya hecho.

   gastó el dinero
   aprendió ella a nadar
   fue al baile
   se casaron ellos
   se acostó

The conjunctions *pero* and *sino*

The two common Spanish words for the conjunction "but" are **pero** and **sino**.
Pero means "but" in the sense of "nevertheless." **Sino** means "on the
contrary"; it is used when the first part of the sentence is negative, and the
second part contradicts it.

Quiere casarse, **pero** no tiene dinero.
(*He wants to get married, but he doesn't have any money.*)

No es español **sino** mexicano.
(*He is not a Spaniard but a Mexican.*)

PATTERNED RESPONSE

1. *Teacher:* ¿Le gusta hablar español?
   Student: Sí, me gusta hablar español pero es muy difícil.

   bailar una rumba   jugar al tenis
   zambullirse   montar a caballo
   flotar en el agua

2. *Teacher:* ¿Vienes esta noche?
   Student: No, pero es posible que mi hermano venga.

   ¿Te vas mañana?   ¿Te quedas ahora?
   ¿Sales esta tarde?   ¿Llegas tarde?

3. *Teacher:* ¿Es nuevo su vestido?
   Student: No, señor, no es nuevo sino muy viejo.

   rico el profesor — pobre
   tonto Renaldo — inteligente
   fea Catalina — bonita
   difícil el español — fácil
   pequeño el muchacho — grande

4. *Teacher:* ¿Les gusta estudiar?
   Student: No, no les gusta estudiar sino divertirse.

   viajar — quedarse en casa
   ir en avión — ir en coche
   pescar — cazar
   jugar al tenis — jugar al golf
   ir a la playa — ir a las montañas

QUESTION–ANSWER

Yo voy a hacer un viaje a España. ¿Y usted?   *Contesten.*
Iré en jet. ¿Y usted?
El quiere a su novia. ¿Y usted?
Mañana por la mañana vamos a la playa. ¿Y usted?
Le gusta a Carlos hablar español. ¿Y a usted?
Pepe estudia mucho pero Juan no estudia nada. ¿Y usted?

El nació rico. ¿Y usted?
Ella dijo que en caso de que hiciera frío no saldría de casa. ¿Y usted?
El dijo que si tuviera hambre, comería. ¿Y usted?
Ricardo dice que tal vez no venga a la clase mañana. ¿Y usted?

ITEM SUBSTITUTION

Si usted hace un viaje, ¿irá en avión?   *Repitan.*
— tú _____?
_____ hicieras _____?
_____ coche?
— nosotros _____?
_____ tuviéramos dinero _____?
— Uds. _____?
_____ al cine?
_____ tiempo ____?
— él _____?
_____ campo?
_____ pudiera _____?
_____ ¿viviría en el _____?
— Ud. _____?
_____ la ciudad?
— ella _____?
_____ quisiera _____?
_____ ¿se divertiría _____?
— ellas _____?
_____ el parque?

Controlled Conversation

1. Pregúntele a _____ si va a hacer un viaje a México.
si tiene deseos de hacer un viaje.
si mandó las cartas por correo aéreo.
si ha tomado el sol en la playa.
si se levantó a las seis.
si ha trabajado de noche.
si habrá partido de fútbol el sábado.
si cree que el profesor es rico.
si se le olvidó que tiene que aprender todos los
verbos irregulares.
si es tonto Roberto.

2. *Teacher:* Dígale a _____ que tiene que estudiar más.
   First Student: _____, tienes que estudiar más.
   Second Student: Sí, ya sé. Tengo que estudiar más.

   que no debiera divertirse tanto.
   que debe levantarse a las seis todas las mañanas.
   que debiera hacer el viaje el sábado y no el domingo.
   que tiene que mandar la carta por correo aéreo.
   que tendrá que acompañarle a Ud. al dentista después de la clase.
   que no debiera casarse hasta tener veintiún años.
   que debiera ganar mucho dinero durante el verano.

Personalized Questions

1. Si Ud. hace un viaje a Nueva York, ¿cuánto tiempo tardará en llegar?
2. ¿Por qué va Ud. a la playa?
3. ¿Cuándo va Ud. a casarse?
4. ¿Ha escrito Ud. cartas a personas de otros países?
5. ¿Es rico el profesor?
6. ¿Se le olvidó estudiar anoche?
7. ¿Ha hecho Ud. un viaje a México?
8. ¿Qué se debe hacer en un viaje?
9. ¿Es fácil el español?
10. Si Ud. tuviera mucho dinero, ¿qué clase de automóvil compraría?
11. ¿Por qué se manda una carta por correo aéreo?
12. Si Ud. va a casa, ¿cuándo estará de vuelta?
13. ¿Queda lejos del centro la universidad?
14. ¿Es tonto su novio?
15. ¿Le gusta jugar al tenis?
16. ¿Sabe Ud. si su amigo viene mañana?
17. Si Ud. hiciera un viaje, ¿iría en jet?
18. ¿Habrá partido de béisbol este fin de semana?
19. ¿Es verdad que Ud. es muy rico?
20. ¿Va Ud. al cine aunque tiene que estudiar?

Extemporization

1. EL CORREO

Vocabulary: escribir, cartas, avión, jet, rápido, extranjero, amigos, mandar, padres.

Topic Ideas: 1. Una carta de mi papá.
                 2. Ayer le escribí a mi mamá.
                 3. Tal vez mi novio (-a) escriba mañana.

Questions: 1. ¿Les escribes a tus padres todas las semanas?
                2. ¿Cuántas cartas les escribes en una semana?
                3. ¿Mandas las cartas por correo aéreo o regular?
                4. ¿Cuándo mandas las cartas por correo aéreo?
                5. ¿Por qué van las cartas al extranjero en jet?
                6. ¿Cuándo le escribes a tu novio (-a)?

2. UN HOMBRE DE NEGOCIOS

Vocabulary: ciudad, México, negocios, despedirse, Acapulco, arreglos, avión, tardar, playa, detenerse, placer, regresar, típico.

Topic Ideas: 1. Nuestro viaje a México.
                 2. Mi papá es hombre de negocios.
                 3. Ojalá fuéramos a Acapulco.

Questions: 1. ¿Es tu padre el jefe de la compañía?
                2. ¿Cuándo irás de viaje a Sudamérica?
                3. ¿Qué ciudades visitarás?
                4. ¿Quién te ayudará con los arreglos del viaje?
                5. ¿Cuánto tardarás en llegar a Acapulco?
                6. ¿Qué piensas ver en Sudamérica?

Reading

Lo Mismo Da[1] (adapted)

JAVIER DE VIANA

PART ONE

El rancho[2] de don Tiburcio en una tarde de sol parecía un animal grande y negro, pasando la siesta a la sombra[3] de dos higueras frondosas.[4] El viento de las pampas hace muchos años le torció[5] el techo[6] y fue a quedar[7] como un sombrero inclinado sobre la oreja.

No había por qué arreglar el techo porque servía lo mismo y ya era muy

---

[1] lo mismo da *it makes no difference*
[2] rancho *house*
[3] sombra *shade*
[4] higueras frondosas *leafy figtrees*
[5] torció *twisted*
[6] techo *roof*
[7] fue a quedar *came to rest*

viejo don Tiburcio. Y además, el pelo de la res[8] no influye en el sabor[9] de la carne.[10]

Lo mismo[11] pensaba Casimira, su mujer, una viejecita que era indiferente a todo mientras que podía gruñir a gusto.[12]

Y Maura, la chiquilina,[13] encontraba más bello el rancho así. Maura era linda, era fresca y era alegre.

Sin embargo, en aquel domingo de otoño, la chiquilina se agitaba[14] en singular preocupación. Tan preocupada se hallaba junto al fogón[15] de la pequeña cocina, que la leche puesta a hervir[16] en el caldero,[17] subió y cayó en las brasas.[18] Doña Casimira le gritó desde el patio:

— ¡Que se quema la leche,[19] avestruza!...[20]

Maura atendió en seguida,[21] porque su madre la llamaba a veces perra,[22] a veces animala, pero cuando le decía avestruza, es que estaba furiosa, y casi siempre acompañaba el insulto con una bofetada.[23]

En realidad, tenía muchos motivos la chica para encontrarse preocupada; ese mismo domingo, llegada la noche, debía abandonar aquellos tres viejos queridos — su padre, su madre y el rancho.

Pero había más; había una duda atroz[24] penetrando su pequeño cerebro.[25] ¿Amaba realmente a Liborio?... Evocando su imagen, le parecía que sí; pero le ocurría que, al evocarla, también se presentaba, sin ser llamada, la imagen de Nemesio.

Liborio la seducía[26] con su pelo colorado, con su voz[27] más dulce[28] que la miel y con su fama de peleador[29] de policías.

Nemesio era casi indio y feo de un todo.[30] Hablaba muy poco y casi no se le entendía lo que hablaba. Tenía un cuerpo grandísimo y una cabecita chiquita y redonda.[31]

Pero Nemesio era sargento de policía. La chaqueta militar y el sable le daban un prestigio acentuado por los dos hombres que siempre, en todas partes, trotaban respetuosamente a su retaguardia.[32]

El sargento y el bandolero[33] codiciaban[34] con idéntico apetito a la chiquilina de don Tiburcio y ella no sabía por quién decidirse. Pero Liborio, más atrevido,[35] sin duda, le dijo el lunes que el domingo la iba "a sacar". Y ella... ¿qué iba a hacer?... aceptó no más.

[8] res *cattle*
[9] sabor *savor*
[10] carne *meat*
[11] lo mismo *the same*
[12] gruñir a gusto *grumble at will*
[13] chiquilina *young girl*
[14] se agitaba *got excited*
[15] fogón *fireplace*
[16] puesta a hervir *put on to boil*
[17] caldero *kettle*
[18] brasa *live coal*
[19] ¡Que .. leche! *The milk is burning!*
[20] avestruza *stupid, fool*
[21] en seguida *immediately*

[22] perra *dog*
[23] bofetada *slap*
[24] atroz *atrocious*
[25] cerebro *brain*
[26] seducía *charmed*
[27] voz *voice*
[28] dulce *sweet*
[29] peleador *fighter*
[30] de un todo *completely*
[31] redonda *round*
[32] a su retaguardia *in the rear*
[33] bandolero *robber, highwayman*
[34] codiciaban *coveted*
[35] atrevido *daring*

QUESTION–ANSWER

Write the answers to the following questions and prepare to discuss them in class:

1. ¿Cómo era el rancho de don Tiburcio?
2. ¿Por qué no arregló el techo don Tiburcio?
3. Cuando uno es viejo, ¿por qué no le importa mucho el techo de la casa?
4. ¿Cómo eran los padres de Maura?
5. ¿Por qué la llamó avestruza su mamá?
6. Cuando Ud. deja quemarse la leche, ¿qué le llama su mamá?
7. Maura se hallaba muy preocupada. ¿Por qué?
8. ¿Cómo era Liborio?
9. ¿Cómo era Nemesio?
10. ¿Quiere Ud. casarse con un Liborio o un Nemesio?

Dialog Patterns

La Bomba Atómica

Dos jóvenes universitarios de Latinoamérica están discutiendo los acontecimientos más recientes de la guerra fría.

DANIEL — Figúrate que los rusos acaban de lanzar un hombre a otro planeta.

RAÚL — ¿Lo podrán traer de vuelta?

DANIEL — ¡Claro! Hizo el viaje lo más bien. ¡Qué inteligentes esos rusos!

RAÚL — No te engañes. Los rusos hacen mucho pero los yanquis son bastante listos también. La bomba atómica se inventó en los Estados Unidos.

DANIEL — Y ya han puesto al hombre en la luna. Los dos rivales siguen adelante. ¿Quién ganará?

RAÚL — Los yanquis están gastando muchísimo dinero.

DANIEL — Sí, pero los rusos tienen unos astronautas formidables.

RAÚL — Personalmente no tengo muchas ganas de ser astronauta.

DANIEL — ¡Yo sí! Si fuera más joven yo sería piloto.

RAÚL — Según dicen esa profesión no promete mucho ya. Los proyectiles dirigidos no necesitan piloto.

DANIEL — Yo quisiera hacer la vuelta al mundo en cohete.

RAÚL — Eso no me interesa.

DANIEL — En la ONU (Organización de las Naciones Unidas) se habla mucho de las pruebas que se hacen con la bomba atómica.

RAÚL — Dicen que hay bombas que pueden destruir una ciudad entera.

DANIEL — Toda una región.

RAÚL — ¡Qué bárbaro! Parece que no hay defensa contra ese monstruo inventado por los hombres.

DANIEL — Un día de estos un técnico, sin querer, va a apretar un botón y la guerra fría se convierte en guerra caliente.

RAÚL — Eso sería el fin del mundo.

299

Saturn 5 in flight. (Dr. Georg Gerster from Rapho Guillumette)

Dialog Patterns

The Atomic Bomb

Two university students of Latin America are discussing the latest happenings in the cold war.

DANIEL — Do you realize that the Russians have just launched a man to another planet?

RAÚL — Can he be brought back?

DANIEL — Of course. He made the trip just fine. How intelligent those Russians are.

RAÚL — Don't be fooled. The Russians do a lot, but the Yankees are quite smart too. The atomic bomb was invented in the United States.

DANIEL — They have already put man on the moon. The two rivals are going forward. Who will win?

RAÚL — The Yankees are spending a lot of money.

DANIEL — Yes, but the Russians have some wonderful astronauts.

RAÚL — Personally, I don't have much desire to be an astronaut.

DANIEL — I do! If I were younger I'd be a pilot.

RAÚL — According to what they say, that profession doesn't have a promising future any more. Guided missiles don't need a pilot.

DANIEL — I'd like to go around the world in a rocket.

RAÚL — That doesn't interest me.

DANIEL — In the UN they are talking a lot about the tests that are being made with the atomic bomb.

RAÚL — They say that there are bombs that can destroy an entire city.

DANIEL — An entire region.

RAÚL — What a situation! There doesn't seem to be any defense against that monster invented by men.

DANIEL — One of these days a technician is going to push a button accidentally and the cold war will become a hot war.

RAÚL — That would be the end of the world.

Composition

Write a letter of 100 words inviting a friend to the "fiesta" which you are planning for next Saturday. Tell your friend what he should wear, who will attend, and the things that will happen. After your teacher has made the necessary corrections, you will memorize your letter and present it orally in class.

The reflexive *se* as a nonpersonal subject

Se puede pescar en el campo.
Se come bien allí.
Se habla mucho aquí.

The reflexive pronoun **se** is used as a nonpersonal subject with the third person singular when there is no reference regarding "who" or "what" performs the action. Notice that there is no object in this construction and that the English equivalent of the reflexive is " one," "they," "you," or "people."

PATTERNED RESPONSE

Teacher: ¿Se puede fumar en la clase?
Student: No, se prohibe fumar en la clase.

  ¿Se puede entrar sin tocar?
  ¿Se puede comer aquí sin saco?
  ¿Se puede salir sin zapatos?
  ¿Se puede entrar en el Kremlin?
  ¿Se puede bailar en la catedral?
  ¿Se puede bajar por aquí?
  ¿Se puede hablar inglés en la clase?
  ¿Se puede perder el dinero todos los días?

ITEM SUBSTITUTION

¿Por dónde se va *al cine Rex*?   *Repitan.*

al correo	al centro
a la iglesia	a la playa
a la universidad	al mercado
a la farmacia	al parque
al banco	al teatro

PATTERNED RESPONSE

Teacher: ¿Por dónde se va al cine Rex?
Student: Se va por ahí derecho. (a la izquierda, a la derecha)

al correo	a la playa
a la farmacia	a la iglesia
al banco	al centro

Direct object and verb agreement with the reflexive *se*

Se inventó la bomba atómica aquí.
Se inventaron los cohetes allí.
Se abrió la puerta.
Se abrieron las puertas.
Aquí **se venden discos.**

The tendency in Spanish is for the verb in this construction to agree in number with the noun object which follows.

ITEM SUBSTITUTION

¿Aquí se venden *discos*?   *Repitan.*

pan	queso	revistas
dulces	libros	chocolate
camisas	café	cigarrillos
carne	periódicos	leche
autos	chicle	ropa
fotos		

PATTERNED RESPONSE

1. *Teacher:*   ¿Dónde se inventó la bomba atómica?
   Student: Se inventó en los Estados Unidos.

   ¿Dónde se escribió este libro?
   ¿Dónde se hizo esta máquina?
   ¿Dónde se organizó la ONU?
   ¿Dónde se publicó la revista?

2. *Teacher:*   ¿Cuándo se abrió el teatro?
   Student: El teatro se abrió el año pasado.

   ¿Cuándo se cerró la puerta?
   ¿Cuándo se publicó el documento?
   ¿Cuándo se lanzó la bomba atómica?
   ¿Cuándo se organizó la ONU?
   ¿Cuándo se terminó el proyecto?
   ¿Cuándo se hicieron las pruebas?

3. *Teacher:*   ¿Se compran discos aquí?
   Student: No, se compran en la discoteca.

Teacher: ¿Se compra pan aquí?
Student: No, se compra en la panadería.

dulces — confitería   queso — quesería
camisas — camisería   leche — lechería
carne — carnicería

Impersonal construction of the reflexive *se*

Actions which appear to happen by themselves, such as English "It slipped my mind," "His horse died on him," "My books got lost," and "It occurs to us," are best expressed in Spanish by using the reflexive **se**, the appropriate indirect object pronoun, and the verb in the third person. In Spanish these English sentences are:

> **Se me olvidó.**
> **Se le murió el caballo.**
> **Se me perdieron los libros.**
> **Se nos ocurre.**

SUBJECT SUBSTITUTION

1. Se me ocurrió una idea espléndida.   *Repitan.*

   a él, a nosotros, a ellos, a ti, a Ud.

2. Se le rompieron los discos.   *Repitan.*

   a nosotros, a él, a ellas, a mí, a Juan

ITEM SUBSTITUTION

¡Caramba! se me olvidó el libro.   *Repitan.*
——————————— los ——.
——————— nos ——————.
¡Caray! ———————————.
——————— le ——————.
——————————— chanclos.
——————— perdieron ———.
¡Dios mío! ———————————.
——————————— el impermeable.
————— te ———————————.
——————————— dinero.

PATTERNED RESPONSE

Teacher: ¿Se te quedó en casa el libro?
Student: Claro que se me quedó el libro en casa.

los zapatos	la ropa
el suéter	el traje
la corbata	los frijoles
las aspirinas	el postre

CHOICE–QUESTION ANSWER

¿Se le olvidó el dinero o el cheque?   *Contesten.*
¿Se le rompió el brazo o la pierna?
¿Se les rompieron los platos o las tazas?
¿Se nos olvidó la hora o el día?
¿Se les quedaron en casa los libros o los papeles?
¿Se te ofreció dinero o trabajo?
¿Se le cayó el plato o la servilleta?
¿Se le quedó en casa la medicina o la receta?
¿Se le murió el gato o el perro?
¿Se les permitió venir el jueves o el sábado?

Passive voice versus active voice

La primera bomba atómica **fue lanzada** por los americanos.
Los americanos **lanzaron** la primera bomba atómica.

Los periódicos **fueron vendidos** por los muchachos.
Los muchachos **vendieron** los periódicos.

The passive voice in Spanish is formed by combining the appropriate form of the verb **ser** with the past participle.

form of **ser** + past participle

fueron   + **vendidos**
fue   + **lanzada**

Note the agreement with the subject in number and gender.

When the agent (the one performing the action or the thing causing it) is indicated or strongly implied, the passive voice is used.

The same idea may be expressed with the active voice. The passive voice is much less common in Spanish than in English.

STRUCTURE SUBSTITUTION

1. *Teacher:* La primera bomba atómica fue lanzada por los americanos. *Cambien.*
   Student: Los americanos lanzaron la primera bomba atómica.

   Los periódicos fueron vendidos por los muchachos.
   La casa fue destruída por el terremoto.
   Las fuerzas fueron atacadas por el caudillo.
   La revolución fue iniciada por Juan Lanas.
   Las hamburguesas fueron inventadas por los americanos.
   Estos documentos fueron publicados por los rusos.
   Este auto fue fabricado por los franceses.

2. *Teacher:* ¿Quién lanzó la primera bomba atómica? *Cambien y contesten.*
   Student: La primera bomba atómica fue lanzada por los americanos.

   ¿Quién publicó este documento?
   ¿Quién inventó las hamburguesas?
   ¿Quién fabricó este auto?
   ¿Quién escribió este libro?

Controlled Conversation

Pregúntele a ———— si aquí se estudia mucho.
si aquí se habla español.
si aquí se prohibe fumar.
si aquí se come bien.
si aquí se revelan fotos.
si aquí se ven muchos rusos.

Personalized Questions

1. ¿Tiene Ud. miedo de la bomba atómica?
2. ¿Cree Ud. que los rusos nos lancen la bomba atómica?
3. ¿Le gustaría hacer un viaje a Rusia?
4. ¿Cree Ud. que los rusos conquisten todas los planetas?
5. ¿Cree Ud. que haya hombres en la luna?
6. ¿Dónde se usó por primera vez la bomba atómica?
7. ¿Dónde se hacen pruebas de la bomba atómica?
8. ¿De qué se habla en la ONU?
9. ¿Qué dicen los periódicos de la guerra fría ahora?

10. ¿Cree Ud. que las escuelas de Rusia sean mejores que las nuestras?
11. ¿Hay muchos americanos que hablen ruso?
12. ¿Quisiera Ud. estudiar el ruso?
13. ¿Si fuera Ud. más joven sería piloto?
14. ¿Cree Ud. que la guerra fría se convierta en guerra caliente?
15. ¿Qué defensa hay contra la bomba atómica?
16. ¿Se vende pan en el correo?
17. ¿Se prohibe fumar en la sala de clase?
18. ¿Cuándo se escribió este libro?
19. ¿Por qué no se puede bailar en la catedral?
20. ¿Por quién fue inventado el jazz?
21. ¿Qué se le olvidó?
22. ¿Cuándo se le murió el gato?
23. ¿Por qué se le quedaron en casa los libros?
24. ¿Cuándo se le ocurrió eso?
25. ¿A quién se le rompió el brazo?

Extemporization

1. EL VIAJE A LA LUNA

Vocabulary: cohete, astronauta, lanzar, traer, listos, inventar, conquistar, planetas, gastar, dinero, poner.

Topic Ideas: 1. Se puede viajar a la luna.
2. Me gustaría ser astronauta.
3. Se habla mucho de los cohetes.

Questions: 1. ¿Quiénes viajan en los cohetes?
2. ¿Cuándo te parece que los hombres colonizarán la luna?
3. ¿Cuánto dinero se gasta en los viajes a la luna?
4. ¿Te gustaría dar la vuelta al mundo en cohete?
5. ¿Por qué te gustaría ser astronauta?
6. ¿Cuáles son los peligros en la vida de un astronauta?

2. LA BOMBA ATÓMICA

Vocabulary: inventar, prohibir, pruebas, destruir, defensa, monstruo, técnico, apretar.

Topic Ideas: 1. La bomba atómica es un monstruo.
2. La defensa contra la bomba atómica.
3. La bomba atómica se inventó en los Estados Unidos.

Questions: 1. ¿Cuándo se inventó la bomba atómica?
2. ¿Dónde se hacen las pruebas atómicas?
3. ¿Se prohibieron las pruebas atómicas?
4. ¿Qué puede destruir una bomba?
5. ¿Te parece que un técnico pueda convertir la guerra fría en guerra caliente?
6. ¿Cuántas naciones tienen la bomba atómica?

Reading

Lo Mismo Da (adapted)

JAVIER DE VIANA

PART TWO

Y llegó el domingo. Liborio lo había elegido[36] porque Nemesio, con toda la policía, debía hallarse muy ocupado. Maura intentó resistir, pero Liborio le dijo brutalmente:

— ¿Para qué?... ¡El agua se saca cuando se tiene sed! Espérame al obscurecer debajo de las higueras...

¿Y ella qué iba a hacer?

La noche era obscura, y sin más guía[37] que el instinto, Liborio avanzaba a trote. Tenía a la grupa[38] la carga preciosa.

No hablaban. El iba soñando;[39] ella iba haciendo cálculos, esos cálculos chiquitos que hacen los brutos en los momentos solemnes.

De pronto, el gaucho sofrenó[40] el caballo. Había oído, hacia su derecha, ruido[41] de gentes y de sables.

— ¡La policía! — gritó — ¡y me vienen ganando el paso!... Pero lo mismo da; ¡pasaremos por la laguna!...

— ¡Por la laguna! — gritó Maura asustada.

— ¡No tengas miedo!

Diez minutos después se detenían al borde de la laguna.

— ¡Tengo miedo!... ¡tengo miedo! — lloraba Maura. Y él:

— No se asuste.[42] Agárreseme[43] del lomo[44] y cierre los ojos.

Cerca, cerquita resonaban los cascos[45] de los caballos de los perseguidores

---

[36] elegido *chosen, elected*
[37] guía *guide*
[38] a la grupa *on the horse's rump*
[39] soñando *dreaming*
[40] sofrenó *stopped, checked*

[41] ruido *noise*
[42] no se asuste *don't become frightened*
[43] agárreseme *hold on to me*
[44] lomo *back*
[45] casco *hoof*

y se oía claro el repiqueteo[46] de los sables. El bandolero, abandonando el tono cariñoso, ordenó con acento brutal:

— ¡Vamos!... — Y se lanzó a las aguas. Pero la muchacha, con un furioso movimiento del cuerpo, se tiró al suelo. Cuando Liborio salió a flote, volvió la cabeza y lanzó el más horrible de los insultos gauchos.

Casi en seguida se oyó una descarga[47] de fusiles . . .[48] El bandolero gritó como un puma herido,[49] soltó[50] las crines[51] del caballo y se hundió[52] en las aguas muertas de la laguna . . .

El sargento Nemesio lo vio desaparecer y se volvió hacia Maura que permanecía en cuclillas,[53] muerta de miedo. La castigó[54] con una palabra fea. La iba a pegar,[55] pero poco a poco fue enterneciéndose[56] y como no sabía ser tierno[57] con las palabras, le dio un beso.

Maura lloró y él dijo:

— ¿Quieres venir conmigo?...

Ella calculó todas esas cositas chicas que permiten vivir; pensó que muerto Liborio se simplificaba su problema y respondió lagrimeando:[58]

— Bueno.

Y después, mirándolo cara a cara, confesó:

— ¡Lo mismo da!...

[46] repiqueteo *clatter*
[47] descarga *shot, firing*
[48] fusil *gun*
[49] herido *wounded*
[50] soltó *he loosened*
[51] crin *mane*
[52] se hundió *he sank*

[53] en cuclillas *squatting*
[54] castigó *he punished*
[55] pegar *to hit, strike*
[56] fue enterneciéndose *he was gradually moved to pity*
[57] tierno *tender*
[58] lagrimeando *weeping*

QUESTION–ANSWER

Write the answers to the following questions and prepare to discuss them in class:

1. ¿Por qué había elegido Liborio el día domingo para casarse?
2. ¿Por qué se asustó Maura?
3. ¿Qué hizo Maura cuando Liborio se lanzó al agua?
4. Explíquese el significado del título: ¡Lo mismo da!
5. Al fin Maura decidió casarse con Nemesio. ¿Por qué?
6. ¿Quién debe arreglar el casamiento — el novio, la novia, o los padres?
7. ¿Cuántos novios (-as) tiene Ud.?
8. ¿Cuántos novios debe tener una señorita?
9. ¿Por qué le importa a Ud. con quién se casa?

Mexico City: Palacio de Bellas Artes. (Victor de Palma from FPG)

Mexico City: Palacio de Bellas Artes. (Jim Cron from Monkmeyer)

Dialog Patterns

Un Concierto

Unos jóvenes universitarios, al pasar por el Palacio de Bellas Artes, ven un gran letrero que anuncia un concierto por la Sinfónica Nacional de México bajo la batuta del maestro Carlos Chávez. Van a buscar a los demás compañeros y a las ocho en punto están para entrar al concierto.

TOMÁS — ¿Y los boletos? ¿No los trae nadie?

EFRAÍN — Yo los traigo. Son numerados y nos tocaron buenos asientos.

TOMÁS — Bueno, pues apurémonos que ya empieza el concierto.

VICENTE — ¡Qué lástima que no llegáramos más temprano para ver los murales de Rivera!

TOMÁS — Eso lo tendrás que dejar para otro día. Vamos a sentarnos.

VICENTE — Y pensar que solamente vengo para acompañarlos. Realmente no me gusta nada esta música clásica.

TOMÁS — Cállate, hombre, que están tocando la Quinta Sinfonía de Beethoven.

VICENTE — Y a mí, ¿qué me importa que toquen la décima?

EFRAÍN — ¿Cómo es posible que tú no sepas apreciar la buena música?

TOMÁS — ¡Qué raro! Porque yo, siempre que escucho esta sinfonía tan conmovedora me absorbo completamente.

EFRAÍN — Cálmate, Vicente. Solamente nos faltan dos números en el programa.

Al terminar el programa todavía es temprano y los jóvenes quieren divertirse más. Salen de Bellas Artes y se ponen a charlar por un momento.

VICENTE — Esos músicos tuyos no saben lo que es música alegre. Vamos a escuchar los mariachis en la Plaza del Tenampa.

TOMÁS — Buena idea. A mí también me gustan los mariachis.

VICENTE — Ahora sí van a ver lo que es un ritmo que tiene movimiento y vida.

Dialog Patterns

A Concert

Some university students, upon passing by the Palace of Fine Arts, see a large sign that announces a concert by the National Symphony of Mexico under the baton of maestro Carlos Chávez. They go and get their other companions, and at 8 o'clock sharp they are about to enter the concert.

Tomás — How about the tickets? Doesn't anyone have them?

Efraín — I have them. They're numbered, and they gave us good seats.

Tomás — Well, let's hurry because the concert will begin soon.

Vicente — What a pity we didn't come earlier to see the Rivera murals!

Tomás — You'll have to leave that for another day. Let's sit down.

Vicente — And to think I'm here just to keep you company. I really don't like this classical music at all.

Tomás — Quiet, man, they're playing Beethoven's Fifth Symphony.

Vicente — And what difference does it make to me if they're playing his tenth?

Efraín — How can it be possible that you don't know how to appreciate good music?

Tomás — It's really strange! Because every time I hear this very moving symphony I'm completely spellbound.

Efraín — Quiet down, Vicente. We have only two numbers left on the program.

When the program is finished, it is still early, and the young men want more entertainment. They leave the Fine Arts building and start to chat for a moment.

Vicente — Those long-haired friends of yours don't know what good music is. Let's go listen to the mariachis in Tenampa Square.

Tomás — A good idea. I like mariachi music too.

Vicente — Now you'll really see what a rhythm with movement and life is.

Composition

Write a letter of at least 100 words to your parents. Tell them about your joys, sorrows, fears, and needs with respect to the end of the school year which is now approaching. After your teacher has made the necessary corrections, you will memorize the letter and present it orally in class.

Affirmative and negative contrasts

Affirmative		*Negative*	
algo	*something*	**nada**	*nothing*
alguien	*someone*	**nadie**	*nobody, no one*
alguno, -a	*some, any*	**ninguno, -a***	*no, none*
algún* día	*some day*	**nunca**	*never*
también	*also*	**tampoco**	*neither, not either*
o . . . o	*either . . . or*	**ni . . . ni**	*neither . . . nor*

1. Tengo **algo** para él.
   Nada compré.
   No compré **nada.**

2. **Alguien** ya está allí.
   Nadie vino al concierto.
   No vino **nadie** al concierto.

3. **Algunos** jóvenes me hablaron.
   Ninguno de los muchachos me habló.
   No me habló **ninguno** de los muchachos.

4. **Algún** día estaré de vuelta.
   Nunca funciona bien el auto.
   El auto **no** funciona bien **nunca.**

5. A mí **también** me gustan los mariachis.
   Tampoco me escribe.
   No me escribe **tampoco.**

6. Dicen que él **o** no estudia **o** es muy estúpido.
   Ni el profesor **ni** su esposa están aquí.
   No están aquí **ni** el profesor **ni** su esposa.

Note that if a negative word follows the verb, **no** must precede it. In Spanish this use of the double negative is common. If the negative precedes the verb, **no** is never used.

---

* Before a masculine singular noun, **alguno** is shortened to **algún**. **Ninguno** is treated the same way: **ningún** hombre.

STRUCTURE SUBSTITUTION

1. *Teacher:*   Alguien llama a la puerta.
   Student: Alguien llama a la puerta.
   No llama nadie a la puerta.

   Ud. va al parque algún día. — nunca.
   El tiene un coche también. — tampoco
   El eso loco o estúpido. — ni . . . ni
   Es alguna mala noticia. — ninguna
   Tengo algo para Ud. — nada

2. *Teacher:*   No se puede hacer nada.
   Student: No se puede hacer nada.
   Se puede hacer algo.

   Nadie está en la oficina. — alguien
   Tampoco vamos a estudiar. — también
   Ni Juan ni María vienen esta noche. — o . . . o
   Ninguna lección es interesante. — alguna

PATTERNED RESPONSE

1. *Teacher:*   ¿Qué ha aceptado Ud.?
   Student: Yo no acepté nada. ¿Aceptó algo Ud.?

hecho	vendido
visto	encontrado
comprado	dado
tocado	tomado
escrito	aprendido

2. *Teacher:*   ¿Con quién ha bailado Ud.?
   Student: Yo no bailé con nadie. ¿Bailó Ud. con alguien?

nadado	se ha divertido
comido	se ha casado
montado a caballo	trabajado
estudiado	jugado
visitado	ido

3. *Teacher:*   ¿Hay teatros en esta ciudad?
   Student: Sí, algunos, pero no he encontrado ninguno que me guste.

restoranes	almacenes
escuelas	mercados
estaciones de gasolina	

PATTERNED RESPONSE

Teacher: Yo voy al parque. ¿Y Ud.?
Student: Yo voy también.

Teacher: Yo no voy al parque. ¿Y Ud.?
Student: Yo no voy tampoco.

Yo vuelvo temprano. ¿Y Ud.?
Yo no salgo. ¿Y Ud.?
Yo no puedo hacerlo. ¿Y Ud.?
Yo quiero montar a caballo. ¿Y Ud.?
Yo no estudio nunca. ¿Y Ud.?
Yo leo todos los días. ¿Y Ud.?
Yo no estoy cansado. ¿Y Ud.?

Algo and *nada* used as adverbs

Los profesores son **algo** exigentes.
(*The professors are rather demanding.*)

Las señoritas no son **nada** bonitas.
(*The girls aren't pretty at all.*)

PATTERNED RESPONSE

1. *Teacher:* ¿Es fácil el español?
   Student: No, señor, no es nada fácil.

   ¿Es interesante la lección?
   ¿Son bonitas las señoritas?
   ¿Es buena la comida?
   ¿Es liberal el periódico?
   ¿Son baratos los libros?

2. *Teacher:* ¿Son exigentes los profesores?
   Student: Sí, señor, son algo exigentes.

   ¿Son pobres los profesores?
   ¿Es triste la película?
   ¿Es difícil el examen?
   ¿Son buenos los médicos?
   ¿Es interesante el libro?

Cardinal numbers: 100 to 1,000,000

cien	100	mil	1.000
doscientos	200	dos mil	2.000
trescientos	300	diez mil	10.000
cuatrocientos	400	cien mil	100.000
quinientos	500	un millón	1.000.000
seiscientos	600	dos millones	2.000.000
setecientos	700		
ochocientos	800		
novecientos	900		

Note that Spanish uses the period to punctuate thousands. The comma is used to punctuate decimals.

Agreement problems of cardinal numbers

veintiuno	21
veintiún hombres	21 *men*
veintiuna casas	21 *houses*
veintiún mil libros	21,000 *books*
veintiún mil personas	21,000 *persons*

Note that numbers ending in "one" agree in gender with the noun they modify. **Uno** before the noun becomes **un.**

cien hombres	100 *men*
cien ventanas	100 *windows*
ciento dos muchachos	102 *boys*
doscientos diez dólares	210 *dollars*
trescientas treinta vacas	330 *cows*

When the number 100 appears before a noun, the invariable form **cien** is used. When the number is more than 100, the form **ciento** is necessary. When the number is 200 or higher, the hundreds have a feminine form in addition to the masculine. Note that units and tens are added to the hundreds without **y.**

PATTERNED RESPONSE

1. *Teacher:* ¿Cuánto cuesta una bicicleta?
   Student: ¡Hombre! Todo el mundo sabe que cuesta veintiún dólares.

un refrigerador — cien
un televisor — doscientos
los muebles — quinientos
las alfombras — setecientos
un coche europeo — mil quinientos
una casa nueva — quince mil
un yate grande — cien mil

2. *Teacher:* ¿Cuántas personas hay en esta clase?
   Student: Creo que hay vientiuna.

ventanas en este edificio — trescientas
bicicletas por aquí — ochocientas
señoritas en esta universidad — cinco mil
estrellas en el cielo — millones (de ellas)

Dates

The first day of the month is (**el**) **primero**; all other days are designated by cardinal numbers.

The pattern for asking the day of the month is: **¿A cuántos estamos?** The answer is either **Estamos a trece (veintidós,** etc.) or **Hoy es el cinco (catorce,** etc.).

In giving the complete date, the year is designated first by thousands and then by hundreds, not by multiples of hundred as in English.

mil novecientos setenta y uno   1971

PATTERNED RESPONSE

1. *Teacher:* ¿Cuándo empezó la revolución francesa?
   Student: Empezó en mil setecientos ochento y nueve.

la guerra civil de los Estados Unidos — 1861
la guerra hispanoamericana — 1898
la primera guerra mundial — 1914
la segunda guerra mundial — 1939

2. *Teacher:* ¿Cuándo se declaró la independencia de los Estados Unidos?
   Student: Se declaró el cuatro de julio de mil setecientos setenta y seis.

de México — 16 de septiembre de 1810
de la Argentina — 9 de julio de 1811
de Chile — 12 de febrero de 1818
del Perú — 9 de diciembre de 1824

3. *Teacher:* ¿Estamos a primero?
   Student: No, hoy es el dos.

cinco — seis
quince — catorce
veintiuno — veintidós
treinta — treinta y uno

Commands—review

PATTERNED RESPONSE

1. *Teacher:* ¿Quiere Ud. que le toque la trompeta?
   Student: Sí, tóquemela, por favor.

el violín	el oboe
la flauta	los timpales
el clarinete	el bombo
el piano	el saxófono
el fagot	el trombón

2. *Teacher:* ¿Se puede bailar?
   Student: ¡Cómo no! Baile Ud.

hablar	pescar
comer	entrar
tocar	subir
dormir	bajar
nadar	fumar

3. *Teacher:* ¿Quiere comer?
   Student: Sí, vamos a comer ahora mismo.

estudiar
montar a caballo
ir al cine
hacer una fiesta
jugar al tenis
asistir a un concierto

Imperfect and preterit indicative—review

PATTERNED RESPONSE

1. *Teacher:* ¿No vio Ud. a Margarita cuando estaba aquí?
   Student: No pude verla. Es que yo estaba enfermo.

   llamó
   conoció
   contestó
   aconsejó
   visitó
   invitó

2. *Teacher:* ¿Cuándo conoció Ud. a mi hermano?
   Student: Le conocí hace mucho tiempo.

   al profesor de inglés
   a la Sra. Bermúdez
   a don Felipe
   a los estudiantes de la otra clase
   a doña María

3. *Teacher:* ¿Estaba Ud. estudiando algo para hoy?
   Student: Yo no estaba estudiando nada.

   preparando
   escribiendo
   haciendo
   tocando
   escuchando
   cantando

Controlled Conversation

1. Pregúntele a ———— si ha asistido a los conciertos.
   si le gusta la música sinfónica.
   si ha comprado discos de larga duración.
   si toca un instrumento.
   si le gusta practicar.
   si se puede dormir en esta clase.
   cuánto cuesta una bicicleta.
   cuántas estrellas hay en el cielo.

2. Dígale a ――――― que tiene los ojos bonitos.
   que tiene el pelo largo.
   que tiene una silueta perfecta.
   que es una lástima que no estudie.
   que es ridículo que no toque un instrumento.
   que es una barbaridad que no tenga novio.
   que es bueno que no se haya dormido en la clase.

Personalized Questions

1. ¿Qué clase de música le gusta más?
2. Si pudiera, ¿tocaría Ud. el trombón?
3. ¿Cuántos discos clásicos tiene Ud.?
4. ¿Cuánto cuesta una educación universitaria?
5. ¿Por qué no se ha dormido Ud. en esta clase?
6. ¿Ayudó Ud. a su amigo cuando estaba enfermo?
7. ¿Quiere Ud. que le toque el piano?
8. ¿Es fácil el español?
9. ¿Con quién ha pescado Ud.?
10. Hoy día la buena música ya no es exclusivamente de unos cuantos. ¿Por qué?
11. ¿Por qué se prohibe fumar en la clase?
12. ¿Por qué son algo exigentes los profesores?
13. ¿Ha encontrado Ud. algunos restoranes que le gusten?
14. ¿Ha oído Ud. la Quinta Sinfonía de Beethoven?
15. ¿Qué diferencia hay entre la música de los mariachis y la música clásica?
16. ¿No conoce Ud. a nadie que sea rico?
17. Cuando Ud. se case, ¿dónde quiere vivir?
18. ¿No tiene Ud. ganas de asistir al concierto?
19. ¿Por qué no querían Uds. que yo viniera a la clase?
20. ¿Por qué quisiera Ud. tocar el piano?

Extemporization

1. UN CONCIERTO

Vocabulary: sinfónica, batuta, maestro, boletos, numerados, temprano, música, clásica, apreciar, conmovedora, números, programa.

Topic Ideas: 1. Un concierto.
2. El maestro de la orquesta sinfónica.
3. No me gusta nada la música clásica.

Questions: 1. ¿Qué orquesta sinfónica te parece buena?
2. ¿Qué clase de música escuchas en un concierto?
3. ¿Te parece conmovedora la música de Beethoven?
4. ¿Debes llegar temprano o tarde a un concierto?
5. ¿Aprecias la música clásica?
6. ¿Cuántos números hubo en el programa del concierto?

2. LOS INSTRUMENTOS

Vocabulary: tocar, trombón, guitarra, piano, música, clásica, mariachis, ritmo, alegre, comprar, aprender, difícil.

Topic Ideas: 1. Toco el piano.
2. Me gusta la música de los mariachis.
3. Mi amigo toca bien la guitarra.

Questions: 1. ¿Qué instrumento tocas?
2. ¿Has aprendido a tocar algún otro?
3. ¿Es muy difícil tocar ese instrumento?
4. ¿Qué clase de música puedes tocar en él?
5. ¿Te parece que la música clásica es alegre?
6. ¿Qué instrumentos tocan los mariachis?

Reading

Una Esperanza (adapted)

AMADO NERVO

P A R T   O N E

En un ángulo[1] del cuarto Luis, el joven militar, pensaba.

Pensaba en los viejos días de su niñez,[2] en su adolescencia y luego en su juventud.[3]

Y, por último,[4] llegaba a la época más reciente de su vida, al período de entusiasmo patriótico, que le hizo afiliarse al partido[5] liberal. Cogido[6] con las armas en la mano, hecho prisionero y ofrecido con otros compañeros a trueque de[7] las vidas de algunos oficiales reaccionarios, había visto

---

[1] ángulo *corner*
[2] niñez *childhood*
[3] juventud *youth*
[4] por último *finally*

[5] afiliarse al partido *to join the party*
[6] cogido *caught*
[7] a trueque de *in exchange for*

desvanecerse[8] su última esperanza cuando los liberales habían fusilado[9] ya a los prisioneros conservadores.

Iba a morir... ¡a morir! No podía creerlo. Iba a morir, así: fuerte, joven, rico, amado ... ¡Y todo por qué! Por una abstracta noción de Patria[10] y de partido ... ¡Y qué cosa era la Patria!... Algo muy impreciso, muy vago para él en aquellos momentos. La vida que iba a perder, era algo real, realísimo, concreto, definido ... ¡era su vida!

No quería morir: su vida era "muy suya", y no se resignaba a que se la quitaran. Un formidable instinto de conservación se sublevaba[11] en todo su ser y ascendía lleno de protestas.

Se oyó en la puerta un breve cuchicheo[12] y en seguida ésta se abrió para dar entrada a un sombrío[13] personaje.

Era un sacerdote.[14]

El joven militar, apenas[15] lo vio, se puso en pie y extendió hacia él los brazos como para detenerlo, exclamando:

— ¡Es inútil,[16] padre; no quiero confesarme! No, no me confieso; es inútil que venga usted a molestarse. ¿Sabe usted lo que quiero? Quiero la vida, que no me quiten la vida: es mía, muy mía, y no tienen derecho de arrebatármela...[17] Si son cristianos, ¿por qué me matan? En vez de enviarle[18] a usted a que me abra las puertas de la vida eterna, que empiecen[19] por no cerrarme las de ésta... No quiero morir, ¿entiende usted? Me rebelo a morir: soy joven, estoy sano,[20] soy rico, tengo padres y una novia que me adora; la vida es bella, muy bella para mí... Morir en el campo de batalla, al lado de[21] los compañeros que luchan...[22] ¡bueno, bueno! Pero morir obscura y tristemente, sin que nadie sepa siquiera[23] que ha muerto uno como los hombres... ¡padre, padre, eso es horrible!

Y el infeliz se echó[24] en el suelo,[25] sollozando.[26]

— Hijo mío — dijo el sacerdote —: yo no vengo a traerle a usted los consuelos[27] de la religión; en esta vez soy emisario de los hombres y no de Dios. Yo vengo a traerle justamente la vida, ¿entiende usted? esa vida que usted pedía hace un instante con tales extremos de angustia... ¡La vida que es para usted tan preciosa! Oigame con atención porque no tenemos tiempo que perder: he entrado con el pretexto de confesar a usted y es preciso que todos crean que usted se confiesa: arrodíllese,[28] pues, y escúcheme.

---

[8] desvanecerse *to disappear*
[9] habían fusilado *had shot*
[10] Patria *country, fatherland*
[11] se sublevaba *rose up*
[12] cuchicheo *whispering*
[13] sombrío *somber*
[14] sacerdote *priest*
[15] apenas *hardly*
[16] inútil *useless*
[17] arrebatármela *to take it away from me*
[18] enviar *to send*

[19] que empiecen *let them begin*
[20] sano *healthy*
[21] al lado de *beside*
[22] que luchan *who fight*
[23] siquiera *even, at least*
[24] se echó *threw himself*
[25] suelo *floor*
[26] sollozando *sobbing*
[27] consuelo *comfort, joy*
[28] arrodíllese *kneel down*

QUESTION–ANSWER

1. Luis iba a morir. ¿Por qué?
2. ¿Cómo era Luis?
3. ¿Cuántos años tenía Luis, más o menos?
4. ¿Por qué no quería confesarse Luis?
5. ¿Por qué no quería morir Luis?
6. ¿Por qué dijo el sacerdote que no era emisario de Dios?
7. ¿Con qué pretexto había entrado el sacerdote?
8. Dijo el sacerdote que venía a traerle algo. ¿Qué era?
9. ¿Conoce Ud. alguien que tenga deseos de morir?
10. ¿Por qué no quiere Ud. morir?

Dialog Patterns

Las Pruebas

RENALDO — ¡Hola, Beto! Pasado mañana hay examen de inglés, ¿no?

ALBERTO — Sí, y yo no sé nada de eso.

RENALDO — ¿No estudiaste?

ALBERTO — Yo siempre estudio tanto como cualquiera pero no me entra.

RENALDO — No es para tanto, viejo. Yo creo que ya adelantaste bastante.

ALBERTO — Es que con esos exámenes orales yo me confundo y no puedo contestar las preguntas.

RENALDO — Bueno, me gustan más los exámenes orales que los exámenes escritos de pura gramática.

ALBERTO — Los profesores no debieran dar exámenes.

RENALDO — Les parece que con los exámenes los estudiantes van a estudiar más.

ALBERTO — Yo pasé muy mal rato con el último examen. Me hicieron una pregunta dificilísima.

RENALDO — Ese ha sido un examen pésimo.

ALBERTO — Para mí fue el examen más desastroso de mi carrera universitaria.

RENALDO — Quizá si fuéramos a hablar con el profesor tendría compasión de nosotros.

ALBERTO — No, el único remedio que nos queda es estudiar. Si sólo supiéramos lo que nos va a preguntar.

RENALDO — Con este profesor no hay sorpresas. Te dice lo que hay que aprender y si lo aprendes sacas una buena nota. Si no, sales mal.

ALBERTO — Estoy estudiando química y me hace falta un idioma sólo para satisfacer un capricho de mi mamá.

RENALDO — Yo no. Pienso colocarme en un buen puesto cuando termine la carrera universitaria. Por eso quiero estar bien preparado en lenguas y en todo.

325

Segovia: El Alcázar. (Robert Barclay from FPG)

Dialog Patterns

The Tests

RENALDO — Hi, Beto. We have an exam in English the day after tomorrow, don't we?

ALBERTO — Yes, and I don't know a thing about that.

RENALDO — Didn't you study?

ALBERTO — I always study as much as anyone, but I don't get it.

RENALDO — It isn't that bad, old boy. I think you are getting along fine.

ALBERTO — The fact is that I always get confused with those oral exams and I can't answer the questions.

RENALDO — Well, I like the oral exams better than those written ones that are only about grammar.

ALBERTO — Professors should not give exams.

RENALDO — They think that with exams students are going to study more.

ALBERTO — I had a very hard time in the last exam. They asked me the most

difficult question!

RENALDO — That was the worst exam!

ALBERTO — For me it was the most disastrous exam of my college career.

RENALDO — Perhaps if we went and spoke to the professor he would have compassion for us.

ALBERTO — No, the only solution that remains is for us to study. If we just knew what he was going to ask us.

RENALDO — With this professor there are no surprises. He tells you what there is to learn and if you learn it you get a good grade. Otherwise you fail.

ALBERTO — I have a major in chemistry and I only need a language to satisfy a whim of my mother.

RENALDO — Not me. I plan to get a good job when I finish my college degree. That's why I want to be well prepared in languages and everything.

Composition

Write a 100-word composition entitled "Si yo fuera rico." Tell what you would do and where you would go, if this were true. After the teacher has made the necessary corrections, you will memorize the composition and present it orally in class.

Comparisons of equality—review

tanto, -a . . . como	*as much . . . as*
tantos, -as . . . como	*as many . . . as*
tan . . . como	*as . . . as*

Yo tengo **tanto** dinero **como** él.
Yo tengo **tantas** amigas **como** él.
Yo estudio **tanto como** él.
Yo soy **tan** alta **como** ella.
Yo canto **tan** bien **como** ella.

PATTERNED RESPONSE

1. *Teacher:* Ella es muy alta.
   Student: Yo no soy tan alta como ella.

           Ella es muy rica.
           El es muy listo.
           El es muy inteligente.
           Ella es muy buena.
           El es muy curioso.
           Ella es muy delgada.
           El es muy guapo.

2. *Teacher:* Ud. tiene mucho dinero.
   Student: Ojalá tuviera tanto como ella.

           Ud. tiene muchas amigas.
           Ud. tiene muchos amigos.
           Ud. tiene mucho tiempo.
           Ud. tiene muchos discos.
           Ud. tiene muchas revistas.

3. *Teacher:* Ud. sabe mucho.
   Student: Ojalá supiera tanto como Ud.

           Ud. tiene mucho dinero.
           Ud. estudia mucho.
           Ud. trabaja mucho.
           Ud. sabe mucho.
           Ud. aprende mucho.

Comparisons of inequality

In Spanish, most comparatives of adjectives are formed with the words **más** or **menos** before the adjective. To form the superlative the article (**el, la, los, las**) is added.

Positive	Comparative	Superlative
Ella es lista.	Luisa es **más** lista.	Susana es **la más** lista.
El es inteligente.	Ana es **más** inteligente.	Juan es **el más** inteligente.
Ella es bonita.	Luisa es **menos** bonita.	Olga es **la menos** bonita.

PATTERNED RESPONSE

1. *Teacher:* Este examen es difícil.
   Student: Sí, pero el otro es más difícil.

   Este profesor es rico.
   Esta señorita es inteligente.
   Esta clase es interesante.
   Este caballo es fino.

2. *Teacher:* Ella es muy rica.
   Student: Sí, es la más rica.

   Ella es muy simpática.
   El es muy viejo.
   El es muy exigente.
   Ella es muy alta.
   El es muy caprichoso.
   Ella es muy gorda.
   Ella es muy fea.
   El es muy serio.

Nouns with the superlative

Ella es **la** muchacha **más lista de la clase.**
Estas son **las** montañas **más altas del mundo.**

When a noun is used as the point of comparison, an article precedes the noun and the rest of the superlative construction follows the noun.

	Article	Noun	Superlative Construction	
Ella es	**la**	muchacha	**más lista**	**de la clase.**
Estas son	**las**	montañas	**más altas**	**del mundo.**
Fue	**el**	examen	**más desastroso**	**de mi carrera.**

The Spanish equivalent of "in" after a superlative is **de** (**de la clase** = "in the class").

The superlative ending -*ísimo*

To form an absolute superlative, the ending **-ísimo** is attached to an adjective. It is an emphatic form meaning "very" or "exceedingly."

| un edificio **alto** | un edificio **altísimo** |
| una mujer **linda** | una mujer **lindísima** |

PATTERNED RESPONSE

Teacher: Este examen es dificilísimo.
Student: Sí, es el examen más difícil del mundo.

Esta ciudad es grandísima.
Estas montañas son altísimas.
Esta torta es deliciosísima.
Esta muchacha es inteligentísima.
Este estudiante es riquísimo.
Esta muchacha es hermosísima.
Estos libros son carísimos.
Esta lección es facilísima.
Este profesor es bonísimo.
Este profesor es pésimo.

Note that the forms **bonísimo** (from **bueno**) and **pésimo** (from **peor**) are formed irregularly.

Irregular comparatives of adjectives

The following comparatives are formed irregularly:

Positive	*Comparative*	*Superlative*
Este es **bueno**.	Ese es **mejor**.	Aquél es **el mejor**.
Este es **malo**.	Ese es **peor**.	Aquél es **el peor**.
Este es **grande**.	Ese es **mayor**.	Aquél es **el mayor**.
	Ese es **más grande**.	Aquél es **el más grande**.
Este es **pequeño**.	Ese es **menor**.	Aquél es **el menor**.
	Ese es **más pequeño**.	Aquél es **el más pequeño**.

Note that **más grande** and **más pequeño** are used instead of **mayor** and **menor** when reference is made to size.

In addition to "bigger" and "smaller," **mayor** and **menor** may also mean "older" and "younger."

> Yo soy **mayor** que él. (*I am older than he.*)
> El es **menor** que ella. (*He is younger than she.*)

Common comparisons of adverbs

> Este juega **bien**.   Ese juega **mejor**.
> Este juega **mal**.   Ese juega **peor**.
> Este juega **mucho**.   Ese juega **más**.

PATTERNED RESPONSE

1. *Teacher:*   Este es bueno.
   Student: Sí, pero ése es mejor.

   > Este es malo.
   > Este es grande.
   > Este es viejo.
   > Este es pequeño.
   > Este es joven.

2. *Teacher:*   Ese juega bien.
   Student: Este juega mejor.

   > Ese juega mal.
   > Ese juega mucho.

Comparisons of inequality with *que*

Spanish uses **que** as the equivalent of "than" in comparisons of inequality between different things.

> Me gustan **más** los exámenes orales **que** los exámenes escritos.
> Este libro es **mejor que** aquél.
> El español es **menos** difícil **que** el inglés.

Que is also used as the equivalent of "than" when the degree or amount of comparison is left out.

María es **más** bonita **que** ella.
Alberto tiene **más** amigos **que** Renaldo.
Renaldo estudia **más que** nadie.

PATTERNED RESPONSE

1. *Teacher:* Esa muchacha es bonita.
   Student: Sí, es más bonita que la otra.

   Esa señora es elegante.
   Ese joven es fuerte.
   Este señor llegó tarde.
   Aquel muchacho come temprano.

2. *Teacher:* El estudia mucho.
   Student: Sí, estudia más que nadie.

   Ella lo hace rápido.
   Alberto habló poco. — menos.
   El profesor habló mucho.
   María terminó pronto.
   Luisa se levantó temprano.
   Enrique se viste despacio.
   María pronuncia bien. — mejor
   Renaldo pronuncia mal. — peor

Comparisons of inequality with *de*

The equivalent of "than" is **de** when the comparison involves different amounts or degrees of the same thing.

   Siempre duermo **más de** seis horas.
   Me dió **más de** la mitad.
   Tiene **más de** tres coches.

PATTERNED RESPONSE

1. *Teacher:* El durmió.
   Student: Sí, pero ella durmió más de seis horas.

   El se comió seis helados.
   El sacó cinco fotos.
   El trabajó dos horas.
   El tiene tres hermanas.

2. *Teacher:* ¿Tiene Ud. más de tres pesos?
   Student: No, yo tengo menos de tres pesos.

   ¿Tiene Ud. más de cinco lápices?
   ¿Tiene Ud. más de dos libros?
   ¿Tiene Ud. más de cuatro clases?
   ¿Tiene Ud. más de diez dólares?

Controlled Conversation

Pregúntele a ————

    si habrá examen de español pasado mañana.
    si se confunde en los exámenes orales.
    si cree que los profesores no debieran dar exámenes.
    si ha pasado muy mal rato con el último examen.
    si hay sorpresas con el profesor de español.
    qué piensa hacer cuando termine la carrera universitaria.
    si estudia más que nadie.
    si tiene mucho dinero.

Personalized Questions

1. ¿Cuándo habrá examen?
2. ¿Cuántos exámenes tiene Ud. los jueves?
3. ¿Tiene Ud. ganas de sacar una buena nota?
4. ¿Qué dice su papá si Ud. saca malas notas?
5. ¿Estudia Ud. más que nadie?
6. ¿Estudia Ud. tanto como sus amigos?
7. ¿Estudia Ud. toda la noche si es necesario?
8. ¿Tiene Ud. que estudiar más que nadie para salir bien?
9. ¿Qué nota piensa Ud. sacar de esta clase?
10. ¿Cree Ud. que sin exámenes los estudiantes trabajarían tanto?
11. ¿Cree Ud. que los exámenes son necesarios?
12. ¿Qué haría Ud. en vez de dar exámenes si fuera profesor?
13. ¿Qué haría Ud. si fuese tan alto como él?
14. ¿Es Ud. tan rico como su primo?
15. ¿Sería Ud. tan rico como él si trabajara más?
16. Si estudiaras más, ¿tendría compasión el profesor?

17. ¿Cuánto tiempo hace que Ud. estudia español?
18. ¿Le gustan los exámenes orales más que los exámenes escritos?
19. Cuente a la clase de un examen muy bueno que haya tomado.
20. Cuente a la clase de un examen malo que haya tomado.

Extemporization

1. ESTUDIANTES Y PROFESORES

Vocabulary: clase, estudiar, exámenes, dar, sorpresas, carrera, compasión, notas.

Topic Ideas: 1. El mejor profesor de la universidad.
2. Yo estudio más que nadie.
3. Roberto no estudia tanto como yo.

Questions: 1. ¿Les gusta a los profesores dar exámenes?
2. ¿Qué deben hacer los estudiantes para salir bien en un examen?
3. ¿Hay siempre sorpresas en los exámenes?
4. ¿Crees que un profesor que da sorpresas en los exámenes es bueno?
5. ¿Sacan muchos estudiantes buenas notas?
6. ¿Cuándo tiene compasión de los estudiantes un profesor?

2. LOS EXÁMENES

Vocabulary: estudiar, oral, escrito, peor, mejor, carrera, confundirse, difícil, notas, necesarios, inteligente, calificación, exigente.

Topic Ideas: 1. Prefiero los exámenes escritos.
2. En esta universidad los exámenes son dificilísimos.
3. El examen más desastroso de mi carrera.

Questions: 1. ¿Tienes que estudiar poco o mucho para los exámenes?
2. ¿Qué prefieres, un examen escrito o uno oral?
3. ¿Qué pasa si se confunde en el examen oral?
4. ¿Crees que los exámenes son necesarios?
5. ¿Son exigentes los profesores en los exámenes?
6. ¿Son fáciles o difíciles los exámenes de español?

Reading

Una Esperanza (adapted)

AMADO NERVO

P A R T   T W O

Tiene usted amigos poderosos que se interesan por su suerte; su familia ha hecho hasta lo imposible por salvarle. Se ha logrado[1] con graves dificultades sobornar[2] al jefe del pelotón encargado de fusilarle.[3] Los fusiles estarán cargados[4] sólo con pólvora y taco,[5] al oír el disparo,[6] usted caerá como los otros, los que con usted serán llevados al patíbulo,[7] y permanecerá inmóvil. La obscuridad de la hora le ayudará a representar esta comedia. Manos piadosas[8] le recogerán[9] a usted del sitio en cuanto[10] el pelotón se aleje,[11] y le ocultarán[12] hasta llegada la noche, durante la cual sus amigos facilitarán su huída.[13] Las tropas liberales avanzan sobre la ciudad. Se unirá usted a ellas si gusta. Conque[14] . . . ya lo sabe usted todo.

— Padre, ¡que Dios le bendiga![15] Pero . . . ¿todo esto es verdad? ¿No se trata de[16] un engaño?[17] ¡Oh, eso sería inicuo, padre!

— Hijo mío: un engaño de tal naturaleza constituiría la mayor de las infamias, y yo soy incapaz de cometerla . . .

— Es cierto, padre; ¡perdóneme, no sé lo que digo, estoy loco de contento!

— Calma, hijo, mucha calma y hasta mañana; yo estaré con usted en el momento solemne.

Apuntaba el alba[18] cuando los presos[19] — cinco por todos — fueron sacados de la prisión y conducidos, en compañía del sacerdote, a una plazuela donde era costumbre llevar a cabo[20] las ejecuciones.

Nuestro Luis marchaba entre todos con paso firme, pero llena el alma[21] de una emoción desconocida y de un deseo infinito de que acabase[22] pronto aquella horrible farsa.

---

[1] logrado *succeeded*
[2] sobornar *to bribe*
[3] pelotón encargado de fusilarle *firing squad*
[4] cargados *loaded*
[5] pólvora y taco *powder and wadding*
[6] disparo *shot, firing*
[7] patíbulo *scaffold*
[8] piadosas *merciful*
[9] le recogerán *will pick you up*
[10] en cuanto *as soon as*
[11] se aleje *withdraws*

[12] ocultarán *will hide*
[13] huída *flight, escape*
[14] conque *so that*
[15] que Dios le bendiga *may God bless you*
[16] no se trata de *it is not a question of*
[17] engaño *deceit, fraud*
[18] apuntaba el alba *dawn was breaking*
[19] preso *prisoner*
[20] llevar a cabo *to carry out*
[21] alma *soul, heart*
[22] que acabase *that it might end*

Al llegar a la plazuela, los cinco fueron colocados en fila,[23] a cierta distancia, y la tropa que los escoltaba,[24] a la voz de mando, se dividió en cinco grupos de a siete hombres.

El coronel del cuerpo indicó al sacerdote que vendara[25] a los cinco y se alejase luego a cierta distancia. Así lo hizo el padre, y el jefe del pelotón dio las primeras órdenes.

De pronto una espada[26] rubricó el aire,[27] una detonación formidable y desigual llenó de ecos la plazuela, y los cinco cayeron trágicamente.

El jefe del pelotón hizo en seguida desfilar[28] a sus hombres, y con breves órdenes organizó regreso[29] al cuartel.[30]

En aquel momento, un granuja[31] de los muchos mañaneadores[32] que asistían a la ejecución gritó, señalando a Luis:

— ¡Ese está vivo! ¡Ese está vivo! Ha movido una pierna . . .

El jefe del pelotón se detuvo, vaciló[33] un instante, quiso[34] decir algo al pillete;[35] pero sus ojos se encontraron con la mirada interrogadora, fría e imperiosa del coronel, y desnudando[36] la gran pistola de Colt, avanzó hacia Luis, que, preso[37] del terror más espantoso,[38] casi no respiraba, apoyó[39] el cañón en su sien[40] izquierda, e hizo fuego.[41]

---

[23] en fila *in a row*
[24] los escoltaba *was escorting them*
[25] que vendara *that he might blindfold*
[26] espada *sword*
[27] rubricó el aire *split the air*
[28] desfilar *to file away*
[29] el regreso *the return*
[30] cuartel *barracks*
[31] granuja *scoundrel*
[32] mañaneador *early riser*

[33] vaciló *hesitated*
[34] quiso *tried*
[35] pillete *scoundrel*
[36] desnudando *drawing*
[37] preso de *seized by*
[38] espantoso *frightful*
[39] apoyó *placed*
[40] sien *temple*
[41] hizo fuego *fired*

QUESTION–ANSWER

1. ¿Cómo iba a salvarse Luis?
2. ¿Cree Luis lo que le dice el sacerdote?
3. ¿Tiene Ud. amigos poderosos?
4. ¿Son necesarios los amigos poderosos?
5. ¿Logró Luis salir con la vida?
6. Un muchacho gritó que Luis todavía estaba vivo. ¿Habría gritado Ud. también?
7. ¿Quería matarle a Luis el jefe?
8. ¿Por qué le hizo fuego el jefe con su pistola de Colt?
9. ¿Tiene Ud. una pistola de Colt?
10. ¿Tiene un hombre el derecho de matar a otro hombre?
11. ¿Quién tiene este derecho?

Goya, *El Fusilamiento del 3 de Mayo* in the Prado Museum.
(Anderson—Art Reference Bureau)

A. Write responses to the sentences as in the example.

Example: Juan estuvo enfermo. **Ojalá no hubiera estado enfermo.**

1. Luisa llegó tarde.
2. Ellos vinieron solos.
3. Llovió esta tarde.
4. Fueron en avión.
5. Los muchachos ganaron.

B. Write responses to the sentences as in the example.

Example: Ella no escribió. **Ojalá hubiera escrito.**

1. Tú no volviste.
2. Ella no estuvo.
3. Juan no dijo todo.
4. Ellos no regresaron.
5. Mamá no fue al baile.

C. Complete the sentences using **también** or **tampoco** as required.

1. Ella no bailó nada. _____ bailó mi novia.
2. A ella le gusta el español. Y a mí me gusta _____.
3. Le escribo siempre a él. _____ me escribe.
4. Tengo algo para él. Y para ella _____.
5. No me habla nunca. _____ le habla a Ud.

D. Complete the sentences using **alguien** or **nadie** as required.

1. No vino _____ al concierto.
2. No llama _____ a la puerta.
3. ¿No conoce Ud. a _____ que sea rico?
4. ¿No ha encontrado Ud. a _____ que cante bien?
5. He visto a _____ en la casa.

E. Complete the sentences using **sino** or **pero** as required.

1. Me gusta la música _____ no me gusta bailar.
2. No voy al baile _____ al cine.
3. Es bonito _____ no es nuevo.
4. Les gusta estudiar _____ no les gusta divertirse.
5. Parece joven _____ es muy viejo.
6. No sé esquiar _____ me gustaría aprender.
7. Le compraría el regalo _____ no tiene dinero.
8. El cree que es rico _____ es pobre.
9. El español no es difícil _____ fácil.
10. Yo no soy argentino _____ americano.

F. Answer the questions as in the example.

Example: ¿Quién lanzó la primera bomba atómica? (los americanos)

La primera bomba atómica fue lanzada por los americanos.

1. ¿Quién vendió los periódicos? (los muchachos)
2. ¿Quién inventó el jazz? (los americanos)
3. ¿Quién vendió el pan? (los muchachos)
4. ¿Quién fabricó ese auto? (La Compañía Ford)
5. ¿Quién escribió esa música? (El señor Jones)

G. Complete the sentences using **algo** or **nada** as required.

1. Los libros son _____ baratos.
2. Yo no acepté _____.
3. ¿Hizo Ud. _____?
4. No me interesa _____.
5. El examen no es _____ fácil.

H. Respond to the questions with the **Ud.** form of the command in Spanish as in the example.

Example: ¿Le abro la carta? **Sí, ábramela por favor.**

1. ¿Les compro el desayuno?
2. ¿Le busco la novela?
3. ¿Les cambio el dinero?
4. ¿Le lavo las orejas?
5. ¿Le quito los zapatos?

Culture Capsule

El Patriotismo en Latinoamérica

En Latinoamérica, como en los Estados Unidos, hay desfiles,[1] demostraciones y programas para celebrar "el Día de la Independencia." En el caso de ellos, España era la madre patria, y la mayor parte de los países no consiguieron[2] la independencia hasta principios del siglo[3] diecinueve (1810).

Los grandes héroes de allá son José de San Martín y Simón Bolívar, que dieron la libertad a Sudamérica, y Miguel Hidalgo está considerado como el padre de su Patria en México.

Los jóvenes de Latinoamérica se consideran tan "americanos" como nosotros, y sus antepasados[4] vinieron a América en busca de libertad y oportunidad.

Sin embargo, ellos muestran más lealtad[5] para con su propia nación y se consideran primero mexicanos, argentinos o chilenos antes que americanos. Son más nacionalistas que nosotros, y de costumbre[6] se interesan mucho más en la política nacional e internacional que los estudiantes de los Estados Unidos.

[1] desfiles *parades*
[2] consiguieron *obtained*
[3] del siglo *century*

[4] antepasados *ancestors*
[5] lealtad *loyalty*
[6] de costumbre *usually*

QUESTION–ANSWER

1. ¿Cuándo consiguieron la independencia la mayor parte de los países latinomericanos?
2. ¿Quiénes son los grandes héroes de Sudamérica?
3. ¿Quién es el "padre de la Patria" en México?
4. ¿Son americanos también los argentinos?
5. ¿Cuál fue la "madre patria" de los latinomericanos?
6. ¿Se interesa Ud. en la política?
7. ¿Hace Ud. demostraciones políticas como los latinos?

Songs

Las Mañanitas

Mexican Folk Song
Arranged by Glenna M. Hansen

Es - tas son las ma - ña - ni - tas que can - ta - ba el Rey Da-

vid pe - ro no e - ran tan bo - ni - tas co - mo las

có. Des - pier - ta, mi bien, des-pier - ta, mi - ra que ya a-ma-ne -

ció,   ya los pa - ja - ri - llos can - tan, la lu - na

ya se me - tió. ¡Qué bo - ni - ta ma - ña -

ni - ta co - mo que quie - re llo - ver! A - sí es -

ta - ba la ma - ña - na cuan-do te em-pe-cé a que - rer.

Éstas son las mañanitas que cantaba el Rey David
Pero no eran tan bonitas como las cantan aquí.

Si el sereno de la esquina me quisiera hacer favor
De apagar su linternita mientras que pasa mi amor.

Despierta, mi bien, despierta, mira que ya amaneció.
Que amanece, que amanece rosita blanca de Jericó.
Despierta, mi bien, despierta, mira que ya amaneció,
Ya los pajarillos cantan, la luna ya se metió.

Que bonita mañanita como que quiere llover,
Así estaba la mañana cuando te empecé a querer.

Cielito Lindo

Mexican Folk Song
Arranged by Glenna M. Hansen

De la Sie- rra Mo - re - na, cie - li - to lin - do, vie - nen ba - jan - do,_____ un par de o - ji - tos ne - gros, cie-

le-gran, cie - li - to lin - do, los___ co - ra - zo - nes.___

___ co - ra - zo - nes.___

De la Sierra Morena, cielito lindo, vienen bajando,
un par de ojitos negros, cielito lindo, de contrabando.

Pájaro que abandona, cielito lindo, su primer nido
si lo encuentra ocupado, cielito lindo, bien merecido.

Todas las ilusiones, cielito lindo, que el amor fragua
son como las espumas, cielito lindo, que forma el agua.

CORO:

Ay, ay, ay, ay, canta y no llores;
porque cantando se alegran, cielito lindo, los corazones.

La Cucaracha

Mexican Folk Song
Arranged by Glenna M. Hansen

U - na co - sa me da ri - sa, Pan - cho Vi - lla sin ca - mi - sa; ya se van los ca - rran - cis - tas por - que vie - nen los vi - llis - tas.

La cu - ca - ra - cha, la cu - ca - ra - cha, ya no

pue - de ca - mi - nar, por - que no tie - ne, por - que le

fal - ta ma - ri - hua - na que fu - mar. mar.

Una cosa me da risa,
Pancho Villa sin camisa;
ya se van los carrancistas
porque vienen los villistas.

Las muchachas son de oro,
las casadas son de plata,
y las viudas son de cobre,
las viejas hoja de lata.

La cucaracha, la cucaracha,
ya no puede caminar,
porque no tiene, porque le falta
marihuana que fumar.

Cuando uno quiere a una
y esta una no lo quiere,
es lo mismo que si un calvo
en la calle encuentra un peine.

La cucaracha, la cucaracha,
ya no puede caminar,
porque no tiene, porque le falta
marihuana que fumar.

ALLÁ EN EL RANCHO GRANDE*

Original Words and Music by Silvano R. Ramos
Music arranged by Glenna M. Hansen

A - llá en el ran - cho gran - de, a -

*Copyright by Edward B. Marks Music Corporation. Used by permission.

llá don-de vi - ví - a, ya ja

ha - bía u - na ran-che - ri - ta, que a - le - gre me de -

cí - a, que a - le - gre me de - cí - a: ____

zo de la - na, _____ te los a -

ca - bo de cue - ro.

Allá en rancho grande, allá donde vivía,
Había una rancherita, que alegre me decía,
Que alegre me decía: —

Te voy a hacer tus calzones, como los usa el ranchero,
Te los comienzo de lana, te los acabo de cuero.

Nunca te fíes de promesas, ni mucho menos de amores,
Que si te dan calabazas verás lo que son ardores.

Pon muy atento el oído cuando rechine la puerta,
Hay muertos que no hacen ruido y son muy gordas sus penas.

Cuando te pidan cigarro no des cigarro y cerillo,
Porque si das las dos cosas te tantearán de zorrillo.

Carmen, Carmela

Mexican Folk Song
Arranged by Glenna M. Hansen

A - sí cual mue-ren en oc - ci - den-te los ti-bios

ra - yos del as - tro rey.　A - sí mu - rie-ron mis i - lu -

sio-nes a-sí ex-tin-guién-do-se va mi fe.　Car-men, Car-

354

Así cual mueren en occidente
Los tibios rayos del astro rey.
Así murieron mis ilusiones
Así extinguiéndose va mi fe.

Carmen, Carmela, luz de mis ojos.
Si luz no hubiera, habías de ser.
Hermoso faro, de venturanza
Dulce esperanza, bello placer.

Regular Verbs

SIMPLE TENSES — FIRST CONJUGATION

INFINITIVE	PRESENT PARTICIPLE	PAST PARTICIPLE
hablar *to speak*	hablando *speaking*	hablado *spoken*

PRESENT INDICATIVE

I speak, do speak, am speaking

hablo	hablamos
hablas	habláis
habla	hablan

CONDITIONAL

I would speak, should speak

hablaría	hablaríamos
hablarías	hablaríais
hablaría	hablarían

IMPERFECT INDICATIVE

I was speaking, used to speak

hablaba	hablábamos
hablabas	hablabais
hablaba	hablaban

PRESENT SUBJUNCTIVE

(that) I may speak

hable	hablemos
hables	habléis
hable	hablen

PRETERIT INDICATIVE

I spoke, did speak

hablé	hablamos
hablaste	hablasteis
habló	hablaron

IMPERFECT SUBJUNCTIVE (1)

(that) I might speak

hablara	habláramos
hablaras	hablarais
hablara	hablaran

FUTURE INDICATIVE

I will speak, shall speak

hablaré	hablaremos
hablarás	hablaréis
hablará	hablarán

IMPERFECT SUBJUNCTIVE (2)

(that) I might speak

hablase	hablásemos
hablases	hablaseis
hablase	hablasen

IMPERATIVE

speak

habla   hablad

SIMPLE TENSES — SECOND CONJUGATION

INFINITIVE	PRESENT PARTICIPLE	PAST PARTICIPLE
aprender *to learn*	aprendiendo *learning*	aprendido *learned*

PRESENT INDICATIVE

I learn, do learn, am learning

aprendo	aprendemos
aprendes	aprendéis
aprende	aprenden

CONDITIONAL

I would learn, should learn

aprendería	aprenderíamos
aprenderías	aprenderíais
aprendería	aprenderían

IMPERFECT INDICATIVE

I was learning, used to learn

aprendía	aprendíamos
aprendías	aprendíais
aprendía	aprendían

PRESENT SUBJUNCTIVE

(that) I may learn

aprenda	aprendamos
aprendas	aprendáis
aprenda	aprendan

PRETERIT INDICATIVE

I learned, did learn

aprendí	aprendimos
aprendiste	aprendisteis
aprendió	aprendieron

IMPERFECT SUBJUNCTIVE (1)

(that) I might learn

aprendiera	aprendiéramos
aprendieras	aprendierais
aprendiera	aprendieran

FUTURE INDICATIVE

I will learn, shall learn

aprenderé	aprenderemos
aprenderás	aprenderéis
aprenderá	aprenderán

IMPERFECT SUBJUNCTIVE (2)

(that) I might learn

aprendiese	aprendiésemos
aprendieses	aprendieseis
aprendiese	aprendiesen

IMPERATIVE

learn

aprende   aprended

SIMPLE TENSES — THIRD CONJUGATION

INFINITIVE	PRESENT PARTICIPLE	PAST PARTICIPLE
vivir *to live*	viviendo *living*	vivido *lived*

PRESENT INDICATIVE

I live, do live, am living

vivo	vivimos
vives	vivís
vive	viven

CONDITIONAL

I would live, should live

viviría	viviríamos
vivirías	viviríais
viviría	vivirían

IMPERFECT INDICATIVE		PRESENT SUBJUNCTIVE	
I was living, used to live		*(that) I may live*	
vivía	vivíamos	viva	vivamos
vivías	vivíais	vivas	viváis
vivía	vivían	viva	vivan

PRETERIT INDICATIVE		IMPERFECT SUBJUNCTIVE (1)	
I lived, did live		*(that) I might live*	
viví	vivimos	viviera	viviéramos
viviste	vivisteis	vivieras	vivierais
vivió	vivieron	viviera	vivieran

FUTURE INDICATIVE		IMPERFECT SUBJUNCTIVE (2)	
I will live, shall live		*(that) I might live*	
viviré	viviremos	viviese	viviésemos
vivirás	viviréis	vivieses	vivieseis
vivirá	vivirán	viviese	viviesen

IMPERATIVE

live

viva   vivid

COMPOUND TENSES — ALL CONJUGATIONS

PERFECT INFINITIVE

haber hablado   *to have spoken*
haber aprendido   *to have learned*
haber vivido   *to have lived*

PERFECT PARTICIPLE

habiendo hablado   *having spoken*
habiendo aprendido   *having learned*
habiendo vivido   *having lived*

PRESENT PERFECT INDICATIVE

I have spoken	
he hablado	hemos hablado
has hablado	habéis hablado
ha hablado	han hablado

CONDITIONAL PERFECT

I would have spoken, should have spoken	
habría hablado	habríamos hablado
habrías hablado	habríais hablado
habría hablado	habrían hablado

PLUPERFECT INDICATIVE

I had spoken	
había hablado	habíamos hablado
habías hablado	habíais hablado
había hablado	habían hablado

PRESENT PERFECT SUBJUNCTIVE

(that) I may have spoken	
haya hablado	hayamos hablado
hayas hablado	hayáis hablado
haya hablado	hayan hablado

FUTURE PERFECT INDICATIVE

I shall have spoken, will have spoken

habré hablado	habremos hablado
habrás hablado	habréis hablado
habrá hablado	habrán hablado

PLUPERFECT SUBJUNCTIVE

(*that*) *I might have spoken*

hubiera (-se) hablado	hubiéramos (-se) hablado
hubieras hablado	hubierais hablado
hubiera hablado	hubieran hablado

Irregular Verbs

1. INFINITIVE   PRESENT PARTICIPLE   PAST PARTICIPLE

andar *to walk*   andando *walking*   andado *walked*

PRESENT INDICATIVE

ando	andamos
andas	andáis
anda	andan

CONDITIONAL

andaría	andaríamos
andarías	andaríais
andaría	andarían

IMPERFECT INDICATIVE

andaba	andábamos
andabas	andabais
andaba	andaban

PRESENT SUBJUNCTIVE

ande	andemos
andes	andéis
ande	anden

PRETERIT INDICATIVE

anduve	anduvimos
anduviste	anduvisteis
anduvo	anduvieron

IMPERFECT SUBJUNCTIVE (1)

anduviera	anduviéramos
anduvieras	anduvierais
anduviera	anduvieran

FUTURE INDICATIVE

andaré	andaremos
andarás	andaréis
andará	andarán

IMPERFECT SUBJUNCTIVE (2)

anduviese	anduviésemos
anduvieses	anduvieseis
anduviese	anduviesen

IMPERATIVE

anda   andad

2. INFINITIVE   PRESENT PARTICIPLE   PAST PARTICIPLE

caber *to fit into*   cabiendo *fitting into*   cabido *fitted into*

PRESENT INDICATIVE

quepo	cabemos
cabes	cabéis
cabe	caben

CONDITIONAL

cabría	cabríamos
cabrías	cabríais
cabría	cabrían

361

IMPERFECT INDICATIVE		PRESENT SUBJUNCTIVE	
cabía	cabíamos	quepa	quepamos
cabías	cabíais	quepas	quepáis
cabía	cabían	quepa	quepan

PRETERIT INDICATIVE		IMPERFECT SUBJUNCTIVE (1)	
cupe	cupimos	cupiera	cupiéramos
cupiste	cupisteis	cupieras	cupierais
cupo	cupieron	cupiera	cupieran

FUTURE INDICATIVE		IMPERFECT SUBJUNCTIVE (2)	
cabré	cabremos	cupiese	cupiésemos
cabrás	cabréis	cupieses	cupieseis
cabrá	cabrán	cupiese	cupiesen

IMPERATIVE

cabe   cabed

3. INFINITIVE   PRESENT PARTICIPLE   PAST PARTICIPLE

caer *to fall*   cayendo *falling*   caído *fallen*

PRESENT INDICATIVE		CONDITIONAL	
caigo	caemos	caería	caeríamos
caes	caéis	caerías	caeríais
cae	caen	caería	caerían

IMPERFECT INDICATIVE		PRESENT SUBJUNCTIVE	
caía	caíamos	caiga	caigamos
caías	caíais	caigas	caigáis
caía	caían	caiga	caigan

PRETERIT INDICATIVE		IMPERFECT SUBJUNCTIVE (1)	
caí	caímos	cayera	cayéramos
caíste	caísteis	cayeras	cayerais
cayó	cayeron	cayera	cayeran

FUTURE INDICATIVE		IMPERFECT SUBJUNCTIVE (2)	
caeré	caeremos	cayese	cayésemos
caerás	caeréis	cayeses	cayeseis
caerá	caerán	cayese	cayesen

IMPERATIVE

cae   caed

4. INFINITIVE   PRESENT PARTICIPLE   PAST PARTICIPLE

conducir *to lead, conduct*   conduciendo *leading*   conducido *led*

PRESENT INDICATIVE

conduzco	conducimos
conduces	conducís
conduce	conducen

CONDITIONAL

conduciría	conduciríamos
conducirías	conduciríais
conduciría	conducirían

IMPERFECT INDICATIVE

conducía	conducíamos
conducías	conducíais
conducía	conducían

PRESENT SUBJUNCTIVE

conduzca	conduzcamos
conduzcas	conduzcáis
conduzca	conduzcan

PRETERIT INDICATIVE

conduje	condujimos
condujiste	condujisteis
condujo	condujeron

IMPERFECT SUBJUNCTIVE (1)

condujera	condujéramos
condujeras	condujerais
condujera	condujeran

FUTURE INDICATIVE

conduciré	conduciremos
conducirás	conduciréis
conducirá	conducirán

IMPERFECT SUBJUNCTIVE (2)

condujese	condujésemos
condujeses	condujeseis
condujese	condujesen

IMPERATIVE

conduce   conducid

5. INFINITIVE   PRESENT PARTICIPLE   PAST PARTICIPLE

dar *to give*   dando *giving*   dado *given*

PRESENT INDICATIVE

doy	damos
das	dais
da	dan

CONDITIONAL

daría	daríamos
darías	daríais
daría	darían

IMPERFECT INDICATIVE

daba	dábamos
dabas	dabais
daba	daban

PRESENT SUBJUNCTIVE

dé	demos
des	deis
dé	den

PRETERIT INDICATIVE

di	dimos
diste	disteis
dio	dieron

IMPERFECT SUBJUNCTIVE (1)

diera	diéramos
dieras	dierais
diera	dieran

FUTURE INDICATIVE

daré	daremos
darás	daréis
dará	darán

IMPERFECT SUBJUNCTIVE (2)

diese	diésemos
dieses	dieseis
diese	diesen

IMPERATIVE

da   dad

6. INFINITIVE   PRESENT PARTICIPLE   PAST PARTICIPLE

decir *to say, tell*   diciendo *saying*   dicho *said*

PRESENT INDICATIVE

digo	decimos
dices	decís
dice	dicen

CONDITIONAL

diría	diríamos
dirías	diríais
diría	dirían

IMPERFECT INDICATIVE

decía	decíamos
decías	decíais
decía	decían

PRESENT SUBJUNCTIVE

diga	digamos
digas	digáis
diga	digan

PRETERIT INDICATIVE

dije	dijimos
dijiste	dijisteis
dijo	dijeron

IMPERFECT SUBJUNCTIVE (1)

dijera	dijéramos
dijeras	dijerais
dijera	dijeran

FUTURE INDICATIVE

diré	diremos
dirás	diréis
dirá	dráin

IMPERFECT SUBJUNCTIVE (2)

dijese	dijésemos
dijeses	dijeseis
dijese	dijesen

IMPERATIVE

di   decid

7. INFINITIVE   PRESENT PARTICIPLE   PAST PARTICIPLE

estar *to be*   estando *being*   estado *been*

PRESENT INDICATIVE

estoy	estamos
estás	estáis
está	están

CONDITIONAL

estaría	estaríamos
estarías	estaríais
estaría	estarían

IMPERFECT INDICATIVE

estaba	estábamos
estabas	estabais
estaba	estaban

PRESENT SUBJUNCTIVE

esté	estemos
estés	estéis
esté	estén

PRETERIT INDICATIVE

estuve	estuvimos
estuviste	estuvisteis
estuvo	estuvieron

IMPERFECT SUBJUNCTIVE (1)

estuviera	estuviéramos
estuvieras	estuvierais
estuviera	estuvieran

FUTURE INDICATIVE

estaré	estaremos
estarás	estaréis
estará	estarán

IMPERFECT SUBJUNCTIVE (2)

estuviese	estuviésemos
estuvieses	estuvieseis
estuviese	estuviesen

IMPERATIVE

está   estad

8. INFINITIVE   PRESENT PARTICIPLE   PAST PARTICIPLE

haber *to have*   habiendo *having*   habido *had*

PRESENT INDICATIVE

he	hemos
has	habéis
ha	han

CONDITIONAL

habría	habríamos
habrías	habríais
habría	habrían

IMPERFECT INDICATIVE

había	habíamos
habías	habíais
había	habían

PRESENT SUBJUNCTIVE

haya	hayamos
hayas	hayáis
haya	hayan

PRETERIT INDICATIVE

hube	hubimos
hubiste	hubisteis
hubo	hubieron

IMPERFECT SUBJUNCTIVE (1)

hubiera	hubiéramos
hubieras	hubierais
hubiera	hubieran

FUTURE INDICATIVE

habré	habremos
habrás	habréis
habrá	habrán

IMPERFECT SUBJUNCTIVE (2)

hubiese	hubiésemos
hubieses	hubieseis
hubiese	hubiesen

IMPERATIVE

he   habed

9. INFINITIVE   PRESENT PARTICIPLE   PAST PARTICIPLE

hacer   *to do, make*   haciendo   *doing*   hecho   *done*

PRESENT INDICATIVE

hago	hacemos
haces	hacéis
hace	hacen

CONDITIONAL

haría	haríamos
harías	haríais
haría	harían

IMPERFECT INDICATIVE

hacía	hacíamos
hacías	hacíais
hacía	hacían

PRESENT SUBJUNCTIVE

haga	hagamos
hagas	hagáis
haga	hagan

PRETERIT INDICATIVE

hice	hicimos
hiciste	hicisteis
hizo	hicieron

IMPERFECT SUBJUNCTIVE (1)

hiciera	hiciéramos
hicieras	hicierais
hiciera	hicieran

FUTURE INDICATIVE

haré	haremos
harás	haréis
hará	harán

IMPERFECT SUBJUNCTIVE (2)

hiciese	hiciésemos
hicieses	hicieseis
hiciese	hiciesen

IMPERATIVE

haz   haced

10. INFINITIVE   PRESENT PARTICIPLE   PAST PARTICIPLE

ir   *to go*   yendo   *going*   ido   *gone*

PRESENT INDICATIVE

voy	vamos
vas	vais
va	van

CONDITIONAL

iría	iríamos
irías	iríais
iría	irían

IMPERFECT INDICATIVE

iba	íbamos
ibas	ibais
iba	iban

PRESENT SUBJUNCTIVE

vaya	vayamos
vayas	vayáis
vaya	vayan

PRETERIT INDICATIVE		IMPERFECT SUBJUNCTIVE (1)	
fui	fuimos	fuera	fuéramos
fuiste	fuisteis	fueras	fuerais
fue	fueron	fuera	fueran

FUTURE INDICATIVE		IMPERFECT SUBJUNCTIVE (2)	
iré	iremos	fuese	fuésemos
irás	iréis	fueses	fuesis
irá	irán	fuese	fuesen

IMPERATIVE

ve   id

11. INFINITIVE   PRESENT PARTICIPLE   PAST PARTICIPLE

    leer *to read*   leyendo *reading*   leído *read*

PRESENT INDICATIVE		CONDITIONAL	
leo	leemos	leería	leeríamos
lees	leéis	leerías	leeríais
lee	leen	leería	leerían

IMPERFECT INDICATIVE		PRESENT SUBJUNCTIVE	
leía	leíamos	lea	leamos
leías	leíais	leas	leais
leía	leían	lea	lean

PRETERIT INDICATIVE		IMPERFECT SUBJUNCTIVE (1)	
leí	leímos	leyera	leyéramos
leíste	leísteis	leyeras	leyerais
leyó	leyeron	leyera	leyeran

FUTURE INDICATIVE		IMPERFECT SUBJUNCTIVE (2)	
leeré	leeremos	leyese	leyésemos
leerás	leeréis	leyeses	leyeseis
leerá	leerán	leyese	leyesen

IMPERATIVE

lee   leed

12. INFINITIVE   PRESENT PARTICIPLE   PAST PARTICIPLE

  oír   *to hear*   oyendo   *hearing*   oído   *heard*

PRESENT INDICATIVE

oigo	oímos
oyes	oís
oye	oyen

CONDITIONAL

oiría	oiríamos
oiríais	oiríais
oiría	oirían

IMPERFECT INDICATIVE

oía	oíamos
oías	oíais
oía	oían

PRESENT SUBJUNCTIVE

oiga	oigamos
oigas	oigáis
oiga	oigan

PRETERIT INDICATIVE

oí	oímos
oíste	oísteis
oyó	oyeron

IMPERFECT SUBJUNCTIVE (1)

oyera	oyéramos
oyeras	oyerais
oyera	oyeran

FUTURE INDICATIVE

oiré	oiremos
oirás	oiréis
oirá	oirán

IMPERFECT SUBJUNCTIVE (2)

oyese	oyésemos
oyeses	oyeseis
oyese	oyesen

IMPERATIVE

oye   oíd

13. INFINITIVE   PRESENT PARTICIPLE   PAST PARTICIPLE

  poder   *to be able, can*   pudiendo   *being able*   podido   *been able*

PRESENT INDICATIVE

puedo	podemos
puedes	podéis
puede	pueden

CONDITIONAL

podría	podríamos
podrías	podríais
podría	podrían

IMPERFECT INDICATIVE

podía	podíamos
podías	podíais
podía	podían

PRESENT SUBJUNCTIVE

pueda	podamos
puedas	podáis
pueda	puedan

PRETERIT INDICATIVE

pude	pudimos
pudiste	pudisteis
pudo	pudieron

IMPERFECT SUBJUNCTIVE (1)

pudiera	pudiéramos
pudieras	pudierais
pudiera	pudieran

FUTURE INDICATIVE

podré	podremos
podrás	podréis
podrá	podrán

IMPERFECT SUBJUNCTIVE (2)

pudiese	pudiésemos
pudieses	pudieseis
pudiese	pudisesen

14. INFINITIVE   PRESENT PARTICIPLE   PAST PARTICIPLE

poner   *to put*   poniendo   *putting*   puesto   *put*

PRESENT INDICATIVE

pongo	ponemos
pones	ponéis
pone	ponen

CONDITIONAL

pondría	pondríamos
pondrías	pondríais
pondría	pondrían

IMPERFECT INDICATIVE

ponía	poníamos
ponías	poníais
ponía	ponían

PRESENT SUBJUNCTIVE

ponga	pongamos
pongas	pongáis
ponga	pongan

PRETERITE INDICATIVE

puse	pusimos
pusiste	pusisteis
puso	pusieron

IMPERFECT SUBJUNCTIVE (1)

pusiera	pusiéramos
pusieras	pusierais
pusiera	pusieran

FUTURE INDICATIVE

pondré	pondremos
pondrás	pondréis
pondrá	pondrán

IMPERFECT SUBJUNCTIVE (2)

pusiese	pusiésemos
pusieses	pusieseis
pusiese	pusiesen

IMPERATIVE

pon   poned

15. INFINITIVE   PRESENT PARTICIPLE   PAST PARTICIPLE

querer   *to want, love*   queriendo   *wanting*   querido   *wanted*

PRESENT INDICATIVE

quiero	queremos
quieres	queréis
quiere	quieren

CONDITIONAL

querría	querríamos
querrías	querríais
querría	querrían

IMPERFECT INDICATIVE

quería	queríamos
querías	queríais
quería	querían

PRESENT SUBJUNCTIVE

quiera	queramos
quieras	queráis
quiera	quieran

PRETERIT INDICATIVE

quise	quisimos
quisiste	quisisteis
quiso	quisieron

IMPERFECT SUBJUNCTIVE (1)

quisiera	quisiéramos
quisieras	quisierais
quisiera	quisieran

FUTURE INDICATIVE

querré	querremos
querrás	querréis
querrá	querrán

IMPERFECT SUBJUNCTIVE (2)

quisiese	quisiésemos
quisieses	quisieseis
quisiese	quisiesen

IMPERATIVE

quiere   quered

16. INFINITIVE   PRESENT PARTICIPLE   PAST PARTICIPLE

saber *to know*   sabiendo *knowing*   sabido *known*

PRESENT INDICATIVE

sé	sabemos
sabes	sabéis
sabe	saben

CONDITIONAL

sabría	sabríamos
sabrías	sabríais
sabría	sabrían

IMPERFECT INDICATIVE

sabía	sabíamos
sabías	sabíais
sabía	sabían

PRESENT SUBJUNCTIVE

sepa	sepamos
sepas	sepáis
sepa	sepan

PRETERIT INDICATIVE

supe	supimos
supiste	supisteis
supo	supieron

IMPERFECT SUBJUNCTIVE (1)

supiera	supiéramos
supieras	supierais
supiera	supieran

FUTURE INDICATIVE

sabré	sabremos
sabrás	sabréis
sabrá	sabrán

IMPERFECT SUBJUNCTIVE (2)

supiese	supiésemos
supieses	supieseis
supiese	supiesen

IMPERATIVE

sabe   sabed

17. **INFINITIVE**   **PRESENT PARTICIPLE**   **PAST PARTICIPLE**

salir   *to go out, leave*   saliendo   *leaving*   salido   *left*

PRESENT INDICATIVE

salgo	salimos
sales	salís
sale	salen

CONDITIONAL

saldría	saldríamos
saldrías	saldríais
saldría	saldrían

IMPERFECT INDICATIVE

salía	salíamos
salías	salíais
salía	salían

PRESENT SUBJUNCTIVE

salga	salgamos
salgas	salgáis
salga	salgan

PRETERIT INDICATIVE

salí	salimos
saliste	salisteis
salió	salieron

IMPERFECT SUBJUNCTIVE (1)

saliera	saliéramos
salieras	salierais
saliera	salieran

FUTURE INDICATIVE

saldré	saldremos
saldrás	saldréis
saldrá	saldrán

IMPERFECT SUBJUNCTIVE (2)

saliese	saliésemos
salieses	salieseis
saliese	saliesen

IMPERATIVE

sal   salid

18. **INFINITIVE**   **PRESENT PARTICIPLE**   **PAST PARTICIPLE**

ser   *to be*   siendo   *being*   sido   *been*

PRESENT INDICATIVE

soy	somos
eres	sois
es	son

CONDITIONAL

sería	seríamos
serías	seríais
sería	serían

IMPERFECT INDICATIVE

era	éramos
eras	erais
era	eran

PRESENT SUBJUNCTIVE

sea	seamos
seas	seáis
sea	sean

PRETERIT INDICATIVE

fui	fuimos
fuiste	fuisteis
fue	fueron

IMPERFECT SUBJUNCTIVE (1)

fuera	fuéramos
fueras	fuerais
fuera	fueran

FUTURE INDICATIVE

seré	seremos
serás	seréis
será	serán

IMPERFECT SUBJUNCTIVE (2)

fuese	fuésemos
fueses	fueseis
fuese	fuesen

IMPERATIVE

sé   sed

---

19. INFINITIVE   PRESENT PARTICIPLE   PAST PARTICIPLE

    tener *to have*   teniendo *having*   tenido *had*

PRESENT INDICATIVE

tengo	tenemos
tienes	tenéis
tiene	tienen

CONDITIONAL

tendría	tendríamos
tendrías	tendríais
tendría	tendrían

IMPERFECT INDICATIVE

tenía	teníamos
tenías	teníais
tenía	tenían

PRESENT SUBJUNCTIVE

tenga	tengamos
tengas	tengáis
tenga	tengan

PRETERIT INDICATIVE

tuve	tuvimos
tuviste	tuvisteis
tuvo	tuvieron

IMPERFECT SUBJUNCTIVE (1)

tuviera	tuviéramos
tuvieras	tuvierais
tuviera	tuvieran

FUTURE INDICATIVE

tendré	tendremos
tendrás	tendréis
tendrá	tendrán

IMPERFECT SUBJUNCTIVE (2)

tuviese	tuviésemos
tuvieses	tuvieseis
tuviese	tuviesen

IMPERATIVE

ten   tened

20. INFINITIVE   PRESENT PARTICIPLE   PAST PARTICIPLE

  traer *to bring*   trayendo *bringing*   traído *brought*

PRESENT INDICATIVE

traigo	traemos
traes	traéis
trae	traen

CONDITIONAL

traería	traeríamos
traerías	traeríais
traería	traerían

IMPERFECT INDICATIVE

traía	traíamos
traías	traíais
traía	traían

PRESENT SUBJUNCTIVE

traiga	traigamos
traigas	traigáis
traiga	traigan

PRETERIT INDICATIVE

traje	trajimos
trajiste	trajisteis
trajo	trajeron

IMPERFECT SUBJUNCTIVE (1)

trajera	trajéramos
trajeras	trajerais
trajera	trajeran

FUTURE INDICATIVE

traeré	traeremos
traerás	traeréis
traerá	traerán

IMPERFECT SUBJUNCTIVE (2)

trajese	trajésemos
trajeses	trajeseis
trajese	trajesen

IMPERATIVE

trae traed

21. INFINITIVE   PRESENT PARTICIPLE   PAST PARTICIPLE

  valer *to be worth*   valiendo *being worth*   valido *been worth*

PRESENT INDICATIVE

valgo	valemos
vales	valéis
vale	valen

CONDITIONAL

valdría	valdríamos
valdrías	valdríais
valdría	valdrían

IMPERFECT INDICATIVE

valía	valíamos
valías	valíais
valía	valían

PRESENT SUBJUNCTIVE

valga	valgamos
valgas	valgáis
valga	valgan

PRETERIT INDICATIVE

valí	valimos
valiste	valisteis
valió	valieron

IMPERFECT SUBJUNCTIVE (1)

valiera	valiéramos
valieras	valierais
valiera	valieran

FUTURE INDICATIVE

valdré	valdremos
valdrás	valdréis
valdrá	valdrán

IMPERFECT SUBJUNCTIVE (2)

valiese	valiésemos
valieses	valieseis
valiese	valiesen

IMPERATIVE

val (vale)   valed

22. INFINITIVE   PRESENT PARTICIPLE   PAST PARTICIPLE

venir *to come*   viniendo *coming*   venido *come*

PRESENT INDICATIVE

vengo	venimos
vienes	venís
viene	vienen

CONDITIONAL

vendría	vendríamos
vendrías	vendríais
vendría	vendrían

IMPERFECT INDICATIVE

venía	veníamos
venías	veníais
venía	venían

PRESENT SUBJUNCTIVE

venga	vengamos
vengas	vengáis
venga	vengan

PRETERIT INDICATIVE

vine	vinimos
viniste	vinisteis
vino	vinieron

IMPERFECT SUBJUNCTIVE (1)

viniera	viniéramos
vinieras	vinierais
viniera	vinieran

FUTURE INDICATIVE

vendré	vendremos
vendrás	vendréis
vendrá	vendrán

IMPERFECT SUBJUNCTIVE (2)

viniese	viniésemos
vinieses	vinieseis
viniese	viniesen

IMPERATIVE

ven   venid

23. INFINITIVE   PRESENT PARTICIPLE   PAST PARTICIPLE
     ver   *to see*   viendo   *seeing*   visto   *seen*

PRESENT INDICATIVE

veo	vemos
ves	véis
ve	ven

CONDITIONAL

vería	veríamos
verías	veríais
vería	verían

IMPERFECT INDICATIVE

veía	veíamos
veías	veíais
veía	veían

PRESENT SUBJUNCTIVE

vea	veamos
veas	veáis
vea	vean

PRETERIT INDICATIVE

vi	vimos
viste	visteis
vio	vieron

IMPERFECT SUBJUNCTIVE (1)

viera	viéramos
vieras	vierais
viera	vieran

FUTURE INDICATIVE

veré	veremos
verás	veréis
verá	verán

IMPERFECT SUBJUNCTIVE (2)

viese	viésemos
vieses	vieseis
viese	viesen

IMPERATIVE

ve   ved

Class I: Stem-Changing Verbs

Certain verbs ending in **-ar** and **-er** change the stem vowel **e** to **ie** or **o** to **ue** in all persons of the singular and in the third person plural of the present indicative and the present subjunctive. The same changes occur in the singular imperative. All other tenses are regular.

cerrar   *to close* (regular in all except the following tenses)

PRESENT INDICATIVE		PRESENT SUBJUNCTIVE	
cierro	cerramos	cierre	cerremos
cierras	cerráis	cierres	cerréis
cierra	cierran	cierre	cierren

IMPERATIVE

cierra   cerrad

volver   *to return* (regular in all except the following tenses)

PRESENT INDICATIVE		PRESENT SUBJUNCTIVE	
vuelvo	volvemos	vuelva	volvamos
vuelves	volvéis	vuelvas	volváis
vuelve	vuelven	vuelva	vuelvan

IMPERATIVE

vuelve   volved

Other common Class I stem-changing verbs:

acordarse	despertar	jugar	pensar
acostarse	empezar	llover	perder
almorzar	encender	mostrar	recordar
comenzar	encontrar	mover	rogar
contar	entender	negar	sentarse
costar	errar (yerro)	oler (huelo)	

Class II: Stem-Changing Verbs

Certain verbs ending in **-ir** show the same changes as in Class I plus a change of **e** to **i** or **o** to **u** in the present participle, the first and second persons plural of the present subjunctive, both third persons of the preterit, and all persons of the imperfect subjunctive.

dormir *to sleep*

PRESENT INDICATIVE

duermo	dormimos
duermes	dormís
duerme	duermen

PRESENT SUBJUNCTIVE

duerma	durmamos
duermas	durmáis
duerma	duerman

PRETERIT INDICATIVE

dormí	dormimos
dormiste	dormisteis
durmió	durmieron

IMPERFECT SUBJUNCTIVE (1)

durmiera	durmiéramos
durmieras	durmierais
durmiera	durmieran

IMPERATIVE

duerme   dormid

PRESENT PARTICIPLE

durmiendo

IMPERFECT SUBJUNCTIVE (2)

durmiese	durmiésemos
durmieses	durmieseis
durmiese	durmiesen

sentir *to feel*

PRESENT INDICATIVE

siento	sentimos
sientes	sentís
siente	sienten

PRESENT SUBJUNCTIVE

sienta	sintamos
sientas	sintáis
sienta	sientan

PRETERIT INDICATIVE

sentí	sentimos
sentiste	sentisteis
sintió	sintieron

IMPERFECT SUBJUNCTIVE (1)

sintiera	sintiéramos
sintieras	sintierais
sintiera	sintieran

IMPERATIVE   PRESENT PARTICIPLE

siente   sentid   sintiendo

IMPERFECT SUBJUNCTIVE (2)

sintiese	sintiésemos
sintieses	sintieseis
sintiese	sintiesen

Other common Class II verbs:

advertir	divertirse	morir	referir
consentir	mentir	preferir	sugerir

Class III: Stem-Changing Verbs

Certain other verbs ending in **-ir** change **e** to **i** in all the persons and tenses affected in Classes I and II.

pedir *to ask for*

PRESENT INDICATIVE

pido	pedimos
pides	pedís
pide	piden

PRESENT SUBJUNCTIVE

pida	pidamos
pidas	pidáis
pida	pidan

PRETERIT INDICATIVE

pedí	pedimos
pediste	pedisteis
pidió	pidieron

IMPERFECT SUBJUNCTIVE (1)

pidiera	pidiéramos
pidieras	pidierais
pidiera	pidieran

IMPERATIVE

pide   pedid

IMPERFECT SUBJUNCTIVE (2)

pidiese	pidiésemos
pidieses	pidieseis
pidiese	pidiesen

PRESENT PARTICIPLE

pidiendo

Other common Class III radical-changing verbs:

conseguir	impedir	reñir	servir
despedir	perseguir	repetir	vestirse
elegir	reír	seguir	

VOCABULARY

The vocabulary includes all words with the exception of those which appear only once in the reading selections and are translated in the footnotes, and of those which are identical in form and meaning in both Spanish and English.

All irregular verbs are asterisked. Stem changes are indicated in parentheses after the infinitive.

ABBREVIATIONS

abbr	abbreviated	*inf*	infinitive	*pl*	plural
adj	adjective	*interj*	interjection	*prep*	preposition
adv	adverb	*interr*	interrogative	*pres*	present
coll	colloquial	*inv*	invariable	*pron*	pronoun
conj	conjunction	*m*	masculine noun	*rel*	relative
f	feminine noun	*part*	participle	*sing*	singular
indef	indefinite	*pers*	personal		

a *prep* to, at, on, in
abandonar to abandon
abogado *m* lawyer
abrigo *m* overcoat
abril *m* April
abrir to open
absolutamente *adv* absolutely
absoluto, -a absolute
absorber to absorb; to imbibe; —**se completamente** to be spellbound
abstracto, -a abstract
abuela *f* grandmother
abuelo *m* grandfather; *pl* grandparents
aburrido, -a weary, tiresome, boring, bored
acá *adv* here; ¿**de cuándo** —? since when?

acabar to finish, complete, end; —**de** + *inf* to have just
acaso *adv* perhaps
accidente *m* accident
acento *m* accent
acentuar to accentuate
aceptar to accept
acercar to bring near, place near; —**se a** to draw near (to), approach
acogida *f* reception; hook
acomodador *m* usher
acompañar to accompany
aconsejar to counsel, advise
acontecer to happen, come about
acontecimiento *m* event, happening
acordarse (ue) (de) to remember
acostarse (ue) to go to bed

acostumbrar to accustom
actividad *f* activity
acuerdo *m* resolution, accord, agreement
adelantar to progress, advance
adelante *adv* forward, ahead
además *adv* in addition, besides; — **de** *prep* besides
adiós *interj* good-bye
adolescencia *f* adolescence
adorar to adore
aéreo, -a (of the) air, aerial
afeitar(se) to shave
aficionado *m* (sports) fan
aficionar to become fond of
afiliarse (a) to join
aflicción *f* affliction, sorrow, grief
afligir to afflict; to grieve, worry
África (el) *f* Africa
afuera *adv* outside
agarrar to grasp, seize
agencia *f* agency
agitarse to become excited
agosto *m* August
agotar to become exhausted, sold out; to wear oneself out; to be out of print
agradar to be pleasing; to please; **esto le agrada** this pleases him
agradecer (zc) to thank for, be grateful for
agrícola *adj* agricultural
agua (el) *f* water
¡ah! *interj* ah!
ahí *adv* there
ahora *adv* now; — **mismo** right now
aire *m* air
ajedrez *m* chess
al (a + el) to the, at the, on the, into the; — + *inf* on, upon + *pres part*
alarma (el) *f* alarm
alarmarse to become alarmed
alba (el) *f* dawn
álbum *m* album
alegrar to make merry; to cheer; —**se de** to be glad (of), be happy (because of)

alegre *adj* happy, merry
alemán, -ana German; *m* German language
alergia *f* allergy
alfombra *f* rug
algo something, anything; *adv* somewhat, rather; — **que decir** something to say
alguien somebody, someone
alguno (algún), -a some, any; *pl* a few, some
alma (el) *f* soul, heart
almacén *m* store, shop; warehouse
almorzar (ue) to have or eat lunch
almuerzo *m* lunch
alto, -a high, tall; **¡alto!** *interj* halt! stop!
alumna *f* (girl) student
alumno *m* (boy) student
allá *adv* there (less precise than **allí**)
allí *adv* there, over there
amable *adj* lovable
amar to love
amarillo, -a yellow
ambiguo, -a ambiguous
amenazar to menace, threaten
americano, -a American
amiga *f* (girl) friend
amigo *m* (boy) friend; **son muy —s** they are very good friends
anaranjado, -a orange (color)
andar* to walk; to run (a machine, watch); — **loco** to go out of one's mind
ángulo *m* corner, angle
angustia *f* sorrow
anoche *adv* last night
ansiedad *f* anxiety
antes *adv* before; — **de** *prep* before; — **(de) que** *conj* before; **cuanto —** as soon as possible
anunciar to announce, proclaim; to advertise
anzuelo *m* hook
año *m* year; **el — pasado** last year; **hace . . . —s** years ago; **tener . . . —s** to be . . . years old

aparato *m* machine, (piece of) apparatus, set
aparecer to appear
apartar to remove, move away; to turn aside
apenas *adv* hardly
apéndice *m* appendix
apendicitis *f* appendicitis
apetito *m* appetite
apostar (ue) to bet
apoyar to lean, rest, support
apreciar to appreciate; to appraise, value, esteem
aprender (a) to learn (to)
apretar to tighten; to squeeze; to press
aprovechar(se) to make use of; to profit by
aproximarse to come near
apurarse to worry, fret, grieve; to exert oneself; to hurry, hasten
apuro *m* want, straight, tight spot, "jam"
aquel, aquella that; **aquellos, -as** those
aquél, aquélla that one, the former; **aquéllos, -as** those (over there)
aquello that (idea or thing)
aquí *adv* here, over here; — **tiene Ud.** here is, here are
arete *m.* earring
arma *f* arm, weapon
armado, -a armed
arrastrar to drag, carry away
arrebatar to take away
arreglar to regulate, arrange, settle, adjust; to fix
arreglo *m* arrangement
arrimar to place near; **—se a** to come close (to)
arrodillarse to kneel (down)
arroz *m* rice
arte *m & f* art; **las bellas —s** fine arts
artista *m & f* artist
artístico, -a artistic
asamblea *f* assembly
ascender to ascend
así *adv* so, thus, like that; — **que** *conj* thus, so that

asiento *m* seat; **tomar —** to take a seat
asistir (a) to attend
asoleado, -a sunny
aspirina *f* aspirin
astronauta *m* astronaut
asustado, -a frightened, scared
asustarse to be frightened
atacar to attack
ataque *m* attack, fit; **el — cardíaco** heart attack
atar to tie, lace; **loco de —** *(coll)* "real crazy," raving mad
atención *f* attention
atender (ie) to attend; to look after
atómico, -a atomic
atrevido, -a daring
atroz *adj* atrocious
aun, aún *adv* even, yet, still
auto, automóvil *m* automobile, car
autobús *m* bus
avanzar to advance
avión *m* airplane; **el — a chorro** jet plane
avisar to advise, inform
¡ay! ¡ay caray! *interj* alas!
ayer *adv* yesterday
ayudar to help
azúcar *m* sugar
azul *adj* blue

bailar to dance
baile *m* dance
bajar to descend, come or go down; to lower
bajo, -a low
bajo *adv* down, low; *prep* under, below
banca *f* bench, stand
banco *m* bank
banderilla *f* a small dart with a banderole for baiting bulls
bandolero *m* robber, highwayman
banquete *m* banquet
bañarse to bathe, take a bath
baño *m* bath; **el cuarto de —** bathroom; **el traje de —** bathing suit
barato, -a cheap

barbaridad *f* barbarity, outrage; **¡qué —!** good grief! how awful! that's terrible!
bárbaro, -a barbarous, terrible; *m & f* barbarian
barra *f* bar
barrera *f* barrier
barrio *m* city district, ward
básquetbol *m* basketball
¡basta! that will do! stop!
bastante *adj or adv* enough, rather, fairly
bastar to suffice, be enough
batalla *f* battle
batear to bat
batuta *f* baton
beber to drink
béisbol *m* baseball
bello, -a beautiful; **las bellas artes** fine arts
bendecir to bless
beso *m* kiss
biblioteca *f* library
bicicleta *f* bicycle
bien *adv* well, very; **estar —** to be all right, well
biftec (bistec) *m* (beef) steak
billete *m* ticket
biología *f* biology
blanco, -a white
blusa *f* blouse
boca *f* mouth
boda *f* wedding
bofetada *f* slap
bolero *m* bolero
boleto *m* ticket
bolsa *f* purse
bomba *f* pump; bomb
bombo *m* large drum
bonísimo, -a best, very best; prettiest
bonito, -a pretty, nice
borde *m* edge
botánica *f* botany
botón *m* button, knob
boxeo *m* boxing
brasa *f* live coal
bravo, -a brave, fearless

brazo *m* arm
breve *adj* brief, short
bribón *m* rascal
brillar to shine
broma *f* joke; jest; fun
bruja *f* witch
bruto, -a beastly, brutish
bueno (buen), -a good, well
burlar to deceive
buscar to look for

caballero *m* gentleman; horseman
caballo *m* horse; **montar a —** to ride horseback
caber* to fit into
cabeza *f* head
cable *m* cable, wire
cablegrafiar to cable
cabo *m* end; **llevarse a —** to carry out; to take place
cada *inv adj* each, every
cadáver *m* cadaver
caer(se)* to fall (down); **caer bien** to fit, be becoming
café *m* coffee
cafetería *f* cafeteria
calcetín *m* sock
calcular to calculate
cálculo *m* calculation
caldero *m* kettle
caliente *adj* hot, warm
calificación *f* judgment; mark (in exam)
calificar to qualify; to mark (an exam)
calma *f* calm
calmar to quiet
calor *m* heat, warmth; **hace —** it is warm, hot (weather); **tener —** to be warm (person)
caluroso, -a hot, warm
callar(se) to keep silent, be quiet; to stop talking
calle *f* street
cama *f* bed
cámara *f* camera; chamber
camarada *m & f* comrade
cambiar (de) to change

cambio *m* change; **en —** on the other hand
caminar to walk, travel
camisa *f* shirt
camisería *f* shirt shop, store
campeón *m* champion
campeonato *m* championship
campo *m* country; camp; field
Canadá *m* Canada
cáncer *m* cancer
canción *f* song
cansado, -a tired
cansar to weary; to become tired
cantar to sing
caña *f* cane, rod; **la — de pescar** fishing pole
cañon *m* tube, pipe; cannon
capaz *adj* capable
capirotada *f* pudding; dressing of eggs, herbs, garlic, etc.
capital *adj* capital; *m* capital
capote *m* short cloak of bright colors used by bullfighters; cape
capricho *m* caprice; whim, fancy
caprichoso, -a capricious, whimsical
capturar to capture
cara *f* face
¡caramba! *interj* gracious me! confound it!
¡caray! *interj* confound it! gracious me!
cárcel *f* jail
carga *f* charge
cargar to charge, load
cariñoso, -a affectionate
carnada *f* bait
carne *f* meat
carnicería *f* meat market, butcher's shop
caro, -a expensive, costly
carrera *f* race; highway; course; career; studies
carta *f* letter
casa *f* house, home; **a —** (to) home; **en —** at home
casamiento *m* marriage
casar to marry (off); **—se (con)** to get married; **—se con** to marry

casco *m* hoof
caso *m* case, event; **en — (de) que** *conj* in case that
casi *adv* almost, nearly
castellano, -a Castilian; Spanish
castigar to punish
catarro *m* chest or head cold
catedral *f* cathedral
categoría *f* category, class, rank
católico, -a Catholic
catorce fourteen
caudillo *m* leader, chief
causa *f* cause; **a — de** because of
cazar to hunt
cena *f* dinner, supper
cenar to dine, have or eat supper
censura *f* censure
centavo *m* cent
centro *m* center; downtown
cerca *adv* near; **— de** *prep* close to, near (to)
cerdo *m* hog, pig
cerebro *m* brain
cerrar (ie) to close, shut
certificado *m* certificate
cerveza *f* beer
cesta *f* basket, creel
cielo *m* sky
ciento (cien) (a, one) hundred
cierto, -a certain, sure; **es —** that's true, that's certain, that's right
cigarrillo *m* cigarette
cinco five
cincuenta fifty
cine *m* motion picture theatre, movies
cinturón *m* belt
cita *f* date, appointment
citar to make an appointment with; to quote
ciudad *f* city
civil *adj* civil; *m* civilian
civilizador, -a civilizing
clarinete *m* clarinet
claro, -a clear, light; **¡claro!** *interj* of course!
clase *f* class; classroom; kind; subject
clásico, -a classic, classical

clavar to nail; to stick
clima *m* climate
cobarde *m* coward
cocina *f* kitchen
coche *m* car, coach
codiciar to covet
coger to catch
cohete *m* rocket; skyrocket
colegial *adj* collegiate
colegio *m* college; school
colocar to place; to locate
colonia *f* colony
colonial *adj* colonial
colorado, -a colored; red
columna *f* column
collar *m* necklace
combate *m* combat
comedia *f* comedy; play, drama
comentar to comment (on)
comentario *m* commentary
comenzar (ie) (a) to commence, to begin (to)
comer to eat; **—se** to eat up (devour)
cometer to commit
comida *f* meal; dinner
como *adv* as, like
¿cómo? *interr* how?
compañero, -a *m & f* companion, friend; **el — de cuarto** roommate
compañía *f* company
comparar to compare
compasión *f* compassion, pity, sympathy; **tener — de** to take pity on, show mercy to
complacer to please, humor
completo, -a complete
complicado, -a complicated
compra *f* purchase; **(ir) de —s** (to go) shopping
comprar to buy
comprender to understand, comprehend
común *adj* ordinary, common; **por lo —** usually, generally
comunista *m & f* communist
con *prep* with; **— tal que** *conj* provided (that)
concierto *m* concert

concluir to conclude, come to an end
concreto, -a concrete
condenar to condemn
condición *f* condition
conducir* to lead, conduct; drive
conducta *f* conduct
confesar to confess
confianza *f* confidence, trust, reliance, faith
confitería *f* confectionery
confundir to confound, perplex; **—se** to mix, fuse
conmigo with me, with myself
conmoción *f* commotion
conmovedor, -a touching, moving, exciting
conocer (zc) to know, be acquainted with; to meet
conque so that
conquistar to conquer
consecuencia *f* consequence
conseguir (i) to obtain; **— (hacerlo)** to succeed (in doing it)
conservación *f* conservation
conservador, -a conservative
consuelo *m* comfort, consolation; joy
consultorio *m* (doctor's) office, clinic
contar (ue) to tell, relate; to count
contemplar to contemplate
contemporáneo, -a contemporary
contentarse (de) to be content with
contento, -a happy, content
contestar to answer
contigo with you
continuar to continue
contra *prep* against, in opposition to
contrario: al — on the contrary
contrato *m* contract
convenir to be suitable, be desirable
convertir (ie, i) to convert; to reform
corbata *f* necktie; **la — de lazo** bow tie
cordero *m* lamb
coronel *m* colonel
correo *m* mail; post office
correr to run
corrida *f* race; **la — de toros** bullfight

corto, -a short
cosa *f* thing
costar (ue) to cost
costumbre *f* custom; **de —** usually customary; **como de —** as usual
creer to believe, think
crimen *m* crime
crin *f* mane
cristiano, -a Christian
cruz *f* cross; **la Cruz Roja** Red Cross
cuadra *f* barracks; block *(American)*, block of houses
cuadrilla *f* gang, crew, troop, band of armed men
cual: el (a) — *rel pron* who, whom, what, which
¿cuál? *interr* what? which?
cualquier, -a anyone; someone; any
cuando *adv or conj* when; **de vez en —** from time to time
¿cuándo? *interr* when?; **¿de — acá?** since when?
cuanto all that; **— antes** as soon as possible; **en —** as soon as; **en — a** as for; **unos —s** some, a few
¿cuánto, -a? *interr pron* how much?; *pl* how many?
cuarenta forty
cuartel *m* barracks, quarters
cuarto *m* room; quarter, fourth; **el — de baño** bathroom
cuarto, -a fourth
cuatro four
cuatrocientos, -as four hundred
cuclillas: en — squatting
cuchara *f* spoon
cuchicheo *m* whispering
cuchillo *m* knife
cuenta *f* account; bill
cuento *m* story, tale
cuerno *m* horn
cuerpo *m* body, corps
cuestión *f* question; matter
cuidado *m* care; caution; concern
cultura *f* culture
cumpleaños *m* birthday
cumplir to fulfill, keep (a promise)

cura *m* priest
curiosear *(coll)* to look around, browse around
curioso, -a curious
cuyo, -a *rel adj* whose

chaleco *m* vest
chanclo *m* clog (shoe with wooden sole); overshoe, rubber
chaqueta *f* jacket
charlar *(coll)* to chat, chatter
cheque *m* check
chicle *m* (chewing) gum
chico, -a small; *m* little boy; *f* little girl
chileno, -a Chilean
chocar to shock; to collide, clash
choque *m* shock; impact, collision
chorro *m* jet; spurt; stream
chuleta de cerdo *f* pork chop

dar* to give; **— con** to encounter, find; **— un paseo** to take a walk; **—se cuenta de (que)** to realize (that); **—se prisa** to hurry
de *prep* of, from, in, as, to
debajo *adv* underneath, below; **— de** *prep* under
deber (de) to owe, must, ought; *m* duty, obligation
débil *adj* weak
decidir to decide
décimo, -a tenth
decir* to say, tell; **es —** that is to say; **querer —** to mean; **se dice** people say, they say, it is said
dedicar to dedicate
dedo *m* finger
defender to defend
defensa *f* defense, protection, shelter
definido, -a definite, defined
dejar to leave; to relinquish; to permit, consent, allow, let
del (de + el) of the, from the
delante *adv* in front, before; **— de** *prep* in front of, before

delegación *f* delegation; branch of the police department
delgado, -a thin, slender
delicioso, -a delicious, delightful
demás: los —, las — the others, the rest (of)
demasiado *adv* too much
demócrata *m & f* democrat
dentista *m & f* dentist
dentro *adv* inside, within; **— de** *prep* inside of, within
depender (de) to depend (on)
dependiente *adj* dependent; *m & f* clerk, dependent
deporte *m* sport
deportista *m & f* sportsman, sportswoman
derecho, -a right, straight (ahead); *m* right; **a la derecha** to the right
desaparecer to disappear
desastroso, -a unfortunate, disastrous
desayunar to eat breakfast
desayuno *m* breakfast; **tomar el —** to eat breakfast
descansar to rest
descarga *f* discharge; firing
desconocido, -a *adj* unknown (person); *m* stranger
descubrir to discover
desde *prep* since, form
desear to desire, wish
deseo *m* wish, desire
desfilar to parade; to file by or away
desfile *m* parade
desgracia *f* misfortune; unpleasantness, disgrace
desigual *adj* unequal; uneven
desnudar to lay bare; to unsheath; to draw (a revolver)
despacio *adv* slowly
despachar to dispatch
despedir (i) to send off; **—se (de)** to say good-bye (to)
despertarse (ie) to wake up
después *adv* after, afterwards, later; **— de** *prep* after; **— (de) que** *conj* after

destruir to destroy
desvanecerse to disappear
detener(se) (like **tener***) to stop; to arrest, detain
determinación *f* determination, resolution
detrás de *prep* behind
devolver to give back
día *m* day; **buenos —s** good morning; **el — de la(s) madre(s)** Mother's Day
diálogo *m* dialog
diario *m* daily newspaper
diciembre *m* December
dicho *m* saying, proverb, expression
diente *m* tooth
dieta *f* diet; **ponerse a —** to go on a diet
diez ten
diez y nueve (diecinueve) nineteen
diez y ocho (dieciocho) eighteen
diez y seis (dieciseis) sixteen
diez y siete (diecisiete) seventeen
diferencia *f* difference
difícil *adj* difficult
dificultad *f* difficulty
dinero *m* money
Dios *m* God; **¡por —!** for heaven's sake!
directamente directly
disco *m* record
discoteca *f* record shop
discusión *f* discussion, argument
discutir to discuss; to argue
disparo *m* shot, firing
distancia *f* distance
distinguido, -a distinguished
distinguir to distinguish; to esteem
disturbio *m* disturbance
diversión *f* entertainment, diversion, amusement
divertido, -a amusing, fun
divertirse (ie) to amuse oneself, have a good time
dividir to divide
divinamente divinely
doce twelve
documento *m* document

dólar *m* dollar
doler (ue) to ache, hurt, pain
dolor *m* pain, ache
domingo *m* Sunday
dominó *m* domino
donde *adv* where, in which
¿dónde? *interr* where?; **¿de — es Ud.?** where are you from?; **¿por — se va a. . .?** how do you get to. . . ?
dormir (ue) to sleep; **—se** to fall asleep
dormitorio *m* dormitory
dos two
doscientos, -as two hundred
duda *f* doubt
dudar to doubt
dulce *adj* sweet; *m pl* candy, sweets
duración *f* duration; **de larga —** long-playing
durante *prep* during

eco *m* echo
económico, -a economic, economical
echar to throw; **—se a + *inf*** to burst out; to begin to
edificar to build
edificio *m* edifice, building, structure
educación *f* education; breeding; good manners
efecto *m* effect
ejecución *f* execution
ejemplo *m* example
el, los the
él *pers pron* he, him, it
elegancia *f* elegance
elegante *adj* elegant
elegir (i) to elect, choose
ella *pers pron* she, her, it
ello it
ellos, -as *pers pron* they, them
embajada *f* embassy
embargo: sin — nevertheless, however
embestir (i) to assail, attack, rush against, charge
emisario *m* emissary
emoción *f* emotion
emocionante *adj* moving, touching
emperador *m* emperor

empezar (ie) (a) to begin, start (to)
en *prep* in, into, to, on, at; by
encantar to delight, enchant
encargar to charge (with); to entrust
encontrar (ue) to find; **—se (con)** to meet
encuentro *m* encounter
enchilada *f* enchilada *(American-Mexican)*, corn pancake with chili
enemigo *m* enemy
energía *f* energy
enero *m* January
enfermedad *f* illness, sickness
enfermera *f* nurse
enfermo, -a sick, ill
engañar to deceive, cheat
engaño *m* deceit, fraud
enorme *adj* enormous
ensalada *f* salad
enseñar to teach; to show
entender (ie) to understand
enterarse de to find out; to become aware (of)
entero, -a entire, whole, complete; sound
entonces *adv* then; **desde —** from that time on, ever since
entrada *f* entrance; admission, admittance
entrar (en) to enter, come in, go in
entre *prep* between, among
entregar(se) to surrender, hand over
entusiasmo *m* enthusiasm
enumerar to enumerate
enviar to send
envolver to wrap up; to surround
época *f* epoch, period, time
errar (ye) to err, mistake
escándalo *m* scandal
escapar(se) to escape
escarlatina *f* scarlet fever
escéptico, -a skeptic
escoltar to escort
esconderse to hide oneself
escribir to write
escritorio *m* writing desk
escuchar to listen (to)

escuela *f* school
ese, esa that; **esos, -as** those
ése, ésa *pron* that one; **ésos, -as** those
eso that; **a — de** *prep* about, toward;
  por — *adv* therefore, for that reason,
  that is why
espada *f* sword
espalda *f* back; **nadar de —** to swim
  backstroke
espantoso, -a frightful
España *f* Spain
español, -a Spanish; *m* Spanish
  language; *m & f* Spaniard
especie *f* species
espectador, -a *m & f* spectator
espejo *m* mirror
espera *f* wait, waiting
esperanza *f* hope; **¡qué —!** of course
  not!
esperar to wait (for); to hope
espíritu *m* spirit; mind
espléndido, -a splendid
esposa *f* wife; *pl* handcuffs
esposo *m* husband; *pl* man and wife
esquí *m* ski
esquiar to ski
esquina *f* corner
establecer to establish
estación *f* season; station
estado *m* state; condition
Estados Unidos (*abbr* E.U. *or* EE.UU.)
  m pl United States
estar* to be; **— bien** to be all right,
  well; **— para** to be about to
este *m* east
este, esta this; **estos, -as** these
éste, ésta *pron* this one, the latter;
  éstos, -as these, the latter
estilo *m* style
esto this
estocada *f* stab, thrust, tilt, lunge
estómago *m* stomach
estorbar to hinder; to annoy
estrella *f* star
estropear to maim, cripple, tear apart
estudiante *m & f* student
estudiantil *adj* (of the) student

estudiar to study
estudio *m* study
estupendo, -a stupendous, wonderful
estúpido, -a stupid
eterno, -a eternal
europeo, -a European
evocar to evoke
exactamente exactly, precisely
examen *m* examination
exclamar to exclaim
exclusivamente exclusively
exigente *adj* demanding; strict
éxito *m* success; **tener —** to be
  successful
explicar to explain
expresión *f* expression
extender to extend
exterior *adj* exterior; **las relaciones —es**
  foreign relations
extranjero, -a *adj* foreign; *m & f*
  foreigner, alien; *m* abroad, foreign
  land; **irse al —** to go abroad
extraño, -a strange
extremo, -a extreme

fabricar to build; to manufacture
fácil *adj* easy
facilitar to facilitate
fagot *m* bassoon
falda *f* skirt
falta *f* lack, want; **me hace —** I need
faltar (a) to be lacking (to); to need
fama *f* fame, reputation
familia *f* family
famoso, - famous
fantástico, -a fantastic
farmacia *f* pharmacy, drugstore
farsa *f* farce
favor *m* favor; **por —** please; **haga el
  — de** please
febrero *m* February
felicidad *f* happiness; good luck; *pl*
  congratulations
felicitar to congratulate
feo, -a ugly
feroz *adj* ferocious, fierce

fiambre *m* hors d'oeuvre; cold food; *pl* cold cuts

fiar(se) (de) to trust, have confidence (in)

fidelidad *f* fidelity, faithfulness; **la alta —** high fidelity

fiebre *f* fever

fiesta *f* festival, festivity; party; **el día de —** holiday

figura *f* figure, image

figurar(se) to figure, imagine

fijar to fix; to fasten; **—se en** to notice, pay attention to; to imagine

fijo, -a fixed

fila *f* file, row

filosofía *f* philosophy

fin *m* end; **el — de semana** week-end

fino, -a fine

firme *adj* firm

firmeza *f* firmness

física, *f* physics

físico, -a physical

fisonomía *f* physiognomy

flan *m* custard

flauta *f* flute

flor *f* flower

flotar to float

flote: a — afloat

fogón *m* fireplace

fondo *m* bottom, rear

formidable *adj* terrific; formidable

fortuna *f* fortune; **por —** fortunately

foto *f* photo; picture

fractura *f* fracture

fragrancia *f* fragrance

francamente *adv* frankly

francés, -esa French; *m* French language; Frenchman

frase *f* phrase, sentence

frente *f* front; forehead, face; **— por — de** right opposite

fresco, -a cool, fresh

frijol *m* bean

frío, -a cold; *m* coldness; **hace —** it is cold (weather); **tener —** to be cold (person)

frito, -a fried

frondoso, -a leafy

fruta *f* fruit

fuego *m* fire; **hacer —** to fire, shoot

fuera *adv* outside; **— de** *prep* outside (of)

fuerte *adj* strong; loud

fuerza *f* strength; force

fugar to flee, escape

fumar to smoke

función *f* function; performance; duty

funcionar to function, run

fundar to found, establish

furioso, -a furious

fusil *m* gun, rifle

fusilar to shoot

fútbol *m* football, soccer

futbolista *m* football or soccer player

galleta *f* cookie, cracker

gana *f* desire; **tener —s de** to desire

ganar to gain; to win; to earn; to reach; **— el paso** to overtake

ganga *f* bargain; "cinch," snap

garganta *f* throat

gasolina *f* gasoline

gastar to spend; to waste

gemelo, -a *adj, m & f* twin; *m pl* twins, cuff links, binoculars, field glasses

generalmente *adv* generally

género *m* kind

gente *f* people

geografía *f* geography

glacial *adj* glacial, icy

gobernador *m* governor

gobierno *m* government

gordo, -a fat, corpulent, stout

grabar to record, cut a record; to engrave; to impress upon the mind

gracias thanks, thank you; ¡**muchas —!** thank you very much!; ¡**gracias a Dios!** thank heaven!

gramática *f* grammar

grande (gran) *adj* large, great, big

granuja *m* scoundrel

grave *adj* serious, grave

gripe *f* influenza, grippe

gris *adj* gray

gritar to shout, cry out
grito *m* shout, cry
gruñir to grumble
grupo *m* group
guapo, -a good-looking, handsome
guardar to keep
guardia *f* guard
guatemalteco, -a Guatemalan
guerra *f* war
guerrillero *m* guerrilla; soldier
guiar to guide
guitarrista *m & f* guitarist
gusano *m* worm
gustar (a) to be pleasing (to), like; **a mí me gusta** I like
gusto *m* pleasure; taste; **a —** at will; **con (mucho) —** gladly

haber* to have *(auxiliary)*; **— de** to be (expected) to, have to; **hay, hubo, había,** etc. *(impersonal)* there is (are), was (were), etc.; **hay que** it is necessary, one must; **no hay de que** you're welcome
habilidad *f* ability, skill, talent
habitante *m & f* inhabitant
habitar to inhabit, live
hablar to speak, talk
hacer* to do, make; **— calor, frío,** etc. to be warm, cold, etc.; **— falta (a)** to need; **hace . . . años** . . . years ago
hacia toward
hallar to find; **—se** to be
hambre (el) *f* hunger; **tener —** to be hungry
hamburguesa *f* hamburger
hasta to, up to, as far as, until, even; **— luego** (I will) see you later; **— que** *conj* until
hay *see* **haber**
helado, -a *adj* cold, icy, frozen; *m* ice cream
herido, -a wounded
hermana *f* sister
hermano *m* brother; *pl* brothers and sisters
hermoso, -a beautiful

hervir to boil
higuera *f* fig tree
hija *f* daughter
hijo *m* son; *pl* children
historia *f* history; story
hogar *m* fireplace; home
¡hola! *interj* hello! hi!
hombre *m* man
hombro *m* shoulder
~~**hondo, -a** a low, deep~~
hora *f* hour, time; **¿a qué —?** at what time?
hoy *adv* today; **— día** nowadays
huelga *f* strike
huevo *m* egg
huída *f* flight, escape
humanidad *f* humanity
hundir to sink
¡huy! *interj* ouch!

idéntico, -a identical
idioma *m* language, tongue
iglesia *f* church
ignorante *adj* ignorant
igual *adj* equal; level; even; (the) same; **me es** (*or* **da) —** it makes no difference (to me)
imagen *f* image
imaginar(se) to imagine
impaciente *adj* impatient
impedir (i) to hinder, prevent
impermeable *m* raincoat
importado, -a imported
importancia *f* importance
importante *adj* important
importar to matter; to import
imposible (de) impossible (to)
impreciso, -a vague, indefinite
inaugurar to inaugurate
incapaz *adj* incapable
inclinar to incline
independencia *f* independence
indicar to indicate
indiferente *adj* indifferent
indio, -a Indian
infamia *f* infamy
infeliz *adj* unhappy

infinito, -a *adj* infinite; *m* infinity
influir to influence
ingeniería *f* engineering
ingeniero *m* engineer
Inglaterra *f* England
inglés, -esa *adj* English; *m* English language
iniciar to initiate
inicuo, -a iniquitous
injusto, -a unjust
inmediato, -a immediate
inmediatamente *adv* immediately
inminente *adj* imminent; early
inmóvil *adj* immovable; motionless
inolvidable *adj* unforgettable
inquieto, -a anxious, worried
inquietud *f* uneasiness, anxiety
insistir (en) to insist (on)
instante *m* instant
instinto *m* instinct
institución *f* institution
instrucción *f* instruction
instrumento *m* instrument, tool
insulto *m* insult
inteligente *adj* intelligent
interés *m* interest
interesante *adj* interesting
interesar to interest; —**se en** to be interested in
interno, -a internal
interrogar to question
interrumpir to interrupt
intervenir (like **venir***) to intervene
intrépido, -a intrepid
inútil *adj* useless
inventar to invent
invierno *m* winter
invitar to invite
inyección *f* injection, shot
ir* to go; —**se** to go away; — **de compras** to go shopping
izquierdo, -a left; **a la izquierda** to the left

jamás never
jamón *m* ham
jarabe tapatío *m* Mexican folk dance

jazmín *m* jasmine; **el** — **de la India** gardenia
jefe *m* chief, head, leader, boss
jonrón *m* home run
joven *adj* young; *m* youth, young man, young person; *f* young lady; *m pl* young people
jueves *m* Thursday
jugar (ue) to play; to gamble
jugo *m* juice
julio *m* July
junio *m* June
junto, -a united; *pl* together
junto a near, beside, next to
justamente *adv* justly; precisely
juventud *f* youth

la the; her, it, you
laboratorio *m* laboratory
lacónico, -a laconic
lado *m* side; **al** — **de** at the side of, beside
lago *m* lake
lágrima *f* tear
lagrimear to weep
laguna *f* lagoon
lanzar to throw, hurl, dart, fling; to launch
lápiz *m* pencil
largo, -a long
las the; them, you
lástima *f* pity, shame; **¡qué** —**!** what a pity!
lastimar to hurt, injure; to pity
latino, -a *adj, m & f* Latin (American)
lavar to wash; —**se** to wash oneself; —**se los dientes** to brush one's teeth
le him, her, you; to him, to her, to you, to it
leal *adj* loyal
lección *f* lesson
leche *f* milk; **la** — **malteada** malted milk
lechería *f* dairy (store)
leer (y) to read
lejano, -a distant, remote
lejos *adv* far; **a lo** — in the distance

lengua *f* language, tongue
lentitud *f* slowness
les them, you; to them, to you
letra *f* letter
letrero *m* sign, placard, poster; label
levantar to raise; —**se** to get up, stand
  up
libro *m* book
líder *m* leader
liga *f* garter; elastic band; league
límite *m* limit
limpiar to clean
línea *f* line
lindo, -a pretty
listo, -a ready, quick, alert; clever
literatura *f* literature
lo it, him, you; the; — **que** what, that
  which; — **siento** I am sorry
localidad *f* locality; seat
loco, -a crazy; — **de atar** *(coll)* "real
  crazy," raving mad; **volverse** — to
  become crazy, go out of one's mind
lograr to achieve, succeed in
lomo *m* loin, back
los the; them, you; — **que** those
  which, those who
lucir to shine, glitter; to show off
lucha *f* fight
luchar to fight
luego then, next, later; **hasta** — (I
  will) see you later, so long
luna *f* moon; **la** — **de miel** honeymoon
lunes *m* Monday
luz *f* light

llamar to call; —**se** to be called, be
  named; **¿cómo se llama Ud.?** what
  is your name?
llamativo, -a showy, attracting
  attention
llegar to arrive
llenar to fill
lleno, -a full
llevar to take, carry; to wear; —**se** to
  carry off; —**se a cabo** to be carried
  out; to take place
llorar to cry, weep

llover (ue) to rain
lloviznar to drizzle
lluvioso, -a rainy

madre *f* mother
madrugada *f* early morning
maestro, -a master; *m & f* teacher;
  m maestro
magnífico, -a magnificent, wonderful
mal *adv* badly; *m* evil
maleta *f* valise, traveling bag, suitcase
malo (mal), -a bad, sick
mamá *f* mamma, mom, mother
mandar to command, order, direct; to
  send
mando *m* command
manera *f* manner, way; **de** — **que** so
  (that)
manga *f* sleeve
mano *f* hand
mantener *(like* **tener*)** to maintain;
  —**se** to stay
mantequilla *f* butter
manzana *f* apple
mañana tomorrow; *f* morning; **de la** —
  in the morning; A.M.; — **por la** —
  tomorrow morning; **pasado** — (the)
  day after tomorrow
mapa *m* map
máquina *f* machine; **la** — **de afeitar**
  electric shaver
maravilla *f* wonder, marvel
marchar to march
mariachi *m* street singer
martes *m* Tuesday
marzo *m* March
más more, most; — **de (que)** more
  than; **no** — just, only
matador *m* matador (fighter who kills
  the bulls)
matar to kill
matemáticas *f pl* mathematics
mayo *m* May
mayor *adj* bigger, greater, older,
  biggest, greatest, eldest
me me, to me
media *f* stocking

medicina *f* medicine
médico, -a medical; *m* physician, doctor
medio, -a half; middle; average
mediodía *m* noon
mejicano, -a Mexican
Méjico *m* Mexico
mejor *adj & adv* better, best; — **dicho** rather
mejorar to improve, better
memoria *f* memory; **de —** by heart
menor *adj* smaller, minor, younger; smallest, youngest
menos less, least, minus; except; **a — que** unless
menudo : a — often
mercado *m* market
mero, -a mere, simple; **ya —** *(coll)* soon, almost
mes *m* month
mesa *f* table
meter to insert, put in, place
mi, mis my
mí me, myself
miedo *m* fear; **tener —** to be afraid
miel *f* honey; **la luna de —** honeymoon
mientras (que) while
miércoles *m* Wednesday
mil (one, a) thousand
militar *adj* military
milla *f* mile
millón *m* million
millonario, -a *adj, m & f* millionaire
mimado, -a spoiled, pampered
mina *f* mine
miniatura *f* miniature
minuto, -a minute, small; *m* minute (time)
mío, -a mine, my
mirada *f* look
mirar to look (at)
misa *f* mass
misión *f* mission
mismo, -a same; **lo —** the same; **lo — da** it makes no difference
moderno, -a modern

modo *m* way, manner; **de — que** so, so that; **de todos —s** anyway
molestar to disturb; to annoy, bother
molestia *f* annoyance
momento *m* moment
monstruo *m* monster
montaña *f* mountain
montar to mount; to ride; — **a caballo** to ride horseback
monte *m* mountain
moreno -a brown; dark
morir (ue, u) to die
mormón, -a Mormon
mosca *f* fly; **la — artificial** fishing fly
mostrar (ue) to show
motivo *m* motive
mover (ue) to move
movimiento *m* movement
muchacha *f* girl
muchacho *m* boy
muchedumbre *f* multitude, crowd
muchísimo, -a much, very much; **—as gracias** thank you very much
mucho, -a much, a great deal (of); *pl* many
mueble *m* piece of furniture; *pl* furniture
muela *f* (back) tooth, molar
muerte *f* death
muerto, -a dead
mujer *f* woman; wife
muleta *f* crutch; red flag used by bullfighters
mundo *m* world; **todo el —** everyone
museo *m* museum
música *f* music
músico *m* musician
muy *adv* very

nacer to be born
nación *f* nation
nacional *adj* national
nacionalidad *f* nationality
nada nothing, anything; **de —** you are welcome, do not mention it; **no . . . — ** not . . . at all

nadar to swim
nadie nobody, no one, not anybody
naranja *f* orange
naturaleza *f* nature
Navidad *f* Christmas
necesario, -a necessary
necesidad *f* necessity
necesitar to necessitate, need
negocio *m* business, transaction; occupation
negro, -a black; *m* Negro, Black
nevar (ie) to snow
ni nor; **ni . . . ni** neither . . . nor
nilón *m* nylon
ninguno (ningún) -a no, not any
niña *f* child (girl)
niñez *f* childhood
niño *m* child (boy); *pl* children
no no, not
noción *f* notion, idea
noche *f* night; ¡**buenas —s!** good evening! good night!; **de —** at or by night
nombre *m* name; noun
norte *m* north
noruego, -a *adj. m & f* Norwegian; *m* Norwegian language
nos us, ourselves, to us
nosotros, -as we us
nota *f* note; mark (in exam)
notar to note
noticia *f* news item; *pl* news
novecientos, -as nine hundred
novela *f* novel
noventa ninety
novia *f* sweetheart, girl friend, bride, fiancée
noviembre *m* November
novio *m* sweetheart, bridegroom, fiancé
nublado, -a cloudy
nuestro, -a our, ours
Nueva York New York
nueve nine
nuevo, -a new; **de —** again
nuez *f* nut
numerar to number

número *m* number
nunca never; **más que —** more than ever

o or; **o . . . o** either . . . or
obedecer to obey
obligado, -a obligated
obra *f* work
obscurecer to darken; to dim
obscuridad *f* obscurity, darkness
obscuro, -a dark
ocasión *f* occasion; opportunity
océano *m* ocean
octubre *m* October
ocultar to hide
ocupado, -a occupied
ocurrir to occur
ochenta eighty
ocho eight
ochocientos, -as eight hundred
oficial *adj* official; *m* official, officer
oficina *f* office
ofrecer to offer
oído *m* ear
oír* to hear
¡**ojala!** I wish! God grant!
ojo *m* eye
oler (hue) to smell
olvidar(se) to forget; **se me olvidó** I forgot
once eleven
ONU (Organización de las Naciones Unidas) *f* UN (United Nations)
operar to operate
oponerse (a) to object, be opposed (to)
oportuno, -a opportune
orden *m* order
ordenar to order
oreja *f* ear
organización *f* organization
organizar to organize
orquesta *f* orchestra
otoño *m* fall, autumn
otro, -a other, another

pacienca *f* patience
padre *m* father; *pl* parents

pagar to pay (for)
país *m* country
pájaro *m* bird
palabra *f* word
palacio *m* palace; building
palco *m* (theater) box; stand with seats
palillo *m* toothpick
pampa *f* pampa (grassy plain)
pan *m* bread; **el — tostado** toast
panadería *f* bakery
panamericano, -a Pan-American
pantalón *m* trousers
pañuelo *m* handkerchief
papa *m* pope; *f* potato
papá *m* dad, pop, papa
papel *m* paper
paperas *f sing* mumps
para to, for, in order to; **— que** in order that
paraguas *m sing & pl* umbrella, umbrellas
parecer (zc) to appear; to show up; to seem, look; **a mi —** it seems to me; **parece mentira** it seems incredible; **¿qué le parece . . .?** what do you think of . . .?
pared *f* wall
pariente *m* relative
parque *m* park
parte *f* part; **en (por) todas —s** everywhere
particular *adj* particular
partido *m* game; party (political)
partir to split; to divide; to depart, leave
pasado, -a past; *m* past; **el verano —** last summer; **— mañana** (the) day after tomorrow
pasar to spend; to pass; to happen; **— lista** to call the roll; **¿qué te pasa?** what is the matter with you?
pasatiempo *m* pastime
pase *m* pass
pasear(se) to walk, take a walk
paseo *m* walk; **dar un —** to take a walk
paso *m* step

pasodoble *m* pasodoble (two-step)
pastel *m* pie, pastry
pastilla *f* pill
patíbulo *m* scaffold
patio *m* patio (courtyard)
patria *f* fatherland
patriótico, -a patriotic
pavor *m* fear, terror
pecho *m* chest
pedir (i) to ask (for)
pegar to hit, strike
peleador *m* fighter
película *f* film, motion picture
peligro *m* danger
peligroso, -a dangerous
pelo *m* hair
pelota *f* ball, handball
pelotón *m* squad
peluquería *f* barbershop; hairdresser's
pena *f* pain, affliction; grief, sorrow; penalty; **valer la —** to be worthwhile
penetrar to penetrate
pensar (ie) to think
peón *m* day laborer, helper, peon
peor *adj & adv* worse, worst
pequeño, -a small, little, tiny
perder (ie) to lose
perdonar to pardon
perezoso, -a *adj* lazy
perfecto, -a perfect; fine
periódico *m* newspaper; periodical
período *m* period
permanecer to remain
permiso *m* permission, permit; **con (su) — excuse me**
permitir to permit, allow
pero but
perro *m* dog
persecución *f* persecution
perseguidor *m* pursuer
persona *f* person; *pl* people
personaje *m* personage; character; somebody
personalmente *adv* personally
pertenecer to belong
Perú *m* Peru
peruano, -a Peruvian

pesar: a — de despite, in spite of
pescado *m* fish
pescar to fish
pésimo, -a *superlative* very bad, very worst
peso *m* weight; monetary unit of some Spanish American countries
pestañas *f pl* eyelashes
piadoso, -a merciful
picador *m* picador (horseman armed with a goad in bullfights)
pie *m* foot; **ir a —** to go by foot, walk; **ponerse en —** to get up
pierna *f* leg
pillette *m (coll)* scoundrel
piloto *m* pilot
pimienta *f* pepper
piña *f* pineapple
piscina *f* fishpond; swimming pool
pistola *f* pistol
pizarra *f* blackboard
placer to please; *m* pleasure
planeta *m* planet
plata *f* silver; money
plato *m* plate, dish, course (of a meal)
playa *f* beach
plaza *f* plaza, square
pobre *adj* poor; *m & f* poor person
poco, -a little; *pl* few, some; **— a —** little by little, gradually
poder* can, to be able (to), may
poderoso, -a powerful
policía *f* police
polio *f* polio
político, -a political; *f* politics
pollo *m* (young) chicken
polo *m* polo; pole
polvo *m* dust
pólvora *f* powder
poner* to put, place; **—se** to put on; **—se a +** *inf* to begin to; **—se en pie** to get up
por through, for, by, along, because of; **— eso** that is why; **¿— qué?** why? **—que** because
portugués, -esa *adj, m & f* Portuguese; *m* Portuguese language

posible *adj* possible
postre *m* dessert
practicar to practice
precioso, -a beautiful, precious
preciso, -a precise; necessary
preferir (ie, i) to prefer
pregunta *f* question
preguntar to ask, question
premio *m* prize
prensa *f* press
preocupación *f* preoccupation, worry
preocupado, -a preoccupied, worried
preparar to prepare, get ready, make ready
presentar to present; to introduce; to put on (a program)
presidencial *adj* presidential
presidente *m* president
preso, -a seized, taken; *m* prisoner
prestar to lend
prestigio *m* prestige
pretexto *m* pretext
prima *f* cousin
primavera *f* spring
primero (primer), -a first
primo *m* cousin
principal *adj* principal, main, chief
principio: al — at first
prisa *f* haste; **tener —** to be in a hurry
prisión *f* prison
prisionero *m* prisoner
problema *m* problem
producir (like conducir*) to produce
profesión *f* profession
profesor *m* professor, teacher
prófugo *m* escapee, fugitive
programa *m* program; **el — de clases** class schedule
progresar to progress
prohibir to prohibit, forbid
prometer to promise
pronto *adv* soon, quickly, right away; **de —** suddenly; **tan — como** as soon as
pronunciar to pronounce
propio, -a own; proper; itself
proporción *f* proportion

propósito *m* purpose; **a —** by the way, apropos; **de —** on purpose, purposely

protesta *f* protest

protestante *adj, m & f* Protestant; protestant

protestar to protest; to assure, affirm earnestly or solemnly

provincia *f* province

próximo, -a next; *adv* next

proyectil *m* missile; **el — dirigido** guided missile

proyecto *m* project, plan

prueba *f* proof, evidence; trial, test; sample

publicar to publish

público, -a public

pueblo *m* town, village; people, nation

puerco *m* pork

puerta *f* door

puerto *m* port

pues *adv* well, then; **así —** so, so then

puesto *m* stand, booth; post, position; *past part* of **poner**; **— que** although, since

pulmonía *f* pneumonia

pulsera *f* bracelet

puma *m* puma

punto *m* point, period (punctuation); **al —** at once; **en —** on the dot, exactly, sharp (on the hour)

puro, -a pure, unmixed

puyazo *m* (from **puya** goad, goad stick, lance) wound or jab

que who, whom; which, that; than; for

¿qué? what? which? what kind of?

¡qué! what (a)! how!

quedar(se) to remain, stay; to be left; to be; to agree; **te queda bien** it looks nice on you

quemadura *f* burn

querer* to wish, want, desire; **— a** to love, like, be fond of (someone)

querido, -a dear

quesería *f* cheese shop

queso *m* cheese

quien, *pl* **quienes** who, whom

¿quién? *pl* **¿quiénes?** who?; **¿a —?** whom? to whom? **¿de —?** whose? of whom?

quieto, -a quiet

química *f* chemistry

quince fifteen

quinientos, -as five hundred

quinto, -a fifth

quitar to take away; to take off, remove

quizá, quizás perhaps

rancho *m* ranch, house

rápido, -a rapid, swift

raro, -a rare; scarce; odd

rato *m* short time, while

rayado, -a scratched; striped

raza *f* race

razón *f* reason; **tener —** to be right

reaccionario *m* reactionary

realidad *f* reality

realizar to fulfill; to carry out, perform, accomplish

realmente *adv* really, actually, in reality

rebelar to rebel

receta *f* prescription; recipe

recibir to receive

reciente (recién) *adj* recent, new

recoger to fetch, pick up; to suspend

recordar(se) (ue) to remember

recuerdo *m* remembrance, memory; souvenir, keepsake; *pl* regards

red *f* net

redondo, -a round

reflejo *m* reflection

refresco *m* refreshment; soda pop, cold drink

refrigerador *m* refrigerator

regalo *m* gift, present

región *f* region

regresar to return

regreso *m* return

reír to laugh; **—se de** to laugh at

relampaguear to lighten

religión _f_ religion
reloj _m_ watch, clock
remedio _m_ remedy; medicine; help
rendición _f_ surrender
rendirse (i) to surrender
renunciar to renounce
reo _m_ culprit, criminal
repente: de — suddenly
repentino, -a sudden
repetir (i) to repeat
repiqueteo _m_ clatter
replicar to reply
reponer to replace
representar to represent
reprobación _f_ reprobation, reproval
republicano, -a republican
res _f_ cattle
reservar to reserve
resfriado, -a: estar — to have a cold
resfrío _m_ cold (illness)
resignar to resign
resistencia _f_ resistance
resistir to resist
resonar to resound
respecto _m_ relation, relativeness, reference; **(con) — a** with respect to
respetuoso, -a respectful
respirar to breathe
responder to answer, respond
responsable _adj_ responsible
restorán _or_ **restaurante** _m_ restaurant
resultar to prove to be; to result
retaguardia: a su — in the rear
reunión _f_ reunion, meeting
reunir to unit, gather; **—se** to meet
revelar to reveal
revista _f_ review, parade; magazine, journal
revolución _f_ revolution
revolucionario, -a revolutionary
revólver _m_ revolver, gun
rico, -a rich
ridículo, -a ridiculous; eccentric
riguroso, -a rigorous
ritmo _m_ rhythm
robo _m_ robbery, theft
roca _f_ rock

rodilla _f_ knee; **de —s** on one's knees, kneeling
rogar (ue) to ask
rojo, -a red
rollo _m_ roll (of film)
romántico, -a romantic
romper to break
ropa _f_ clothes
rosbif _m_ roast beef
rostro _m_ face
roto, -a _(past part_ of **romper)** broken; torn
rubio, a blond, fair
ruido _m_ noise
Rusia _f_ Russia
ruso, -a _adj, m & f_ Russian; _m_ Russian language

sábado _m_ Saturday
saber* to know; to find out
sable _m_ saber
sabor _m_ savor
sabroso, -a tasty, savory; delicious
sacar to extract; to draw out, pull out; to take out; **— una nota** to get a mark
sacerdote _m_ priest
saco _m_ sack, bag
sal _f_ salt
sala _f_ room, living room; **la — de clase** classroom
salir* (de) to leave, depart; to go (come) out; **— para** to leave for; **— bien** to pass (a course)
salsa _f_ sauce; **la — de tomate** catsup
saltillera _f_ saltillera (in bullfighting)
salud _f_ health
saludar to greet
saludo _m_ greeting
salvar to save
sangre _f_ blood
sano, -a healthy
santo (san), -a _adj_ holy; _m_ saint
sarampión _m_ measles
sargento _m_ sergeant
saxofón _m_ saxophone

se one, to oneself, himself, herself, itself, yourself; themselves; yourselves; to himself, herself, etc.; to him, to her, to it, to you, to them; each other

sección *f* section, division, department, portion

secretaria *f* secretary

sed *f* thirst; tener — to be thirsty

seducir to seduce, charm

seguida: en — immediately

seguir (i) to follow; to continue

según according to

segundo *m* second

seguro, -a sure; de — surely, truly

seis six

seiscientos, -as six hundred

semana *f* week; a la — a week, per week

semejante *adj* similar, like; *m* fellow man

semestre *m* semester

senador *m* senator

sensacionalista *m & f* sensationalist

sentarse (ie) to sit down

sentido *m* feeling; meaning; sin — unconscious

sentir (ie, i) to be sorry, regret; —(se) to feel; lo siento (mucho) I am (very) sorry

señal *m* sign, signal

señalar to signal

señor *m* (*abbr.* Sr.) gentleman, Mr., sir; *pl* Mr. and Mrs.

señora *f* (*abbr.* Sra.) lady, Mrs., madam

señorita *f* (*abbr* Srta.) young lady, miss, Miss

septiembre *m* September

ser* to be; es que the fact is that

ser *m* being

seriamente *adv* seriously

serio, -a serious

servilleta *f* napkin

servir (i) to serve; no — para nada to be good for nothing; para —le (a Ud.) at your service

sesenta sixty

setecientos, -as seven hundred

setenta seventy

si if, whether

sí yes; *after prep* himself, herself, oneself, etc.; — que certainly, really

siempre *adv* always

sien *f* temple (anatomy)

siesta *f* afternoon nap, siesta

siete seven

siguiente *adj* following

silencio *m* silence

silueta *f* silhouette; figure (of a person)

silla *f* chair

sillón *m* armchair, seat

simpático, -a likeable, pleasant, nice

simplificar to simplify

sin without; — embargo nevertheless, however; — que without

sinfonía *f* symphony

sinfónico, -a symphonic

sino but

siquiera even, at least

sitio *m* site, place

sobornar to bribe

sobre on, upon, over, above; about, concerning; *m* envelope

sobreponer (*like* poner*) to overcome

sociología *f* sociology

sofocante *adj* suffocating, stifling, close

sofrenar to stop, check

sol *m* sun; tomar el — to sunbathe

soldado *m* soldier

solemne *adj* solemn

solo, -a alone; single; a solas alone, by oneself

sólo (solamente) *adv* only, solely

sollozar to sob

soltar to loosen

sombra *f* shade

sombrero *m* hat

sombrío, -a somber

soñar to dream

sopa *f* soup; (*Mexican*) fried rice

sorprender to surprise, astonish

sorpresa *f* surprise

sospechar to suspect

su, *pl* **sus** your, his, her, its, their
suave *adj* suave, smooth
subir to go up
súbito: de — suddenly
sublevar(se) to rise up
sucesivamente *adv* in succession
sueldo *m* salary
suelo *m* ground; floor
sueño *m* sleep, sleepiness; drowsiness; dream; **tener —** to be sleepy
suerte *f* luck; **tener —** to be lucky
suéter *m* sweater
sufrir to suffer; to undergo
sugerir (ie, i) to suggest
suma *f* sum
superior *adj* superior, upper
supermercado *m* supermarket
suponer (like **poner***) to suppose
supuesto, -a supposed; **— que** assuming that, since; **por —** of course, naturally
suyo, -a (of) his, hers, theirs, its, yours

taco *m* taco; wadding
tal such, such a; **con — que** provided that; **¿qué —?** how goes it? how are you?; **— vez** perhaps
talento *m* talent; **tener —** to be talented
talla *f* height, stature, size
tamal *m* tamale
también also, too
tampoco either, neither
tan so, as; **— . . . como** as . . . as; **— pronto como** as soon as
tanteo *m* score
tanto, -a as (so) much; as (so) many; **— . . . como** as (so) much . . . as, both . . . and
taquilla *f* ticket office
tardanza *f* delay
tardar (en) to delay, to be late; to take (time) to
tarde *f* afternoon, evening; late; **buenas —s** good afternoon, good evening; **de la —** in the afternoon, P.M.; **por la —** in the afternoon

taza *f* cup
te you, to you, yourself
teatro *m* theater
técnico *m* technician
techo *m* roof
tela *f* cloth
telefonear to telephone
teléfono *m* telephone
telégrafo *m* telegraph
telegrafista *m & f* telegrapher
telegrama *m* telegram
televisión *f* television
televisor *m* television set
temblar to tremble
temer to fear, be afraid
temor *m* fear
templado, -a temperate
temporada *f* season
temprano *adv* early
tendido *m* row of seats (bleachers)
tenedor *m* fork
tener* to have; to hold; to possess; **— . . . años** to be . . . years old; **— éxito** to be successful; **— ganas de** to desire; **— hambre, sed, frío** etc. to be hungry, thirsty, cold, etc.; **— que** to have to; **— razón** to be right; **tenga Ud. la bondad de** please
tenis *m* tennis
tentación *f* temptation
tercero, -a third
terminar (de) to finish, end
termómetro *m* thermometer
terremoto *m* earthquake
ti you
tía *f* aunt
tiempo *m* weather, time; **a —** on time; **hace buen —** it is nice weather; **hace mucho —** a long time ago; **¿qué — hace?** what is it like outside?
tienda *f* store, shop
tierno, -a tender
timbal *m* kettledrum
tío *m* uncle
típico, -a typical
tirar to throw, cast, pitch; to fire, shoot (a gun); to pull, draw

tiro *m* shot
tocadiscos *m sing* record player
tocar to play (an instrument); to touch; to knock
todavía *adv* yet, still
todo, -a all, every
tomar to take; to eat, drink; — asiento to take a seat; — el sol to sunbathe
tomate *m* tomato
tono *m* tone
tonto, -a silly, foolish, stupid
torcer to twist
torear to fight bulls in the ring
torero *m* bullfighter
toril *m* bull pen
tormenta *f* storm, tempest
tornar to turn
toro *m* bull
toronja *f* grapefruit
tórrido, -a sultry
torta *f* cake
tos *f* cough; la — ferina whooping cough
tostado, -a toasted
trabajador, -ora *m & f* worker, laborer
trabajar to work
trabajo *m* work, labor; job
traer* to bring; to carry, to wear
trágicamente *adv* tragically
traje *m* suit; dress; el — de baño bathing suit
tranquilo, -a tranquil, calm
transmitir to transmit
tratar to treat; to discuss; to deal; — de to endeavor, try to; —se de to be a question of
través: a — de through, across
trece thirteen
treinta thirty
tremendo, -a tremendous
tres three
trescientos, -as three hundred
triste *adj* sad
tristeza *f* sadness
trombón *m* trombone
trompeta *f* trumpet

tropa *f* troop
trotar to trot
trote *m* trot
trucha *f* trout
trueque : a — de in exchange for
tu, *pl* **tus** your
tú you
tuberculosis *f* tuberculosis
tuyo, -a yours, of yours

último, -a last, final; **por —** finally
un, una a (an); one
único, -a only; unique
unir(se) to unite, join
universidad *f* university, college
universitario, -a (pertaining to a) university, collegiate
uno (un), una one; **a la una** at one o'clock; **unos cuantos** some, a few
uña *f* fingernail
urgente *adj* urgent, pressing
Uruguay *m* Uruguay
uruguayo, -a Uruguayan
usar to use, make use of
usted, *pl* **ustedes** (*abbr* **Ud., Uds.)** you
uva *f* grape; **pasa de —** raisin

vacación *f* vacancy; *pl* vacation
vacilar to vacillate
vago, -a vague
vaguedad *f* vagueness
valer* to be worth; to cost; — **la pena** to be worthwhile
vals *m* waltz
variable *adj* changeable, variable
varicela *f* chicken pox
varios, -as several
vaso *m* glass
veinte twenty; — **y uno (veintiuno)** twenty-one
venda *f* bandage
vendar to bandage
vendedor *m* vendor
vender to sell
venir* to come; **la semana que viene** next week
ventana *f* window

ver* to see; **a —** let's see
verano *m* summer
veras: de — in truth, really, in earnest
verbo *m* verb
verdad *f* truth; **¿—?** true? isn't that so?
verdadero, -a true
verde *adj* green
verduras *f pl* vegetables, greens
vestido *m* dress; *pl* clothes
vestirse (i) to get dressed
vez *f* time; turn; occasion; **a la —** at the same time; **a la — que** while; **alguna —** occasionally, sometimes; **a veces** at times, sometimes; **de — en cuando** from time to time, once in a while; **en — de** instead of; **tal —** perhaps
viaje *m* trip, journey; **hacer un —** to take a trip; **irse de —** to go on a trip
viajero *m* traveler
vibración *f* vibration
vida *f* life
viejo, -a old; *m & f* old person
viento *m* wind
viernes *m* Friday
vigilante *adj* watchful

vigilar to watch (over)
violín *m* violin
viruela *f* smallpox
visitar to visit
vista *f* sight, vision; view; eyesight; **en — de** in view of, considering
vitamina *f* vitamin
vivir to live
vivo, -a alive; bright
volver* (ue) to return, go back; to turn; **—se loco** to become insane, go out of one's mind; **— a +** *inf* to (do) again
voz *f* voice
vuelta *f* return; **estar de —** to be back

y and, plus
ya already; now; presently; **¡— lo creo!** Of course! I should say so!
yanqui *adj, m & f* Yankee, American
yate *m* yacht
yo I

zambullirse to dive
zapato *m* shoe
zoología *f* zoology

Yo vivo en Chicago.

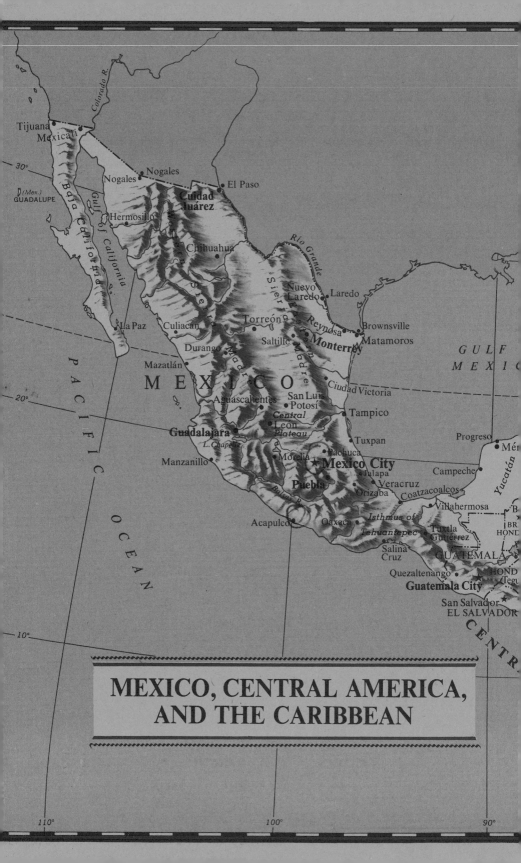

MEXICO, CENTRAL AMERICA, AND THE CARIBBEAN